Iburg
Die besten Rezepte für Ihr Kleinkind

 **Anne Iburg** kocht schon seit ihrer Kindheit leidenschaftlich gerne. Mit der Ausbildung zur Diätassistentin und einem anschließenden Studium der Oecotrophologie machte sie die Ernährung auch zu ihrem Beruf. Mit ihrem Sohn Niels hielten zunächst die Babybreie Einzug in ihre Küche. Dazu schrieb sie den Bestseller »Die besten Breie für Ihr Baby«. Mit ihrem Sohn »wuchsen« dann auch die Rezepte. Mit Lust und Fantasie wurde ausprobiert, was nach dem Babyalter schmeckt – und auch den Eltern Genuss bereitet. Anne Iburg hat eine eigene Praxis für Ernährungsberatung und arbeitet als Dozentin zum Thema Ernährung für Tagesmütter und Erzieherinnen.

Anne Iburg

Die besten Rezepte für Ihr Kleinkind

Über 190 einfache und leckere Gerichte für Kinder ab 1. Jahr

TRIAS

7 **Liebe Eltern!**

9 **So essen Kinder**

10 **Gesundes Essen ab eins**
10 Wie und was essen Sie?
12 Gemeinsam essen macht stark!
17 Was gehört zur gesunden Kinderernährung?
21 Was steckt in unseren Lebensmitteln?
24 Kinder brauchen regelmäßige Mahlzeiten
25 Essen ist kein Erziehungsmittel
26 Die häufigsten Elternfragen
40 Rezepte für kranke Kids
41 Selbst kochen leicht gemacht
43 Richtig essen in der Kita
44 Happy Birthday! Feiern mit Kindern

47 **Rezepte für die ganze Familie**

48 **Frühstücksideen**

48 **Müsli**

52 **Brot und Brötchen**

58 **Brotbelag**

62 **Marmelade**

66 **Getränke**

72 **Dips und Brotaufstriche**

78 **Salate und Gemüse**

94 **Suppen und Eintöpfe**

104 **Eierspeisen**	176 **Desserts und Eis**
110 **Kartoffelspeisen**	188 **Kuchen und Gebäck**
118 **Nudelgerichte**	188 Muffins & Waffeln
128 **Reis und Getreide**	196 Rührteig
138 **Fleischgerichte**	204 **Service**
138 Hackfleisch	204 Rezeptregister
144 Schnitzel & Co	207 Stichwortverzeichnis
150 Geflügel	
156 **Fischgerichte**	
164 **Pizza und pikante Kuchen**	
164 Hefeteig	
170 Pikanter Mürbeteig	

> **Exkurse**
>
> 14 So macht Essen Spaß
> 18 Tabelle hin, Tabelle her
> 36 Rezeptideen für die Brotbox

Liebe Eltern!

Nun ist das erste Jahr mit Ihrem Baby schon oder fast vorbei. Eine aufregende Zeit – und sie bleibt weiterhin spannend. Ihr Kind kann und möchte jetzt wie die Großen essen. Am gemeinsamen Familientisch sitzt es sicherlich schon. Es tun sich viele neue Fragen rund um das Thema Ernährung auf. Vielleicht gibt es auch so manche Unsicherheit: Was ist jetzt wichtig und richtig für mein Kind?

Mein Buch »Die besten Rezepte für Ihr Kleinkind« räumt mit vielen Vorurteilen auf. Kinder dürfen nun fast alles essen und sie mögen meist viel mehr, als wir Eltern so denken. Es gibt kein »Aber«! Wenn, dann sind es die Schranken in den Köpfen der Erwachsenen, die das »alles probieren und essen« verhindern. Und gerade das zweite Lebensjahr ist bezogen auf die Geschmacksentwicklung von großer Bedeutung. Das belegen die neusten Erkenntnisse aus der Neurobiologie.

Und noch eins sei schon verraten: Der Appetit von Kleinkindern bleibt meist meilenweit hinter den Erwartungen der Eltern und insbesondere der Großmütter zurück. Bitte achten Sie darauf, dass Ihr Kind nicht überfüttert wird. Dieses Verhalten, mehr als nötig zu essen, schleppen manche Kinder im schlimmsten Fall ein Leben lang in Form von Übergewicht mit sich herum. Die Angabe »Kinderportion« unter jedem Rezept – Kinderhände, Esslöffel oder Stücke – soll Ihnen deshalb als Richtwert dafür dienen, wie groß die Portion für die Kleinen sein sollte. Bitte legen Sie diese Richtwerte jedoch nicht auf die Goldwaage – sie dienen nur zur Orientierung!

Übrigens, unter den Hauptgerichten finden Sie oft ein »Eltern-Extra«. Damit können Sie das Rezept für sich selbst noch etwas aufpeppen.

Viel Spaß beim Lesen und Ausprobieren der Rezepte sowie einen guten Appetit wünscht Ihnen und Ihrer Familie

Anne Iburg

So essen Kinder

Ab dem ersten Geburtstag interessiert sich ein Kind für das Essen der Großen. Und das ist gut so! Denn es braucht nun langsam mehr als nur Milch und Breie.

Gesundes Essen ab eins

Kaum zu glauben, Ihr Kind ist jetzt schon ein Jahr alt. Aus dem Baby ist ein Kleinkind geworden. Fürs Essen bedeutet das: Brei und Fläschchen sind Auslaufmodelle. Jetzt kommt die neue Herausforderung, mit allen gemeinsam am Tisch zu essen.

Für Eltern ist das gemeinsame Familienessen mit ihrem Kleinkind meist eine enorme Umstellung. Viele machen sich spätestens jetzt Gedanken über die richtige Ernährung – und zwar nicht nur ihres Kindes, sondern der ganzen Familie. Im Vordergrund steht die Frage: Was und wie viel muss mein Kind nun essen? Dabei haben einige Eltern besonders hohe Erwartungen an sich: Was sie an sich selbst als Ernährungsfehler ansehen, wollen sie nun von Anfang an konsequent beim eigenen Kind vermeiden. Doch stecken Sie Ihre Ziele nicht zu hoch! Wunsch und Wirklichkeit liegen oft so weit auseinander, dass Sie sich nur selbst enttäuschen.

Wer sein Kind mit der Familienkost gesund ernähren will, sollte sich selbst einigermaßen gesund ernähren, d. h. möglichst wenig Zucker mit Getränken und Süßkram zu sich nehmen und den Konsum von fettigem Fastfood und Fleischwaren reduzieren. Das Ernährungsverhalten einer jungen Familie ist häufig sehr stark von den Herkunftsfamilien und – in traditionellen Familienformen – von der Essbiografie der Mutter geprägt. Wenn Sie sich nur Gedanken über eine richtige Ernährung Ihrer Kinder machen und nicht über ein gesundes Familienessen im Allgemeinen und damit über Ihr eigenes Essverhalten, dann ist die Wahrscheinlichkeit sehr hoch, dass Sie niemals mit dem Essverhalten Ihrer Kinder zufrieden sein werden. Wenn Sie möchten, dass Ihr Kind wirklich gesund isst, gilt es als Erstes, das eigene Essverhalten unter die Lupe zu nehmen. Denn erst wenn Sie mit Ihrem Essverhalten zufrieden sind und dazu viel Geduld und Freude in der Ernährungserziehung aufbringen, dann werden Sie auch mit dem Essenverhalten Ihrer Kinder zufrieden sein.

Wie und was essen Sie?

Diese Frage ist der erste Schritt zum Ziel einer gesunden Ernährung für Ihr Kind! Insbesondere Mütter sind oft der Ansicht, dass ihre Kinder von Anfang an bestimmte Lebensmittel wie z. B. Süßgetränke, von denen sie selbst als Kind Unmengen getrunken haben, nicht bekommen sollen. Auch erzählen Eltern immer wieder, dass sie Gemüseverwei-

aus einer Fülle von Produkten, die besonders nährstoffreich sein sollen, wählen. Bis auf die naturnahen, unverarbeiteten Lebensmittel sind heute viele Produkte mit Vitaminen, Mineralstoffen, Ballaststoffen oder Omega-3-Fettsäuren angereichert, fettreduziert oder kristallzuckerfrei. Nach einem Gang durch den Supermarkt müsste man zu dem Schluss kommen, dass Essen eigentlich noch nie so gesund war wie heute. Die Studienergebnisse sprechen allerdings eine andere Sprache. Wir machen jede Menge Ernährungsfehler.

Wenn schon bei uns nicht alles richtig läuft, so wollen wir doch, dass es bei unseren Kindern besser läuft. Aber geht das überhaupt? Wenn die Kinder, am Familientisch sitzend, sehen, was ihre Eltern alles so essen, dann wollen sie dies doch auch. Also stellt sich zunächst die Frage, was wirklich wichtig ist für eine gesunde Ernährung. Und im Anschluss, wie viel ich von dem umsetzen kann, was ernährungswissenschaftliche Institute wie das Forschungsinstitut für Kinderernährung oder die Deutsche Gesellschaft für Ernährung fordern.

Aus meiner Sicht lautet daher die Gretchenfrage: Was mögen Mama und Papa? Seien Sie ganz ehrlich zu sich und beantworten Sie sich selbst diese Frage: Essen Sie etwas, das Sie nicht mögen? Vermutlich nicht! Und so können Sie auch nicht von Ihrem Kind erwarten, dass es ausschließlich das essen wird, das Sie für gesund halten. Wie soll es mit Appetit Vollkornbrot essen, wenn es über das mühsame Kauen jammert? Und wenn Sie selbst am liebsten süßen Vanillequark aus der

gerer waren und ihren Kleinen eine positive Einstellung zu Gemüse vermitteln wollen. Nur wer selbst keine Süßgetränke mehr trinkt und viel und abwechslungsreich Gemüse isst, hat eine große Chance, dass die Kinder dies auch tun.

Die Frage danach, wie und was sie essen, ist vielen Menschen unangenehm. Essen ist eine sehr persönliche Sache. Wenn wir über unser Essverhalten reden, geben wir sehr viel von uns preis. Unser Wissen über Ernährung ist groß. Wir essen, solange wir denken können, und sind somit die besten Ernährungsexperten für uns selbst. Wir informieren uns gewollt oder auch ungewollt andauernd über gesundes Essen. Die Medien sind voll von Tipps. Im Supermarkt können wir

Extrawurst? Nicht nötig!

Eigentlich können die Kleinen essen wie die Großen. Diese Ausnahmen sollten Sie beachten:
- Kleine und harte Lebensmittel, an denen sich die Kinder verschlucken könnten, z. B. Nüsse und Kerne (auch von Weintrauben), sollten Sie Kleinkindern nicht oder nur zerkleinert geben.
- Solange die Backenzähne zum Kauen fehlen, gibt es Gemüse und Obst vor allem gekocht oder zerkleinert.
- Vollkorngetreide vorher einweichen oder als Flocken ins Essen mischen.
- Brot aus fein gemahlenem Vollkorn mit weicher Kruste eignet sich besser als Weißbrot.

Fertigpackung löffeln, brauchen Sie sich nicht zu wundern, wenn Ihr Kind auch lieber einen süßen Erdbeerjoghurt isst statt den zucker- und farbstofffreien Joghurt, den Sie ihm vorsetzen.

Individuelle Essgewohnheiten, Geschmacksabneigungen sowie -vorlieben werden größtenteils erlernt. Wenn Sie also möchten, dass Ihr Kind sich kein ungesundes Essverhalten angewöhnt, dann sollten Sie selbst sich diese Angewohnheit abgewöhnen. Essgewohnheiten verändern sich unbewusst unser Leben lang, aber wir können sie auch bewusst steuern. Das ist nicht immer leicht, denn die Rahmenbedingungen wie unsere Tischgemeinschaft und die verschiedenen anderen Aufgaben im Alltag verlangen von uns, dass wir Prioritäten setzen. Eine Veränderung in unserem Leben führt in der Regel zu einem anderen Essverhalten. Somit besteht durch ein neues Familienmitglied eine gute Chance, das eigene Essverhalten zu optimieren. Damit Sie für sich selbst herausfinden, wie Sie so essen, schlage ich vor, dass Sie dieses Buch für eine Weile aus der Hand legen und die folgenden Gedankenexperimente machen:

Aufgabe 1
Wir gehen in die Extreme: Wie sieht ein Tag aus, an dem Sie sich ungesund ernähren? Und wie sieht ein Tag aus, an dem Sie sich gut ernähren?

Nehmen Sie ein Din-A4-Blatt und schreiben Sie bitte zwei möglichst realistische Tage auf. Dafür sollten Sie sich mindestens eine Stunde Zeit nehmen und sich auch von niemandem in die Karten gucken lassen. Das ist für Sie ganz persönlich! Und es sollten zwei reale Tagesbeispiele entstehen.

Wenn Sie damit fertig sind, können Sie die Blätter aus der Hand legen und sich eine Pause gönnen oder sich weiter mit Ihrem Essverhalten beschäftigen.

Aufgabe 2
Die nächste Frage lautet: Wovon hängt Ihr Essverhalten ab?

Was sind die Grundbedingungen dafür, dass aus Ihrer Sicht ein Tag der gesunden Ernährung entsteht? Wenn Sie diese Faktoren nennen können, stellen Sie sich selbst die Fragen: Wie wichtig sind mir diese gesunden Esstage? Und wie schaffe ich die Möglichkeit dafür, dass die Vorzeichen für eine gesunde Familienernährung positiv sind?

Wenn Sie diese Fragen für sich beantwortet haben, nehmen Sie das Buch wieder in die Hand.

Sie werden einige Hilfen finden, die Ihnen das Durchführen von gesunden Esstagen erleichtern.

Gemeinsam essen macht stark!

Gemeinsam zu essen schafft Gemeinschaft und ist somit Nahrung für die Seele. Jede Familie hat beim Essen ihre eigenen Vorlieben und Besonderheiten – von typischen Familiengerichten über bestimmte Umgangsweisen bei Tisch bis hin zum Familiengeschirr. Das alles zusammen macht die persönliche »Esskultur« einer Familie aus, die ein Gefühl der Zusammengehörigkeit entstehen lässt. Das merken auch schon 1-Jährige und daher ist es sinnvoll, mit ihnen gemeinsam zu essen.

Denken Sie an Ihre Vorbildfunktion

Am Familientisch haben die Eltern Vorbildfunktion. Ihr Verhalten wird von den Kindern kopiert – je kleiner sie sind, desto genauer. Essen Mama und Papa viel Gemüse, dann schmeckt das auch den Kleinen. Schaffen die Eltern eine gemütliche Tischatmosphäre, dann sitzt das Kind auch gerne am Tisch.

Wenn es sich einrichten lässt, nehmen Sie möglichst alle Mahlzeiten gemeinsam ein. Das bedeutet: Sie essen zusammen mit Ihrem Kind im Kreis der Familie. Es sollte nicht so sein, dass Sie Ihr Kleinkind füttern und danach selbst essen. Unter gemeinsamem Essen ist im Idealfall zu verstehen, dass Ihr Kind selbst isst. Natürlich muss es das noch lernen. Manch ein Kind hat das schon im Babyalter beim Breilöffeln geübt und ist geschickt in der Koordination, ein anderes Kind hat vielleicht noch Schwierigkeiten damit, einen Happen direkt zum Mund zu führen. Letzteres ist nicht schlimm, denn wer viel übt, lernt es mit der Zeit. Haben Sie Geduld und Vertrauen in die Fähigkeit Ihres Kindes. Mein Tipp: Essen Sie zuerst und lassen Sie in dieser Zeit auch Ihr Kind selbstständig essen, im schlimmsten Fall mit den Fingern. Wenn Sie es schaffen, Ihr Essen zu genießen und dann erst Ihr Kind beim Essen zu unterstützen, ist das super, auch wenn es vielleicht nicht gerade sauber am Essplatz Ihres Kindes aussieht. Doch für ein Kleinkind ist der Esstisch ein Abenteuerspielplatz, den es während der Babybreiphase gut beobachtet hat und nun für sich selbst erobern will.

Essen lernen – ein komplexer Vorgang!

Da der Mensch ein Allesesser ist, hat er nicht wie beispielsweise ein Koalabär von Anfang an eine Vorliebe für ein ganz bestimmtes Lebensmittel. Menschen probieren, kosten, sammeln Erfahrungen und entwickeln so allmählich ihre Essgewohnheiten.

Die erste Geschmackserfahrung macht der Mensch mit Muttermilch oder Säuglingsnahrung. Beides schmeckt leicht süßlich und so lässt sich auch die Vorliebe für »süß« beim Menschen erklären. Sie können sich sicher daran erinnern, dass Ihr Baby den ersten pikanten Brei nicht sofort mochte. Erst langsam, sozusagen löffelweise, hat es die neue Geschmacksrichtung akzeptiert. Mit den Breien hat Ihr Baby auch ein neues Mundgefühl für »breiig« entwickelt.

Wenn Sie jetzt alle zusammen essen und Ihr Kind bekommt, was auch die anderen genießen, sind die neuen Eindrücke, was Geschmack und Mundgefühl anbetrifft, noch intensiver. Daher ist es verständlich, dass mit dem ersten Anbieten nicht sofort die Begeisterung für jedes Lebensmittel vorhanden ist. Einige Kinder akzeptieren viele Lebensmittel von Anfang an problemlos, anderen müssen sie 10- bis 20-mal angeboten werden, bevor sie sie mit Begeisterung essen. Tröstend kann ich sagen: Ein mäkeliges Kind ist zwar anstrengend, hat dafür aber seltener Übergewicht. Und wenn Sie und Ihre Familie generell abwechslungsreich essen, ist auch ein Essensverweigerer in

Weniger Stress am Familientisch

- Schneiden Sie den Kleinen das Brot in Häppchen.
- Fleisch sollte immer in sehr kleine Stücke geschnitten werden.
- Kartoffeln sollten Sie in der Sauce zerdrücken, wenn Ihr Kind dabei zusieht.
- Gläser oder Becher immer nur halb füllen.
- Set, Wachsdecke, Lätzchen, Servietten und Küchenrolle sollten immer zur Hand sein.
- Weiches Fleisch wie Frikassee, Gulasch oder auch Braten ist Kurzgebratenem vorzuziehen.
- Mild salzen und würzen.
- Kleine Teller und kleine Portionen sind überschaubarer für Kind und Eltern.
- Ihr Kind ganz viel loben!
- Möglichst cool bleiben, wenn etwas danebengeht!
- Positive Grundstimmung.

So macht Essen Spaß

Ein ausgewogener Tag besteht aus Frühstück, Mittag- und Abendessen. Zwei kleine Zwischenmahlzeiten löschen den kleinen Hunger zwischendurch.

Frühstück: Müslibrötchen (Seite 54) mit Butter, Magerquark und Kirsch-Johannisbeer-Marmelade (Seite 65) und Früchtetee

Zwischenmahlzeit: Erdbeerbuttermilch (Seite 68)

Mittagessen: Rigatoni mit Gemüsesauce (Seite 125)

Abendbrot: Gemüsesalat (Seite 80) mit einer Scheibe Vollkornbrot, Butter und Salami

Zwischenmahlzeit: 1 Brownie (Seite 193) und ½ Birne aufgeschnitten

der Regel ausreichend mit Nährstoffen versorgt. Bleiben Sie einfach dran. Wenn die Großen mit Spaß kunterbunt essen, wird jedes Kind irgendwann diese Essgewohnheiten übernehmen. Es ist nur eine Frage der Zeit. Es wird auch beim Essen immer wieder gute und schlechte Zeiten geben, das gehört einfach dazu. Wichtig ist, sich selbst und seinen Esszielen treu zu bleiben und Respekt für die eventuellen Ess-Eskapaden Ihres Nachwuchses aufzubringen.

Die Früh-am-Tisch-Esser und die Nachzügler

Von der Breiphase werden die Kinder Schritt für Schritt entwöhnt. Einige Kleinkinder essen schon vor dem ersten Geburtstag wie die Großen und andere beginnen erst mit der Familienkost. Beides ist okay. In diesem Alter gibt es enorme Unterschiede in der Entwicklung von kleinen Kindern. Als biologischen Richtwert kann man das Gebiss der Kinder nutzen. Sobald die Backenzähne durchkommen, kann das Kind richtig essen lernen. Vorher kann es nur mit den Schneidezähnen abbeißen, aber das Essen nicht richtig kauen. Dünne Apfelspalten oder ein Stück Weißbrot zerdrücken die Kinder mithilfe von Zunge, Gaumen und Kiefer. Ein Stück Fleisch bekommen sie so nicht klein. Außerdem könnten sich die Kinder verschlucken.

Aber sobald die Backenzähne da sind, kann das Kind im Prinzip alles essen. Doch manche Kinder mögen weiterhin lieber ihren Brei. In diesen Fällen ist es sinnvoll, ohne großen Druck die Aufmerksamkeit der Kleinen auf das Familienessen zu lenken. Der Übergang sollte nicht von heute auf morgen erfolgen. Er ist ein schleichender Prozess.

Machen Sie es ihrem Kind einfach: So kann beispielsweise das Müsli anfangs statt mit klein geschnittenem, festem Obst mit zerdrückter Banane, weichen Erdbeeren oder Apfelmus zubereitet werden. Langsam steigert man sich.

Das Mittagessen kann lange Zeit eine Kombination aus Nudeln, Reis oder Kartoffeln mit viel Sauce bleiben. Fisch mögen erstaunlich viele Kinder gerne. Es sind eher die Eltern, die vor der Zubereitung zurückscheuen. Der Fisch sollte grätenfrei sein. Also, Augen auf! Grätenfrei ist in der Regel das Rückenfilet von Kabeljau, aber auch Lachs sowie Schollen- und Heilbuttfilet. Klein geschnittenes weißes Fleisch, das im Frikassee oder Gulasch so lange geschmort wurde, dass es beinahe zerfällt, wird besser akzeptiert als Kurzgebratenes.

Wozu der Stress mit dem Familienessen?

Wir wissen heute, dass die ersten 1000 Tage einen entscheidenden Einfluss auf unser späteres Leben haben. Unter den ersten 1000 Tagen verstehen wir den Zeitraum von der Befruchtung bis zum 2. Geburtstag. Ein Mangel an gesunder Ernährung in diesem Zeitraum bedeutet stets auch ein Mangel an Möglichkeiten im späteren Leben. Wenn Ihr Kleinkind im zweiten Lebensjahr viel Obst und Gemüse probieren kann, Fisch kennenlernt und sich mit Vollkornbrot anfreundet, wenn es weiterhin Milch trinkt und ihm häufig Milchprodukte und Käse angeboten werden, dann ist die Wahrscheinlichkeit hoch, dass dies auch im Erwachsenenleben die Lebensmittel sind, die gerne gegessen werden. Des Weiteren nehmen Forscher an, dass durch diese ausgewogene Ernährung vermehrt Gene aktiviert werden, die das Risiko von Übergewicht, Diabetes mellitus, Herz-Kreislauf-Erkrankungen und Krebs reduzieren. Heute weiß man, dass die genetische Disposition bei der Geburt kein absolutes Urteil über die spätere Gesundheit ist und unter anderem durch die Ernährung positiv beeinflusst werden kann. Wir haben es also für unsere Kids im Griff, sie durch die richtige Ernährung langfristig gesund zu halten.

Ist die Kost dagegen einseitig, so hat ein Kind kaum die Möglichkeit, eine gesunde Ernährung als normal, selbstverständlich und lecker abzuspeichern. Denn die kindliche Essbiografie bestimmt sehr stark, was wir als Erwachsene gerne mögen. Das zweite und dritte Lebensjahr ist entscheidend für die Entwicklung des Geschmacks. Es ist also ratsam, sehr früh für ein abwechslungsreiches Familienessen zu sorgen. Nur so haben viele Lebensmittel die Chance, zum Bestandteil von Lieblingsgerichten zu werden.

Übrigens: Kekse, Schokolade und Co. sind überflüssig. Sie sind keine Rabeneltern, wenn Sie keine Süßigkeiten anbieten. Ihrem Kind wird dadurch nichts fehlen.

Was gehört zur gesunden Kinderernährung?

Es liegt an uns, ob wir unseren Kindern eine gesunde Ernährung vermitteln können. Das Forschungsinstitut für Kinderernährung hat drei Regeln aufgestellt. Sie hören sich zunächst ganz einfach an, sind im Alltag jedoch nicht immer so einfach zu befolgen.

Sie lauten:
1. Reichlich Obst und Gemüse sowie Brot essen.
2. Mäßig Milch und Milchprodukte, Käse, Fleisch, Wurst, Fisch und Eier essen.
3. Sparsam fettreiche Lebensmittel und Süßes essen.

Wenn Sie die Lebensmittel aus Regel 1 sowie 2 zu Hause haben, dann sind das schon mal gute Voraussetzungen dafür, dass Ihnen eine gesunde Kinderernährung gelingt. Versuchen Sie, Ihrem Kind zweimal am Tag ein bisschen Obst anzubieten. Banane auf dem Brot und Erdbeeren aufgespießt gefallen den Kleinen. Gemüse muss nicht immer Bestandteil der Gerichte sein. Sie können genauso gut einfach 2 bis 3 Paprikastreifen oder Gurkenscheiben zum Essen dazugeben. Gemüse passt zum Brot, zu jeder Hauptmahlzeit oder auch für zwischendurch. Durch Anhänger der Low-Carb-Bewegung stehen Brot, Nudeln und Kartoffeln gerade auf der Abschussrampe. Vollkornprodukte sind jedoch sehr gesund und komplexe Kohlenhydrate aus Brot, Reis, Nudeln und Kartoffeln braucht jedes Kind. Auf Zucker und zuckerhaltige Produkte kann man hingegen verzichten.

Sehr viel Unsicherheit gibt es in Bezug auf die richtigen Mengen. Solange Sie die Kleinen nicht zum Essen drängen und Ihnen keine hochkalorischen Lebensmittel wie Kekse oder Pommes anbieten, dürfen Sie dem Hunger- und Sättigungsgefühl Ihres Kindes vertrauen. Sie können davon ausgehen, dass ein Kleinkind in der Regel genau signalisiert, wann es Hunger hat. Die Angst, dass ein Kleinkind zu wenig isst, ist in der Regel unbegründet. Zwar haben viele Eltern dieses Gefühl, da die Kinder in diesem Alter so viel verweigern, doch dieses Verweigern ist etwas Normales. Es ist von der Natur so gewollt, dass der Mensch sehr skeptisch gegenüber neuen Lebensmitteln ist. Eine Verweigerung ist kein Dauerzustand. Sie brauchen viel Geduld, aber das Kind wird sich bei einem liebevollen Angebot für neue Nahrungsmittel öffnen. Welche Lebensmittelmengen als Richtwerte für Kleinkinder gelten können, lesen Sie in der Tabelle des Forschungsinstituts für Kinderernährung. (Seite 18)

Alltagsmaße machen das Abschätzen einfacher

»Alltagsmaße« finden Sie in der Tabelle des Forschungsinstituts für Kinderernährung (Seite 18) und bei den Rezepten. Die Hand Ihres Kindes, ein Trinkglas und einen Tee- oder Esslöffel als Maße für Portionen zu verwenden, ist unkompliziert und praxistauglich. Mit der Hand des Kindes wächst auch die Portion. Es handelt sich dabei um nur geringfügige Änderungen.

Tabelle hin, Tabelle her

Die Werte in dieser Tabelle sind vom Forschungsinstitut für Kinderernährung durch das Auswerten von Studien entstanden. Sie dienen wirklich nur als Richtwert, insbesondere dann, wenn Sie das Gefühl haben, Ihr Kind esse zu wenig oder zu viel. Die Tabelle soll Sie aber nicht zur Verzweiflung bringen. Jedes Kind hat einen ganz individuellen Energiebedarf.

Lebensmittelmengen der optimierten Mischkost

Alter	1 Jahr	Beispiele für 1-Jährige	2–3 Jahre	Beispiele für 2–3-Jährige	4–6 Jahre	Beispiele für 4–6-Jährige
Energie	950 kcal/Tag		1100 kcal/Tag		1450 kcal/Tag	
Reichlich!						
Brot oder Getreide (-flocken)	80 g/Tag	2–3 Scheiben (kinderhandgroß) oder 8 Esslöffel	120 g/Tag	2–3 Scheiben (kinderhandgroß) oder 12 Esslöffel	170 g/Tag	2–3 Scheiben oder 17 Esslöffel
	Vollkornbrot und Vollkornflocken sorgen für eine ausreichende Ballaststoffzufuhr!					
Kartoffeln[2]	120 g/Tag	2 kleine Kartoffeln	140 g/Tag	1 kleine und 1 mittelgroße Kartoffel	180 g/Tag	2 mittelgroße Kartoffeln
	Lassen Sie Ihre Kinder zwischen Kartoffeln, Vollkornnudeln, Vollkornreis sowie Hirse und Quinoa immer wieder wählen.					
Gemüse	120 g/Tag	1 mittelgroße Möhre	150 g/Tag	1 mittelgroße Möhre + 2 Cocktailtomaten	200 g/Tag	1 Paprikaschote
	Gekocht oder roh sowie kunterbunt sollte Gemüse gegessen werden!					
Obst	120 g/Tag	1 kleiner Apfel	150 g/Tag	½ kleiner Apfel + ⅓ kleine Banane	200 g/Tag	1 kleiner Apfel + ½ Banane
	Damit keine Langeweile aufkommt: Bieten Sie nicht nur Apfel und Banane, sondern Obst der Saison an!					

Alter	1 Jahr	Beispiele für 1-Jährige	2–3 Jahre	Beispiele für 2–3-Jährige	4–6 Jahre	Beispiele für 4–6-Jährige
Wasser	600 ml/Tag	5–6 kleine Gläser	700 ml/Tag	6–7 kleine Gläser	800 ml/Tag	7–8 kleine Gläser
	Jedes Mineralwasser hat seinen individuellen Geschmack. Mit einer Scheibe Zitrone aufgepeppt, schmeckt es viel erfrischender!					
Mäßig!						
Milch[3]	300 ml/Tag	2 Tassen	330 ml/Tag	2 Tassen	350 ml/Tag	2 Tassen
	Milch ist kein Durstlöscher, sondern in Maßen ein gesundes Lebensmittel.					
Fleisch, Wurst	30 g/Tag	Schnitzel (kinderhandgroß)	35 g/Tag	Schnitzel (kinderhandgroß)	40 g/Tag	Schnitzel (kinderhandgroß)
	Schnitzel, Gulasch und Schinken sind besser als jede Art von Wurst!					
Eier	1–2 Stück/Woche		1–2 Stück/Woche		2 Stück/Woche	
	Auch wenn sie viel Cholesterin enthalten, sind Eier doch viel besser als ihr Ruf.					
Fisch	25 g/Woche	Fischfilet (kinderhandgroß)	35 g/Woche	Fischfilet (kinderhandgroß)	50 g/Woche	Fischfilet (kinderhandgroß)
	Wer früh Fisch mag, wird auch später Fischgerichte genießen!					
Sparsam!						
Öl, Butter, Margarine	15 g/Tag	3 Teelöffel	20 g/Tag	4 Teelöffel	25 g/Tag	5 Teelöffel
	Rapsöl, Olivenöl und Butter sind die Allrounder unter den Fetten!					
Süßes – geduldet!						
in Energie	100 kcal/Tag		110 kcal/Tag		150 kcal/Tag	
am Beispiel Butterkeks	20 g	4 Stück	20 g	4 Stück	30 g	6 Stück
Empfehlungen optimix, Forschungsinstitut für Kinderernährung; [2]Reis oder Nudeln in gekochter Menge identisch; [3]anstelle von Milch sind auch Joghurt, Buttermilch oder Käse (200 ml Milch = 30 g Schnittkäse oder 60 g Weichkäse) möglich.						

Aufgezeigt werden immer untere Werte, da sich viele Eltern Sorgen machen, dass ihr Kind zu wenig isst. Wenn Ihr Kind mehr isst und dabei im Bereich des Normalgewichtes liegt – freuen Sie sich! Wenn Sie Zweifel haben, können Sie mit Hilfe eines Online-Rechners überprüfen, ob das Gewicht Ihres Kindes im Rahmen liegt. Bei großer Unsicherheit fragen Sie Ihren Kinderarzt oder Ihre Kinderärztin oder suchen Sie eine professionelle Ernährungsberaterin auf. Übergewicht wächst sich seltener aus, als gesagt wird.

Bieten Sie nicht nur Ihrem kleinen Kind, sondern der ganzen Familie gesundes Essen an. Wenn Sie früher selbst viel Süßes, Fertiggerichte und Fast Food gegessen haben, versuchen Sie, die Mengen zu reduzieren. Ihr Kind möchte ausprobieren, was Sie essen. Aber da Ihr Kind weder Süßigkeiten noch Fast Food kennt, wird es von sich aus kein Verlangen danach haben. Halten Sie diese Lebensmittel aus der Familienkost heraus, dann bleibt ungesundes Essen die Ausnahme und wird nicht zur Familienregel.

Richtig trinken

Aufgrund des höheren Wasseranteils im Körper haben Kinder einen hohen Wasserbedarf. Ausreichendes Trinken ist wichtig. Gerade bei Sommerhitze, wenn der Flüssigkeitsbedarf steigt, ist ständiges Trinken notwendig. Wichtig ist, nicht nur zu jeder Mahlzeit ein Getränk anzubieten. Vielmehr sollten Getränke jederzeit frei zur Verfügung stehen. So kann auch zwischendurch getrunken werden. Am besten eignen sich Trink- oder Mineralwasser sowie ungesüßte Früchte- oder bestimmte Kräutertees. Kinder haben aber oft kein stark ausgeprägtes Durstgefühl, daher ist es wichtig, auf die Trinkgewohnheiten der Kinder früh Einfluss zu nehmen.

Der beste Durstlöscher ist und bleibt Wasser. Leitungswasser oder auch Mineralwasser sollte der Lieblingsdurstlöscher der ganzen Familie werden. Ihr Kind wird die Wassermengen in der eben auf-

geführten Tabelle nicht sofort trinken. Milch und auch Breie enthalten viel Wasser, sodass nur wenige Kinder diese Trinkmengen in Form von Wasser von Anfang an schaffen. Wasser ist kalorienfrei und somit kein leerer Kalorienträger wie gesüßte Limonadengetränke. Des Weiteren ist es frei von Zusatzstoffen, die, wie z. B. Zitronensäure, den Zahnschmelz schädigen können. Es kann sinnvoll sein, ein kalziumreiches Mineralwasser zu kaufen. Und zwar dann, wenn Ihr Kind nur wenig Milch trinkt und selten Milchprodukte und Käse isst.

Auch wenn Ihr Kind wenig trinkt, sollten Sie nicht versuchen, die Trinkmenge durch das Anbieten von süßen Getränken zu steigern. Zwar berichten viele Eltern, dass das gut klappt, doch dabei wird übersehen, wie viel Zucker so nebenbei aufgenommen wird (siehe Tabelle). Auch wenn Saft aufgrund seiner Vitamine und Mineralstoffe besser als Limonade abschneidet, enthält er ebenfalls reichlich Zucker. Eine Saftschorle im Verhältnis 2 Teile Wasser zu 1 Teil Saft ist eine Alternative zum Wasser, die aber nicht in Trinkflaschen zum Dauernuckeln angeboten werden sollte, sondern im Glas. In Trinkflaschen sollte wirklich nur Wasser abgefüllt werden. So schützen Sie die Zähne ihres Kindes am besten und das Kind lernt, den Durst mit Ungesüßtem zu löschen.

Rote Karte für Alkohol, Kaffee & Co.!
Das muss man nicht schreiben, das weiß jeder: Alkoholische Getränke von Bier bis Wein sind für Kinder tabu. Auch wenn Ihr Kind nur am Bier- oder Weinglas nippen will, verbieten Sie dies! Es wird auch immer diskutiert, in Anwesenheit von Kindern auf den Konsum solcher Getränke zu verzichten. Wie sie dies handhaben, entscheiden Sie bitte selbst. Auch Bohnenkaffee, schwarzer und grüner Tee, Eistee, Colagetränke und die sogenannten Energy-Drinks kommen für Kinder nicht infrage. Sie enthalten Koffein, das die Kleinen langsamer abbauen, wodurch sie zappeliger werden. Somit sind sie für kleine Kinder schlichtweg verboten.

Was steckt in unseren Lebensmitteln?

Essen ist zuallererst ein Energielieferant. Energie brauchen wir, um leben zu können. Die Bausteine Eiweiß, Fett und Kohlenhydrate liefern uns diese Energie. Ein Zuviel an Energie führt zu Übergewicht und ein Zuwenig lässt uns abmagern.

Für die meisten Menschen ist der Energiegehalt eine abstrakte Zahl, mit der man nur wenig anfangen kann. Doch auf vielen Produkten finden wir nicht nur die Nährwerte des Lebensmittels, sondern auch einen Richtwert für die durchschnittliche Energiezufuhr pro Tag. Für Erwachsene wird sie mit 2000 kcal veranschlagt. Für 1-Jährige empfiehlt das Forschungsinstitut für Kinderernährung 950 kcal pro Tag. Unser Kind braucht also im Verhältnis zu seiner Größe ganz schön viel Energie. Doch aus der Tabelle »Lebensmittelmengen der optimierten Mischkost« (Seite 18) ersehen Sie, dass dies gar kein so großer Berg an Lebensmitteln ist.

Kohlenhydrate als Sattmacher
Kohlenhydrate finden sich vor allem in pflanzlichen Lebensmitteln – also in Brot und Getreideflocken, Kartoffeln, Nudeln und Reis sowie last but not least in Obst und Gemüse. Diese Lebensmittel liefern dem Körper vor allem Energie, aber auch Vitamine, Mineralstoffe, sekundäre Pflanzenstoffe und Ballaststoffe. Bei den Kohlenhydraten handelt es sich um Zuckerbausteine, die eine Art Kette bilden. Die Anzahl der Zuckerbausteine entscheidet, ob es sich um einfache oder um komplexe Kohlenhydrate handelt.

Aufgepasst: Zucker bringt zu schnell Energie!
Einfache Kohlenhydrate werden als Zucker bezeichnet. Sie schmecken meist süß. Sie bestehen aus

ein oder zwei Zuckerbausteinen. So ist der Haushaltszucker ein Zweifachzucker, zusammengesetzt aus einem Teil Fruchtzucker und einem Teil Traubenzucker. Obst enthält viel Fruchtzucker oder auch Traubenzucker und Haushaltszucker. Milch und Milchprodukte enthalten Laktose, einen nur wenig süß schmeckenden Zweifachzucker.

Der natürliche Zuckergehalt von Obst und Milchprodukten ist nicht schädlich, denn neben der schnellen Energie liefern diese Produkte wertvolle Inhaltsstoffe wie Vitamine, Mineralstoffe und Ballaststoffe. Doch Lebensmittel, denen viel Zucker zugesetzt wurde, haben schnell einen höheren Energiegehalt als Obst und sind daher in nur kleinen Mengen in der gesunden Ernährung vertretbar.

Zuckergehalt von Getränken

Getränke	Zucker in g/100 ml (halbes Glas)	Anzahl Zuckerstücke (1 Zuckerwürfel = 3 g)
Limonade	12	4
Fruchtsaftgetränk	10	3
Fruchtsaft	11	4
Eistee (ohne Grün- und Schwarztee)	8	3
Apfelsaftschorle 2 : 1	4	1
ungesüßte Früchtetees	0	0
Leitungswasser/Mineralwasser	0	0

Stärke bringt lang anhaltende Energie

Komplexe Kohlenhydrate, wie die Stärke in Kartoffeln, Nudeln oder Brot, bestehen aus vielen Zuckerbausteinen. Im Dünndarm müssen sie erst in die einzelnen Zuckerbausteine zerlegt werden, bevor sie dann nach und nach ins Blut gelangen und als Energielieferanten zur Verfügung stehen. Da der Körper Stärke langsamer verwertet, liefern sie gleichmäßiger und länger Energie als Zucker. Die Sättigung hält länger an, da der Blutzuckerspiegel langsamer steigt und fällt. Starke Schwankungen des Blutzuckerspiegels bleiben bei regelmäßigen und gut über den Tag verteilten Mahlzeiten aus, diese sorgen für ein gutes Sättigungsgefühl.

Ballaststoffe verzögern die Energieaufnahme

Ballaststoffe haben ihren Namen noch aus Zeiten, als man sie wegen ihrer Unverdaulichkeit für überflüssig hielt. Heute haben sie einen hohen Stellenwert in der Ernährung. Unter dem Begriff »Ballaststoffe« verbergen sich verschiedene Substanzen, wie z. B. Inulin, Zellulose, Hemizellulose oder auch Oligofruktose. Ballaststoffe verlängern die Verweildauer der Nahrungsmittel im Magen. Sie machen länger satt und verzögern das erneute Hungergefühl. Die Energie kommt feiner dosiert aus dem Darm ins Blut. Im Zusammenspiel mit den Kohlenhydraten sorgen sie dafür, dass der Blutzuckerspiegel in Balance gehalten wird.

Ein weiterer Pluspunkt der Ballaststoffe ist die verkürzte Passagezeit des Nahrungsbreis im Dickdarm. Giftige Stoffwechselprodukte werden schneller entsorgt und durch die Quellfähigkeit der Ballaststoffe lassen sich Probleme mit Verstopfung unkompliziert und ohne Nebenwirkungen lösen.

Die wichtigsten Ballaststofflieferanten sind Vollkornprodukte, Müsli, Vollkornbrot, Naturreis, Haferflocken, Kartoffeln, Bohnen, Erbsen, Linsen, alle Blattsalate und alle Gemüse- und Obstsorten. Etwa die Hälfte der Ballaststoffe sollte aus Getreide und die andere Hälfte aus Obst und Gemüse stammen.

Eiweiß ist das Baumaterial
Der Eiweißbedarf ist bei Kindern höher als bei Erwachsenen, denn sie befinden sich im Wachstum. Diese Aussage ist relativ gemeint. Die Relation bezieht sich auf das Körpergewicht. Denn in einer absoluten Zahl ausgedrückt, brauchen Kleinkinder nicht mehr als 15 bis 20 g Eiweiß am Tag. In den Industrieländern gibt es bei Kindern wie auch Erwachsenen keinen Eiweißmangel. Wir essen tendenziell eher zu viel Eiweiß. Auch wenn Eiweiß das Baumaterial aller Zellen ist, muss nicht jeden Tag tierisches Eiweiß in Form von Fleisch gegessen werden. In Lebensmitteln pflanzlichen Ursprungs ist ebenfalls Eiweiß vorhanden. Kartoffeln, Vollkornbrot und -reis sowie Haferflocken sind wichtige Eiweißquellen. Nicht zu vergessen sind Milch- und Milchprodukte, sie tragen insbesondere bei Kleinkindern entscheidend zur Eiweißversorgung bei.

Ohne Fett geht es nicht!
Fett liefert mehr als doppelt so viel Energie wie Eiweiß und Kohlenhydrate und sollte daher bewusst gegessen werden. Insgesamt essen wir eher zu fett. Doch ganz ohne Fett funktioniert unser Körper nicht. Fett liefert wichtige Fettsäuren und ist Träger der fettlöslichen Vitamine A, D, E und K. In den Rezepten wird fast ausschließlich mit Raps- und Olivenöl gekocht. Das mag einseitig erscheinen, sorgt aber bei Verwendung von Rapsöl für eine gute Versorgung des Körpers mit Omega-3-Fettsäuren.

Vitamine
Vitamine sorgen für einen reibungslosen Ablauf aller Körperfunktionen und schützen unseren Organismus vor Erkrankungen. Unterschieden wird zwischen fettlöslichen (A, D, K, E) und wasserlöslichen Vitaminen (C, B_1, B_2, B_6, B_{12}, Pantothensäure, Folsäure, Niacin und Biotin). Wenn Kinder Obst und Gemüse, Getreide, Fleisch, Fisch und Milchprodukte sowie Öl zum Essen angeboten bekommen, brauchen Sie keinen Vitaminmangel zu befürchten (siehe Tabelle im Anhang, Seite 202).

Mineralstoffe und Spurenelemente
Sie erfüllen ähnliche Aufgaben wie die Vitamine und sind lebensnotwendig. Bei einer Mischkost mit den Schwerpunkten Brot, Gemüse, Obst und Milch sowie wöchentlich Fisch und Fleisch braucht Ihr Kind nur beim Salz einen künstlichen Zusatz: Verwenden Sie jodiertes und fluoridiertes Speisesalz! Eine Übersicht über die einzelnen Vitamine und Mineralstoffe finden Sie im Anhang (Seite 202).

Sekundäre Pflanzenstoffe – die Naturarznei!
Sekundäre Pflanzenstoffe umfassen eine Vielzahl von natürlichen Inhaltsstoffen in pflanzlichen Lebensmitteln, die im Gegensatz zu Vitaminen für den Menschen nicht lebensnotwendig sind, jedoch im Körper wichtige Aufgaben erfüllen. Dabei handelt es sich nicht um eine Stoffgruppe, sondern um Substanzen mit sehr unterschiedlichen Strukturen. 5 000 bis 10 000 dieser Substanzen haben vermutlich eine Bedeutung für unsere Ernährung. Die sekundären Pflanzenstoffe werden in verschiedene Gruppen eingeteilt: Polyphenole, Carotinoide, Phytoöstrogene, Glucosinolate, Sulfide, Monoterpene, Saponine, Protease-Inhibitoren, Phytosterine und Lektine. Auch Chlorophyll und Phytinsäure gehören zu den sekundären Pflanzenstoffen, lassen sich aber keiner Gruppe zuordnen. Für die optimale Versorgung mit sekundären Pflanzenstoffen ist eine stark pflanzliche Ernährung von Bedeutung. Das können Sie ganz einfach erreichen, indem Sie Ihrem Kind z. B. zum Vollkornbrot mit Frisch-

käse auch Radischenscheiben und Kresse anbieten. Wenn Sie Linsen-Bolognese (Seite 122) kochen oder auch nur immer wieder ein klein wenig Obst und Gemüse zur Mahlzeit anbieten, ist das ebenfalls super. Bei Zeitmangel dürfen Sie aber gerne auch mal einen Eintopf aus der Dose aufwärmen, das ist besser als die Tiefkühlpizza.

Kinder brauchen regelmäßige Mahlzeiten

Wenn möglich, versuchen Sie, einen festen Mahlzeitenrhythmus einzuführen und einzuhalten. Kinder sollten morgens, mittags und abends etwas essen und trinken. Für den Hunger zwischendurch gibt es Zwischenmahlzeiten, aber nicht ständig etwas zu essen.

Die Forschung ist sich sicher, dass insbesondere Kinder Strukturen brauchen. Ohne einen möglichst festen Mahlzeitenplan wird es mit dem richtigen Essenlernen schwierig. Aus der Breiphase sind sie es gewohnt, zu festen Zeiten etwas zu essen zu bekommen – dieses Schema sollte weitergeführt werden. Zwischenmahlzeiten können dabei zeitlich stärker variieren.

Ein guter Start in den Tag

Auch wenn Sie selbst gar nicht frühstücken, sollten Sie darüber nachdenken, diese Mahlzeit wieder in Ihren Familienalltag einzuführen. Ein aufwendiges Frühstück muss es nicht sein und es braucht auch keine große Abwechslung. Die Basis bilden Brot oder Getreideflocken, dazu gehören Milch oder Milchprodukte sowie Obst oder Gemüse. Morgens ein Müsli mit Apfel und Joghurt oder ein Brot mit Käse und Gurkenscheibe: Das ist ein schnelles und gesundes Frühstück, wie Sie es vermutlich selbst aus Ihrem Elternhaus kennen. Ungewohnt ist vielleicht das Gemüse – auch wenn es nicht viel ist, wird es für Ihr Kind so zu einer Selbstverständlichkeit, dass es so auf Dauer zu jeder Mahlzeit Gemüse oder Obst isst.

Zwischenmahlzeit

Für Sie und Ihr Kleinkind gibt es einen Teller mit klein geschnittenem Obst am Vormittag. Zu Anfang reicht ein Apfel für Sie und Ihr Kind. Der Obstteller kann zu einem Ritual werden. Ein kindgerechter Name wie »Pumuckls bunter Teller« erhöht den Spaßfaktor und beim Naschen darf viel gelacht werden. Obst bekommt so einen positiven Bezug. Falls der Obstteller mal nicht leer wird oder ausfällt, ist das kein Drama. Übrigens, niemand kann etwas vermissen, was er nicht kennt: Ein 1-jähriges Kind verlangt nicht nach Keksen. Es sind Sie oder andere Erwachsene, die damit positive Erlebnisse verbinden und deshalb meinen, dass Ihr Kind so etwas braucht.

Das Mittagessen

Nehmen Sie sich die Zeit und kochen Sie selbst. Wenn es mal ganz schnell gehen muss, ist ein Rührei mit Vollkornbrot- und Gemüsestreifen gesünder und preiswerter als die meisten Fertiggerichte. Durch das Kochen wird die Nahrungsvielfalt größer und somit das Nährstoffangebot vielseitiger. Aber eine warme Mahlzeit muss nicht jeden Tag frisch zubereitet werden, es kann durchaus der Rest vom Vortag gegessen werden. Eintöpfe und Nudelgerichte mit Sauce lassen sich ohne große Geschmackseinbußen wieder aufwärmen. Warmes Essen heißt nicht unbedingt aufwendig kochen. Schnelle Rezepte mit wenigen Zutaten sind genauso gut; Sie finden sie im Rezeptteil des Buches. Wenn Sie die Möglichkeit zum Einfrieren haben, kochen Sie eine größere Menge und frieren Sie einen Teil davon ein. So haben Sie immer etwas für den Notfall. Und wenn die Küche ausnahmsweise einmal kalt bleibt, dann ist das meistens auch nur für Großmütter ein Problem. Ihr Kind wird auch von einem selbstgemachten Milchshake (Seite 66) und einem Brot satt und ist ausgezeichnet mit Nährstoffen versorgt.

Am Nachmittag

Es darf ruhig ein zweites Mal Obst sein. Dazu vielleicht ein kleine Scheibe Brot mit Käse oder zur Abwechslung eine Mixmilch aus Obst und Buttermilch. Zu besonderen Anlässen kann es selbstverständlich Kuchen geben, doch sollte es nicht die Regel sein, dass Kuchen bzw. Kekse täglich angeboten werden. Wenn Sie für sich allerdings feststellen, dass Sie es so gewohnt sind, und Sie sich von dieser Gewohnheit absolut nicht trennen können, dann sollte dabei kein schlechtes Gewissen entstehen. Wenn in der Familie keiner Gewichtsprobleme hat, dann genießen Sie für sich und Ihre Familie dieses Privileg.

Abendbrot

Wenn es mittags schon warmes Essen gab, dann sind belegte Brote mit Salat oder Rohkost eine gesunde Alternative. Auch ein Brot mit Tomatenscheiben oder Radieschen ist ausreichend. Wichtig ist, sich selbst nicht zu überfordern. Kleine Schritte in die richtige Richtung, wie z. B. immer etwas geschnittenes Gemüse oder Obst anzubieten, sind eher von Erfolg gekrönt als aufwendige Zubereitungen. Übrigens sollten Sie vor dem Zubettgehen Ihrem Kind lieber eine Gutenachtgeschichte servieren oder eine Runde mit ihm kuscheln, statt ihm einen Kakao zu machen.

Essen ist kein Erziehungsmittel

Bei den ganz Kleinen sind wir meist noch gnädig, doch mit der Zeit reißt es ein. »Wenn du deine Jacke aufhängst, bekommst du heute auch von deinem Lieblingssaft« oder umgekehrt: »Wenn du nicht aufisst, siehst du heute auch kein ›Sandmännchen‹!« Hoffentlich rutscht uns so etwas nur heraus. Essen soll nicht als Erziehungsmittel eingesetzt werden. Schnell ist man dabei, besonders wenn der Tag allgemein schon stressig war. Druck aufs Essen auszuüben, hilft den Kindern allerdings nicht, selbstständig zu entscheiden, wovon sie wie viel essen wollen. Es kommt schnell zu Machtkämpfen. Ihr Kind verweigert aus Prinzip, weil es merkt, dass es so Macht über Sie ausüben kann.

Je jünger das Kind, umso mehr orientiert es sich am Vorbild der Eltern. Kinder ahmen erst einmal das nach, was sie bei den Großen sehen, übernehmen gute wie schlechte Gewohnheiten, auch was das Essen betrifft. Vor allem bei jüngeren Kindern hat das Vorbild der Eltern weitreichenden Einfluss auf ihr Essverhalten. Wenn Sie sich selbst abwechslungsreich und ausgewogen ernähren, wird Ihr Kind dies als normal erleben und als selbstverständlich übernehmen. Gemeinsames Handeln ist wichtiger als ausufernde Diskussionen.

Vermeiden Sie Stress beim und ums Essen: Weder müssen Kinder ihren Teller immer leer essen, noch müssen sie alles gleichermaßen gern essen. Und manch ein Gemüse schmeckt Ihrem Kind vielleicht gar nicht. Das ist bei Erwachsenen nicht anders und kein Anlass zur Sorge, solange Gemüse nicht grundsätzlich abgelehnt wird.

Jeder hilft mit!

Übertragen Sie Ihrem Kind seinem Alter entsprechende Aufgaben rund ums Essen. Kinder helfen meist gern und das weckt ihr Interesse am Essen. Für einen kleinen Wuselmann heißt es, dass er bei der Essenszubereitung nur zuschaut. Vielleicht lassen Sie ihn mal die Händchen ins Wasser tauchen, wenn Sie gerade Salat oder Radieschen waschen.

Natürlich lauern in der Küche viele Gefahren – vom scharfen Messer bis zur heißen Herdplatte. Die Küche ist sicherlich kein Kinderspielplatz, aber lassen Sie Ihre Kinder unter Aufsicht ruhig mitarbeiten, auch wenn sie am Anfang gar keine Hilfe sind. Die Geduld, die Sie in frühen Jahren aufbringen, wird vielleicht später belohnt und Ihr Kind unterstützt Sie mit Begeisterung beim Kochen oder kocht vielleicht sogar für Sie. Mit zunehmendem Alter sollten Kinder auch in die Planung und Zubereitung der Mahlzeiten einbezogen werden und »mitreden« können.

Kinder viel über Lebensmittel erfahren lassen

Kinder sind meist neugierig. Geben Sie Ihrem Kind deshalb die Gelegenheit, möglichst viel über Lebensmittel zu erfahren – wie sie unverarbeitet oder im Rohzustand aussehen, woher sie kommen, wie sie wachsen, was sich daraus zubereiten lässt und natürlich: wie sie schmecken. Möglichkeiten hierfür sind der Besuch eines Bauernhofs, das Wandern entlang von Getreidefeldern oder Gemüsefeldern oder das Aussäen von Kürbis- oder Zucchinisaaten.

Einkaufen heißt: über das Familienessen entscheiden

Vergessen Sie nie, dass Sie als Einkäufer entscheiden, welche Lebensmittel Ihr Kind nun wirklich kennenlernt. Solange Kinder nicht über eigenes Geld in Form von Taschengeld verfügen, können sie sich selbst auch nichts kaufen. Es liegt somit in Ihrer alleinigen Verantwortung, was für Lebensmittel im Haushalt sind. Natürlich lernen die Kinder spätestens im Kindergarten andere Lebensmittel und auch Süßigkeiten kennen, doch Sie entscheiden, ob Sie diesen Wünschen nachgehen. Wer nur gesunde Lebensmittel in seinem Haushalt hat, kann sein Kind entscheiden lassen, was es isst. Steht keine Nussnougatcreme auf dem Frühstückstisch, kann sie auch nicht aufs Brot geschmiert werden. Auf der anderen Seite gilt: Alle Schleckereien, die Sie sich selbst erlauben, sollten Sie auch Ihren Kindern gönnen.

Die häufigsten Elternfragen

Eltern machen sich viele Gedanken um eine gesunde Ernährung ihrer Kinder. Sobald junge Eltern zusammenkommen, tauschen sie sich über das Essverhalten ihrer Kinder aus. Die typischen Fragen aus diesen Gesprächen habe ich gesammelt und versuche, sie möglichst verständnisvoll zu beantworten.

Dabei hoffe ich, Sie zu beruhigen, dass Ihr Kind gar nicht so schlecht isst, wie Sie befürchten. Und des Weiteren wünsche ich mir, dass Sie für sich selbst feststellen, dass Sie gar nicht so viel falsch machen, wie Sie selbst häufig meinen. Bedenken Sie, dass auch Sie selbst nicht jeden Tag gleich gesund essen. Aus meiner Sicht ist das Wichtigste und Schwierigste zugleich, die Geduld und die Kraft zu haben, immer wieder ganz einfache Dinge im Essalltag vorzuleben und sich dabei selbst treu zu bleiben.

Ich habe das Gefühl, mein Kind isst zu wenig. Dieses Gefühl haben viele Eltern und ich möchte Ihnen die Sorge nehmen. Beantworten Sie sich folgende Fragen: Wirkt Ihr Kind gesund und fröhlich? Spielt Ihr Kind viel und rennt es herum? Ist Ihr Kind an Neuem interessiert? Wächst Ihr Kind und ist es »lebendig«? Dann können Sie davon ausgehen, dass Ihr Kind genug isst. Ihr Kind gehört halt zu den sparsamen Essern – die gibt es genauso wie die, die immer Hunger haben. Falls Sie aber weiterhin beunruhigt sind, dann fragen Sie Ihren Kinderarzt, ob Ihr Kind mehr an Essen braucht.

Was mache ich, wenn mein Kind das Familienessen ablehnt? Das kommt immer mal wieder vor. Betreiben Sie daher Ursachenforschung. Was genau lehnt Ihr Kind am Familienessen ab – ist es wirklich alles? Vielleicht stellen Sie fest, dass es vor allem sehr feste Speisen verweigert. Dann ist es sinnvoll, noch

Breimahlzeiten und Familienessen zu mischen. Suppen, Eintöpfe oder auch Risotto, Rührei und Pfannkuchen sind Gerichte, mit denen Sie das Kind an das Familienessen langsam heranführen können. Wenn Ihr Kind auch solche Speisen komplett verweigert, dann bieten Sie ihm seine gewohnten Breie an. Mit etwas Geduld wird sich Ihr Kind langsam von den Breien entwöhnen und das Familienessen bevorzugen.

Mein Kind isst jetzt viel weniger. Soll ich wieder Breie machen? Nein, kehren Sie nicht zu den Breien zurück. Vielleicht überschätzen Sie die Menge, die Ihr Kind essen soll. Wenn es nicht ständig schreit und auf der Suche nach etwas anderem Essbaren ist, dann ist alles okay. Solange das Gewicht stimmt, müssen Sie sich keine Sorgen machen. Geben Sie Ihrem Kind kleine Portionen auf kleinen Tellern und wenn diese leer gegessen sind, kann es noch einen Nachschlag geben. So entsteht sowohl bei Ihnen als auch bei Ihrem Kind ein gutes Gefühl.

Mein Kind isst alles nur einzeln. Was soll ich tun? Solch eine Phase, in der die Komponenten einer Speise getrennt werden, machen viele Kinder und Eltern durch. Kinder essen zwar Salat, aber nicht mit Dressing, und die Nudeln werden nur ohne Sauce gegessen. Akzeptieren Sie dieses Verhalten. Es wird sich, je weniger Sie es beachten, umso schneller legen. Kinder haben vermutlich den Wunsch nach einem eindeutigen Geschmack und das Mischen löst ein Misstrauen gegenüber zu vielen Geschmacksrichtungen auf einmal aus. Ändern Sie Ihre Essgewohnheiten nicht, bieten Sie Ihrem Kind geduldig Kombigerichte an und akzeptieren Sie die Ablehnung. Und lassen Sie es alles in Einzelkomponenten zerlegt essen.

Mein Kind hat immer Appetit. Ob es wohl zu viel isst? Stimmt das Gewicht Ihres Kindes? Wenn ja, dann ist Ihr Kind ein schlechter Futterverwerter, ist immer in Aktion oder macht gerade einen Entwicklungsschub durch. Falls Ihr Kind zur oberen Gewichtsgrenze tendiert: In diesem Alter haben Sie einen recht großen Einfluss auf das Essen. Stellen Sie die Möglichkeit des Zwischendurchessens ein und beschränken Sie das Essen auf fünf Mahlzeiten. Dabei kann die Zwischenmahlzeit ein bisschen Apfel oder Möhre sein.

Mein Kind will morgens nicht frühstücken. Was kann ich tun? Frühstücken Sie selbst? Wenn nicht, sollten Sie dies ändern, bevor Sie es von Ihrem Kind erwarten. Versuchen Sie, Ihrem Kind morgens viel Zeit zu geben, um richtig wach zu werden. Setzen Sie sich an den gedeckten Tisch. Überlegen Sie, ob Sie selbst aus Gewohnheit oder Hunger frühstücken. Vielleicht hat Ihr Kind morgens einfach keinen großen Hunger. Dann überdenken Sie, was und wie viel Ihr Kind frühstücken soll. Eine Kleinigkeit wie ein Glas voll Milch ist schon ein Frühstück. Wenn wir von 150 ml Vollmilch ausgehen, dann sind das 100 kcal (also etwas mehr als 10 % der täglichen Energiemenge). Machen Sie bitte nicht den Fehler, jetzt noch einen Vollkornkeks oder eine Waffel zu geben, da Sie glauben, dass Ihr Kind doch etwas Festes braucht. Dadurch wird das biologische Signal »kein Hunger« durch verlockend süße Lebensmittel ausgetrickst. Ein gedeckter Frühstückstisch mit Brot oder Müsli, so wie Sie essen, wird für hungrige Kleinkinder schon irgendwann interessant werden und am gedeckten Frühstückstisch ist noch kein Kind verhungert.

Egal wie wenig oder viel auf dem Teller ist, mein Kind isst den Teller nicht leer. Was kann ich tun? Sie sollten sich weder ärgern noch Druck aufbauen. Auch durch Überreden und liebevolle Zusprache kombiniert mit Füttern wie »Ein Löffel für Oma, ein Löffel für Opa, …« üben Sie sanften Druck aus. Gehen Sie davon aus, dass Ihr Kind keinen Hunger hat oder dass es zurzeit nicht essen mag. Nehmen Sie es nicht persönlich, sondern werten Sie es als eine Phase, die sich wieder ändern wird. Lassen Sie sich nicht aus dem Konzept bringen, schaffen Sie weiterhin eine angenehme Atmosphäre bei Tisch und bauen Sie das Lieblingsgericht Ihres Kindes in den Speiseplan ein.

Was ist gesünder: Müsli oder Brot? Darüber wird gerne philosophiert. Die Frage ist komplex. Vollkornflockenmüsli und Vollkornbrot sorgen beide aufgrund des hohen Ballaststoffgehaltes für eine lang anhaltende Sättigung. Cornflakes, Smacks und Co. enthalten viel Zucker, bei Toastbrot mit Marmelade verhält es sich nicht anders. Wer dick Butter und fettigen Belag wie Wurst, Käse oder Nussnougatcreme aufs Brot streicht, kommt auf eine große Portion Fett, doch das schafft man mit einem Schoko-Nuss-Müsli und Frühstückscerealien mit Schokofüllung ebenfalls. Ein sehr schlankes Kind kann vielleicht gut etwas Fett am Morgen gebrauchen, doch bei übergewichtigen Kindern sind Frühstücksflocken oder Müsli ohne Nüsse und Schokostückchen mit fettarmer Milch einem reichhaltig belegtem Brötchen vorzuziehen.

Was ist besser: Butter oder Margarine aufs Brot? Butter ist ein tierisches Fett und hat deshalb in der Regel mehr gesättigte Fettsäuren als die pflanzliche Margarine. Letztere enthält mehr ungesättigte Fettsäuren, die gut für Gesundheit und Wachstum sind. Gesättigte Fettsäuren können dem Körper schaden, sie sorgen z. B. für eine Erhöhung des Cholesterinspiegels. Ungesättigte Fettsäuren können dagegen den Cholesterinspiegel senken. Doch eine gute Butter kann trotzdem besser sein als eine schlechte Margarine, die z.B. einen hohen Anteil gehärteter Fette hat. Gehärtete Fette erhöhen ebenfalls die Blutfettwerte. Die Fütterung der Kühe hat übrigens einen Einfluss auf das Fettsäuremuster. Eine Bio-Butter aus Weidehaltung ist gesünder als konventionelle Butter. Sie hat auf natürliche Weise einen höheren Gehalt an Omega-3-Fettsäuren. Doch gibt es auch Margarine, die mit Omega-3-Fettsäuren durch das Raps-oder Leinöl angereichert ist und keine gehärteten Fettsäuren enthält. Letztlich entscheidet der Geschmack, ob Sie langfristig Butter oder Margarine aufs Brot streichen. Wichtig ist, sie dünn zu streichen.

Ist das zweite Frühstück notwendig? Ja, es ist sinnvoll. Kleine Kinder essen noch nicht auf Vorrat. Für sie ist es daher besonders wichtig, dass sie mit Zwischenmahlzeiten versorgt werden. Das zweite Frühstück ist eine Zwischenmahlzeit. Es kann ein bisschen Obst sein, ein Glas Milch oder ein Becher Joghurt. Auch ein Stück Brot, dünn mit Frischkäse bestrichen oder mit Aufschnitt belegt, ist ein leckeres zweites Frühstück. Süßigkeiten wie Kuchen, Kekse, Schokolade oder Bonbons sollten Sie bewusst nicht als Zwischenmahlzeit einbauen.

Mein Sohn isst gerne Wurst auf dem Brot. Dabei ist Käse doch gesünder, oder? Jeder Mensch und somit auch jedes Kind hat seine Vorlieben. Wurst ist zwar ungesund, da sie viel verstecktes Fett und Nitritpökelsalz enthält, aber Ihr Wissen verhindert nicht die Lust auf Wurst bei Ihrem Kind. Beruhigen Sie sich, indem Sie sich sagen, Wurst hat auch gute Seiten: etwas Eisen, Zink und Eiweiß. Und überdenken Sie bitte erneut die Essgewohnheiten der ganzen Familie. Die Wurst kennt Ihr Kind doch vom Familientisch. Wenn andere in Ihrer Familie Wurst essen, warum dann nicht auch Ihr Sohn?

Ist Geflügelfleisch gesünder als Schweinefleisch? Geflügelfleisch hat das Image, besonders gesund und fettarm zu sein. Das muss aber im Vergleich nicht immer stimmen. So hat eine Hähnchenkeule mit knuspriger Haut mehr Fett als ein mageres Stück Schweinefilet. Schweinefleisch liefert vor allem Vitamin B_1 und auch mehr Eisen als weißes Fleisch. Wenn Sie also jede Fleischsorte mögen, variieren Sie. Bevorzugen Sie fettarmes Fleisch.

Das heißt nicht, dass es gar keine Bratwurst mehr gibt. Doch wenn fast nur Hackfleisch, Bratwurst, Fleischkäse und Wiener Würstchen auf dem Speiseplan stehen, ist das etwas zu einseitig und bringt zu viel tierisches Fett mit sich. Bei einer gesunden Ernährung sollte sparsam und wenn, dann hochwertiges Fleisch gegessen werden.

In der Krabbelgruppe ist gesagt worden, dass Honig gesünder sei als Zucker. Stimmt das? Im Vergleich zu Haushaltszucker hat Honig eine etwas höhere Süßkraft. Auch sind je nach Honigverarbeitung in Spuren Mineralstoffe und Vitamine enthalten. Ob Sie mit Zucker oder Honig süßen, macht allerdings keinen großen Unterschied bezogen auf eine gesunde Ernährung. Wichtiger ist, dass sie mit beidem möglichst sparsam umgehen. Das gilt auch für andere alternative Süßungsmittel wie Dicksäfte und Sirup. Da Honig, Sirup und Dicksaft deutlich teurer sind, habe ich immer die Hoffnung, dass somit weniger süß gegessen wird.

Wir sind Vegetarier und machen uns Gedanken, ob unser Kind ohne Fleisch gesund aufwächst? Vegetarier sind laut Studien nicht unbedingt schlechter mit Nährstoffen versorgt als der Rest der Bevölkerung. Fleisch liefert neben Eiweiß vor allem Eisen, Zink, Selen, B-Vitamine und ist eine wichtige Vitamin-B_{12}-Quelle. Wenn Ihr Kind einen gesunden Eindruck auf Sie macht, dann scheint auch kein Nährstoffmangel vorzuliegen. Auch vegetarische Produkte enthalten lebenswichtige Nährstoffe und viele Lebensmittel sind heute mit Vitaminen und Mineralstoffen angereichert. Problematisch wäre eine vegane Ernährung. Das bedeutet, auf sämtliche tierische Lebensmittel zu verzichten, also auch auf Milchprodukte und Eier. Dann fehlen schnell Eisen, Eiweiß, Kalzium und Vitamin B_{12}. Stehen diese Produkte aber regelmäßig auf dem Speiseplan, ist eine fleischlose Ernährung in Ordnung. Übrigens: Wer Vitamin-C-reiche Lebensmittel mit

eisenreichen pflanzlichen Lebensmitteln kombiniert, optimiert die Eisenaufnahme. Also etwas Orangensaft im Müsli oder ein Stück Paprika zum Vollkornbrot und das Eisen wird besser verwertet. Um z. B. gut mit Eiweiß versorgt zu sein, ist der regelmäßige Verzehr von Hülsenfrüchten und Tofuprodukten sinnvoll

Muss Obst vor dem Verzehr wirklich immer gewaschen werden? Ja, das sollte es, denn man weiß ja nicht, womit die Schale in Berührung gekommen ist. Äpfel und Birnen wäscht man am besten lauwarm ab und schneidet sie ungeschält für Kinder auf. So mögen sie das Obst am liebsten. Zitrusfrüchte wie Orangen und Mandarinen sollten vor dem Schälen ebenfalls gewaschen werden. Wenn Sie sich das Waschen sparen, bleibt etwa ein Fünftel der Konservierungsstoffe, mit denen die Früchte behandelt sind, beim Schälen an den Händen kleben, kommt dann mit dem Fruchtfleisch in Kontakt und wird dann mitgegessen. Was für Zitrusfrüchte gilt, schadet bei anderen Südfrüchten ebenfalls nicht.

Frisches Obst aus dem Garten – muss ich es auch waschen? Ja, auch Obst aus dem Garten sollten Sie vor dem Verzehr waschen. Auf frischem Obst liegt eine schützende Schicht von Mikroorganismen. Sie schadet in der Regel nicht, doch trinkt man nach dem Verzehr einer großen Portion Kirschen, Johannisbeeren oder Erdbeeren ein Glas Wasser, kann es zu Bauchweh kommen. Um das zu verhindern, sollte der Anteil gärender Mikroorganismen klein gehalten werden, dann gibt es auch keine Probleme mit dem Magenkneifen.

Ich bemühe mich, fünfmal am Tag Obst oder Gemüse anzubieten. Aber ich schaffe es nicht. Kein Grund zum Verzweifeln. Ihr Bemühen allein ist schon viel wert. Ein schlechtes Gewissen oder Schuldgefühle sind schlechte Ratgeber. Ändern Sie den Blick, sagen Sie sich: An Tagen, an denen fünf Portionen geschafft wurden, gibt es die Goldmedaille, wenn es nur drei Portionen waren, bekommen Sie immerhin noch Silber, und solange überhaupt täglich Obst oder Gemüse gegessen wird, erhalten Sie die Bronzemedaille. Dritter Platz ist doch auch nicht schlecht. Die Empfehlung, viel Obst und Gemüse zu verzehren, leitet sich daraus ab, dass Sie bei sich und Ihrer Familie damit das Krebs- und Herzkreislaufrisiko minimieren. Sie haben noch lange keinen Vitamin- oder Mineralstoffmangel, wenn Sie diese Mengen nur manchmal schaffen. Wenn die Angst und der Druck weg sind, schaffen Sie es vermutlich viel besser, mehr Obst und Gemüse zu essen und Ihren Kindern anzubieten.

Können Sie Tipps geben, wie man auf größere Gemüse- und Obstmengen kommt? Ja, schon morgens beim Frühstück mit Obst und Gemüse beginnen. Zwischendurch ein Stück Obst oder auch Gemüse einplanen, indem es z. B. für Ihre Kinder neben der Brotbox immer eine Gemüsebox für den Kindergarten gibt. Eintopf, Gemüsesuppe und -auflauf kochen und sich dann auch mal zwei Portionen anrechnen. Brot und Gemüse auch am Abendbrottisch kombinieren. Sich keine Vorwürfe machen, wenn es nicht klappt. Wieder frohen Mutes von Neuem anfangen. Der Weg der kleinen Schritte ist wichtig: Mit einem Schritt beginnen und diesen zur Routine werden lassen, dann den nächsten Schritt setzen. Das Ganze nicht nur vom Kopf her angehen, sondern auch vom Bauch. Beziehen Sie Ihre eigenen Vorlieben bei der Obst- und Gemüsewahl stark ein. Erzählen Sie den Kindern von Ihren positiven Erlebnissen und lassen Sie sie das auch erleben, indem Sie z. B. gemeinsam den Wochenmarkt besuchen.

Ist das schlimm, wenn es bei uns einmal in der Woche Tiefkühlpizza gibt? Nein. Tiefkühlpizzen sind das beliebteste deutsche Fertigprodukt. Und auch Sie werden Ihre Gründe dafür haben. Vermutlich schmeckt Pizza der ganzen Familie und ist schnell auf dem Tisch. Allerdings haben die meisten Fertigpizzen mehr Kalorien, als für eine Hauptmahlzeit empfehlenswert ist. Für Frauen und Kinder sind sie als Hauptmahlzeit eindeutig zu kalorienreich. Wenn Ihr Gewicht und das Ihrer Kinder ideal sind, dann sparen Sie Energie anderswo in der Woche oder am Tag ein. Dann ist das okay. Falls Sie aber Gewichtsprobleme haben und auf den Pizzagenuss nicht verzichten wollen, empfehle ich, die Pizza zu teilen: eine halbe Pizza für Erwachsene, für Kleinkinder höchstens eine viertel Pizza. Während des Pizzabackens schneiden Sie noch eine Gurke oder Möhre zurecht oder bereiten Sie einen Salat zu.

Meine Tochter ist eine Naschkatze. Was kann ich dagegen tun? Die Vorliebe für Süßes lässt sich schwer ändern. Doch können Sie entscheiden, welche süßen Lebensmittel auf Dauer die Favoriten werden. Bieten Sie täglich einen Obstteller an. Bieten Sie auch Möhren, Tomaten sowie gelbe und rote Paprika an. Sie schmecken ebenfalls leicht süß. Als Getränk für zwischendurch und zur Hauptmahlzeit bieten Sie nur noch Wasser oder ungesüßte Früchtetees an. Schränken Sie für die ganze Familie den Konsum von Keksen und anderen Süßigkeiten ein. Wenn weniger Süßes angeboten wird, ändert sich das Essverhalten ganz automatisch und es ist auch wieder mehr Platz im Bauch für das gesunde Hauptgericht.

Bei uns gibt es nie Fisch. Wir mögen ihn nun mal nicht. Schadet das meiner Tochter? Seefisch ist ein sehr hochwertiges Lebensmittel. Er enthält im Vergleich zu anderen Lebensmitteln – Jod. Diesen Nährstoff braucht unser Körper für die Bildung des Schilddrüsenhormons Thyroxin. Dieses Hormon steuert das Wachstum und unseren Stoffwechsel. Ein Mangel an Jod führt zu einer vergrößerten Schilddrüse. Auch wenn die Empfehlung lautet, einmal pro Woche eine kleine Portion Seefisch zu essen, müssen Sie nicht verzweifeln. Verwenden Sie beim Kochen konsequent jodiertes Salz, kaufen Sie bevorzugt Brot, das Jodsalz enthält. Und was immer Sie sonst noch gerne essen – versuchen Sie, bei mehreren Alternativen immer ein mit Jod angereichertes Produkt zu verwenden. Auch Milch enthält Jod. Doch die Mengen schwanken und dies wird nicht auf der Verpackung deklariert. Keine Angst, Sie sind nicht die einzige Familie, die keinen Seefisch isst. Wenn Sie es doch mal versuchen wollen, dann wählen Sie Rezepte, in denen der Fischanteil gering ist. Kinder mögen oft Fischstäbchen. Vielleicht ist das eine Möglichkeit. Besser viel Panade als gar keinen Fisch. Ihre Abneigung gegen Fisch hat vielleicht eine Ursache: Viele von uns haben schlechte Erfahrungen mit Gräten gemacht. Versuchen Sie es doch mal im ersten Schritt mit geräuchertem Lachs.

Immer wird kritisch über die dicke Panade von Fischstäbchen berichtet. Wie ist das zu bewerten? Bei vielen jungen Familien sind Fischstäbchen sicherlich der Einstieg in die Fischküche. Denn Fischstäbchen verbinden wir häufig selbst mit positiven Erlebnissen und sie sind bei Kindern beliebt. Fischstäbchen haben tatsächlich viel Panade, aber immerhin 20 g Fisch pro Stäbchen. Damit sich die Panade in der Pfanne nicht noch mehr mit Fett vollsaugt, ist es sinnvoll, sie im Backofen zuzubereiten. Auf Fischstäbchen zu verzichten, ist nur dann sinnvoll, wenn Sie selbst Fischfilet ohne Panade zubereiten. Sind alle in Ihrer Familie schlank, dann ist die fetthaltige Panade eigentlich kein Problem.

Mein Sohn trinkt weder Milch, noch isst er Joghurt, Quark oder Käse. Was kann ich tun? Langfristig ist der Bedarf an Kalzium ohne Milch und Milchprodukte nur schwer zu decken. Es gibt aber auch andere Lebensmittel mit einem hohen Kalziumgehalt, wie z. B. Grünkohl, Fenchel, Spinat oder Lauch. Doch reicht das in der Regel nicht aus, da der Körper diese Kalziumquellen nicht so gut nutzen kann. Eine weitere natürliche Quelle stellen kalziumreiche Mineralwässer dar. Auf dem Etikett der Mineralwasserflasche finden Sie eine Analyse. Mit 150 mg Kalzium (Ca^{2+}) pro Liter gilt ein Mineralwasser als kalziumhaltig. Wenn es sich bei Ihrem Kind um eine Phase von wenigen Wochen handelt, in denen es keine Milch trinkt, können Sie sich so helfen. Doch verweigert es dauerhaft Milch und Milchprodukte, sollten Sie mit Ihrem Kinderarzt darüber sprechen und Ihrem Kind ganz bewusst kalziumangereicherte Produkte wie Säfte oder Brausetabletten mit Kalzium anbieten.

Kann ich meinen Kindern ohne Bedenken auch H-Milch geben? Kinder können im Alter von einem Jahr sowohl Frischmilch als auch H-Milch trinken. Zur Abtötung von Keimen werden beide Milchsorten erhitzt. Unerhitzte Milch (Rohmilch, Vorzugsmilch) ist dagegen für Kleinkinder nicht zu empfehlen!

Da Mineralstoffe nicht hitzeempfindlich sind, ändert sich der Mineralstoffgehalt durch das Erhitzen nicht. Der Vitaminverlust beträgt aufgrund der nur sehr kurzen Erhitzungszeiten bei pasteurisierter sowie H-Milch etwa 10 bis 20 Prozent. Mein Tipp: Da viele Vitamine lichtempfindlich sind, sollten Sie Milch im Tetra Pak oder in einer dunklen Flasche kaufen.

Mein Kind spuckt die Schale immer aus, daher schäle ich das Obst. Ist der Apfel dadurch wertlos? Nein, der Apfel ist dadurch nicht wertlos. Sicher steckt ein Großteil der gesunden Inhaltsstoffe wie Vitamine und sekundäre Pflanzenstoffe direkt unter der Fruchtschale. Dennoch ist ein geschälter Apfel besser als gar kein Apfel. Sie sollten dies fürs Erste so akzeptieren. Doch nach einem Zeitraum von drei bis vier Wochen können Sie es erneut mit einem ungeschälten Apfelspalt versuchen. Vielleicht schmeckt er dann. Eine andere Möglichkeit wäre, die Apfelsorte zu wechseln. Nicht jede Apfelschale ist gleich hart oder von gleichem Geschmack. Probieren Sie es immer wieder aus!

Mein Kind isst an Frischobst nur Bananen. Ist eine Banane genauso gut wie jedes andere Obst? Bananen enthalten in Vergleich zu anderem Obst sehr viele Kohlenhydrate, sind reich an Vitamin B_6 und Folsäure sowie an Kalium und Magnesium. Es ist also gut, wenn Sie Ihrem Kind jeden Tag eine Banane anbieten. Es wäre toll, wenn Sie Ihrem Kleinkind auch mal eine Apfelspalte oder eine leuchtend rote Erdbeere anböten. Im Vergleich zur Banane gelten Beerenfrüchte und Zitrusfrüchte als wichtige Vitamin-C-Lieferanten. Apfel und Banane sind die beliebtesten Obstsorten in Deutschland. Es ist somit nicht verwunderlich, dass ihr Kind gerne Banane isst. Vermutlich ihre ganze Familie. Diese Essgewohnheit ist von Ihnen angenommen. Toll!

Mein Mann lehnt Vollkornbrot ab und meine Kinder anscheinend auch. Was kann ich tun? Es ist immer schwer, wenn nur einer mit gutem Beispiel vorangeht. Sie haben mehrere Möglichkeiten. Erstens können Sie so tun, als wären zwei Brotsorten üblich. Sie können halbe Brotlaibe kaufen oder einen Teil stets einfrieren und auftauen. Zweitens können Sie auch nach einem Vollkornbrot suchen, das fein vermahlen ist und gar keine Körner hat. Bei Roggenbrot sieht und schmeckt das kaum jemand. Viele sagen, dass ein Roggenvollkornbrot sehr saftig schmeckt. So wird vielleicht auch Ihr Mann – ohne es zu wissen – ein Vollkornbrotfan. Klappt das alles nicht, akzeptieren Sie es: Bieten Sie viel Gemüse und Obst an – damit auf diese Weise ballaststoffreich gegessen wird.

Ein Getränk zum Essen macht zu schnell satt. Stimmt das? Nein, so pauschal kann man das nicht sagen. Es gibt sicherlich Kinder, die sich satt trinken. Da muss man unterscheiden! Es gibt Kinder, die sehr viel Wasser trinken. Dann scheint es so, als ob sie wegen des Trinkens schlechte Esser wären, aber wahrscheinlich steht das gar nicht in Zusammenhang. Manche Kinder bekommen auch Milch oder zuckerhaltigen Getränke als »falsche« Durstlöscher, dann sind sie natürlich schon satt durch das Trinken. Da Kinder oft nicht ausreichend Wasser zu sich nehmen, ist es sinnvoll, von Anfang an Wasser beim Essen anzubieten. Vielleicht »rutscht« dadurch das Essen sogar besser.

Was gehört in die Kindergartentasche? Ideale Kraftspender für die Kindergartenbox sind belegte Vollkornbrote. Sie liefern viele komplexe Kohlenhydrate. Die Brotscheibe sollte dünn mit Butter bestrichen sein. Käse und Wurst sollten in einfacher Ausführung auf dem Brot liegen. Manche Kinder mögen es, wenn durch eine Gurken- oder Tomatenscheibe das Brot leicht matschig ist. Andere lehnen das ab. Neben dem Brot sollte auch regelmäßig klein geschnittenes Gemüse oder Obst in einer Extrabox zu finden sein. Große Kindergartenkinder freuen sich über ein paar Nüsschen zum Apfel oder zur Möhre. Zusätzlich gehört auch eine Trinkflasche – am besten mit Wasser oder ungesüßtem Früchtetee – in die Kindergartentasche.

Ist Mineralwasser mit dem Werbehinweis »Säuglingsnahrung« besser als anderes Mineralwasser? Nein. Ein Mineralwasser, das den Werbehinweis »Geeignet für die Zubereitung von Säuglingsnahrung« trägt, ist nicht besser als andere, sondern lediglich etwas anders. Das Wasser, mit dem Säuglingsnahrung angerührt wird, sollte möglichst »neutral« sein, also keine wesentlichen Mengen an Mineralien beitragen. Der Hinweis ist übrigens freiwillig.

Die deutsche Mineral- und Tafelwasser-Verordnung erlaubt ihn, wenn für bestimmte Inhaltsstoffe die folgenden Höchstwerte nicht überschritten sind:
- Natrium 20 mg/l

- Nitrat 10 mg/l
- Nitrit 0,02 mg/l
- Sulfat 240 mg/l
- Fluorid 0,7 mg/l
- Mangan 0,05 mg/l
- Arsen 0,005 mg/l
- Uran 0,002 mg/l

Für Sulfat und Mangan entsprechen die Werte denen, die allgemein für Trinkwasser gelten. Alle anderen liegen unterhalb der für Trinkwasser festgelegten Werte.

Mein Sohn isst kein Fleisch. Muss ich mir Sorgen um seine Eisenversorgung machen? Ist Ihr Sohn sehr blass und oft krank, dann könnte ein Eisenmangel vorliegen. Doch stellt sich zuerst einmal die Frage: »Isst Ihr Sohn auch keine Wurst und kein Hackfleisch?« Viele Eltern berichten zwar, dass ihre Kinder kein Fleisch essen, meinen damit aber »festes« Fleisch und vergessen, dass ihre Kinder sehr wohl Wurst und Hackfleisch mögen. Dieses Fleisch hat zwar nicht die gleiche Qualität wie mageres Muskelfleisch. Es ist fettreicher und enthält weniger Eisen. Doch wenn Ihr Kind keine Gewichtsprobleme hat, dann ist dagegen erst einmal nichts einzuwenden. Wurst und Hackfleisch tragen aber genau wie ein kleines Stück Fleisch zur Eisenversorgung bei.

Bratenstücke und auch Kurzgebratenes im Ganzen werden häufig abgelehnt, wenn sie als Stück auf den Teller kommen. In kleine Häppchen geschnitten finden Kinder es viel interessanter. Und je weniger Sie auf den Teller legen, umso wahrscheinlicher ist der Appetit auf mehr. Denn wird ein Lebensmittel knapp gehalten, dann steigt das Interesse. Warum auch immer – viele Kinder ekeln sich vor Knorpel, Sehnen und Fett. Es hilft daher nichts: Wenn Ihr Kind Fleisch essen soll, dann müssen Sie diese Bestandteile entfernen. Auf den Teller des Kindes sollte nur schieres Muskelfleisch kommen.

Mein Kind trinkt morgens noch wie gewohnt sein Fläschchen Milch. Ist das okay? Ja, allerdings sollte Kuhmilch in der Flasche sein und aus der Nuckelflasche sollte mit der Zeit ein Glas werden. Ferner sollten Sie Ihrem Kind ein kleines Brot oder Müsli, wie es in Ihrer Familie Gewohnheit ist, anbieten.

Wenn Sie zu den Familien gehören, die nie oder zumindest in der Woche nicht frühstücken und sich dies auch nicht angewöhnen wollen, dann setzen Sie sich wenigstens zu Ihrem Kind, solange es sein Glas Milch trinkt. Ganz allein »frühstückt« nämlich niemand gern, schon gar nicht, wenn die Eltern zum Aufbruch drängen.

Mein Kind mag Milch nur als Kakao. Kann ich das durchgehen lassen? Ja, Sie werden sich vermutlich nicht durchsetzen können, indem Sie ein Kakaoverbot aussprechen. Ihr Kind sollte möglichst keinen fertigen Kakao aus dem Tetra Pak trinken, sondern Sie sollten den Kakao aus Milch und Kakaopulver selbst anrühren. Das Instantkakaopulver besteht zwar zu 80 % aus Zucker, aber ein Teelöffel Kakaopulver in einem Glas Milch ist aus meiner Sicht besser als der Fertigkakao, der noch süßer ist. Kochkakao enthält zwar keinen Zucker, aber ohne die Zugabe von Zucker schmeckt er nicht und das Aufkochen ist im Alltag sicherlich oft zu mühsam.

Was mache ich, wenn mein Kind ständig um Süßes bettelt? Da hilft nur eine klare Regel, die Sie konsequent einhalten. Je nach Alter des Kindes variiert die Regel. Persönlich finde ich in kleinen Portionen abgepackte Süßigkeiten gut. So gilt die Regel: Jeden Tag nach dem Mittagessen oder -schlaf gibt es eine kleine Tüte Gummibärchen oder einen Riegel Schokolade. Das funktioniert nur, wenn Sie selbst auch wenig oder gar kein Süßes essen. Die Kids bekommen das schon früh mit, selbst, wenn Sie es heimlich tun. Ein absolutes Süßigkeitenverbot birgt das Risiko, dass Verbotenes erst richtig interessant wird, etwa auf Kindergeburtstagen oder bei der Oma.

Wie gehe ich mit den Süßigkeitsbergen um, die mein Kind geschenkt bekommt? Je kleiner das Kind, umso weniger Besitzansprüche hat es. Es ist sinnvoll, dem Kind die Sachen zu zeigen und zu sagen, dass dies sehr viel ist und es sich in den nächsten Tagen auf die Süßigkeiten freuen darf, die es dann zugeteilt bekommt. Je nach Kind und Alter kann man auch ruhig einen Teil davon verschwinden lassen. Ich finde es auch legitim, den Schenkenden zu sagen, dass Ihrem Kind in Zukunft keine oder nur nach Absprache Süßigkeiten geschenkt werden sollen. Dazu braucht es sicherlich eine ruhige Atmosphäre und ein bisschen Mut. Doch letztlich wollen doch alle das Beste für die Kleinen. Ihr Wunsch stößt daher bestimmt auf Verständnis.

Warum darf ich mein Kind nicht mit einem Eis belohnen? Natürlich können Sie sich und Ihr Kind ab und zu mit einem Eis belohnen. Doch soll das nicht die Regel sein. Es sollte neben Süßigkeiten und Essen auch andere Belohnungsrituale geben. So kann eine Belohnung auch das Vorlesen einer Geschichte oder der gemeinsame Zoo- oder Schwimmbadbesuch sein. Wenn Ihre Kinder nur Süßigkeiten oder Essen als Belohnung kennenlernen, dann wissen sie sich im Erwachsenalter auch nicht anders als mit Essen zu belohnen und das kann schnell zu Übergewicht führen. Daher sollte man bewusst und selten mit Süßem belohnen.

Ich muss zugeben, bei uns gibt es so manchen Machtkampf ums Essen. Wie kann ich das verhindern? Als Erstes müssen Sie sich über den Auslöser klar werden, dann können Sie eine Ablenkstrategie für sich entwickeln. Beispielsweise stört es Sie, dass Ihr Kind immer die Brotkruste liegen lässt. Sie haben versucht, Ihr Kind mit logischen Argumenten zum Aufessen der Brotkruste zu überreden. Es ließ sich aber nicht überreden und mit der Zeit eskalierte die Situation. Nehmen Sie es als eine Phase hin, die vielleicht auch mal wiederkommt, wo ihr Kind Brotkrusten liegen lässt. Wechseln Sie deshalb nicht das Brot, sondern suchen Sie nach einem positiven Motivationsschub. Das ist je nach Alter und Interesse des Kindes unterschiedlich. »Der Hase aus dem Lieblingsbilderbuch kaut besonders gerne auf harten Krusten, da er danach immer tolle Einfälle zum Spielen hat«, könnte eine solche Motivation sein. Oder Sie machen einen Krustenkauwettbewerb – wer kaut am Familientisch am schnellsten seine Brotkruste. Das klappt natürlich nicht immer und nicht gleich. Man braucht halt Geduld.

Mein Kind isst mit den Händen – was kann ich tun? Am Anfang, insbesondere im zweiten Lebensjahr, ist das Gemansche mit dem Essen normal. Ihr Kind ist auf Entdeckungsreise. Es will das Essen mit allen Sinnen begreifen. Es sind aus Sicht des Kindes Experimente nach dem Motto: Wie weich ist der Kartoffelbrei, wie biegsam sind die Nudeln und wie fest ist die Kartoffel? Möglichst cool bleiben, auch wenn es schwerfällt. Kaufen Sie große Lätzchen und ein Plastikset. Wenn Letzteres nicht reicht, legen Sie ein Wachstuch über den Tisch. Essen allerdings Vier- bis Fünfjährige mit den Händen anstatt mit Besteck, dann müssen Sie sich durchsetzen. Hier stellt sich dann die Frage: Warum manscht Ihr Kind? Ist es satt oder ist ihm langweilig und will es Sie provozieren? Fordern Sie Ihr Kind dann zu ordentlichen Tischmanieren auf.

Wie viele Regeln sind nötig? Zeitung lesen, Fernsehen und Radio hören sollten Sie beim Essen konsequent für alle Familienmitglieder abschaffen. Denn nur so konzentrieren sich alle auf das Essen und es ergibt sich eine familienfreundliche Atmosphäre, in der auch Gespräche möglich sind. Kleinkinder brauchen auch ihren Stammplatz zur Orientierung.

Rezeptideen für die Brotbox

Ein Vollkornbrot, abwechslungsreich belegt mit Butter, Käse und auch mal Wurst und dazu oder dazwischen ein bisschen Gemüse in Scheiben oder Streifen geschnitten, machen Lust auf Pause. Ein bisschen Obst rundet mit seiner Süße ab.

Frische Vollkornschnitte Eine Scheibe Vollkornbrot dünn mit Frischkäse bestreichen. Gurkenscheiben darauflegen und zusammenklappen. Dazu Mandarinenschnitze.

Obst-Nuss-Mix Apfelspalten und Pfirsichspalten von je einem halben Stück Obst. Für Kinder über 3 Jahre noch 4 Walnusshälften oder andere Nüsse.

Starkes Käsebrot Eine Scheibe Vollkornbrot dünn mit Butter bestreichen, mit Gouda belegen, Radieschen in Scheiben darauflegen und zusammenklappen. Dazu in mundgerechte Stücke geschnittene Kiwi.

Brotscheibe süß + knackig Eine Scheibe Vollkornknäckebrot dünn mit Frischkäse und wenig Honig bestreichen. Dazu ein kleiner Spieß mit Banane und Erdbeere.

Gemüsebox Cocktailtomaten, Gurkenscheiben, Paprikastreifen und dazu 4 bis 5 Würfel Avocado sowie 2 oder 3 entsteinte Oliven.

Ein gemeinsames Beginnen und Beenden der Mahlzeit schafft Gemeinschaft und eine gute Essatmosphäre. Wenn es sonntags ein sehr langes Essen wird, kann man sicherlich eine Ausnahme machen und die Kleinsten dürfen schon mal eher den gemeinsamen Tisch verlassen, wenn sie mit dem Essen fertig sind. Dies soll aber wirklich die Ausnahme sein und wird auch meist dadurch für die Kleinen sichtbar, dass mehr Personen als üblich am Tisch sitzen und es auch mehr Gänge zu essen gibt.

Sind Tischsitten noch wichtig? Ja, Sie wollen doch, dass Ihr Kind gesellschaftsfähig ist. Kinder wollen Tischsitten lernen; ob sie diese immer befolgen, ist eine andere Sache. Mit Strenge und unter Androhung von Strafe geht das allerdings nicht. Doch wenn Kinder Erfahrungen am Familientisch gesammelt haben, sollten sie im Kindergartenalter lernen, dass die Hände gewaschen sein müssen, die Hände auf den Tisch gehören und der Kopf nicht abgestützt wird. Zu den Grundregeln gehört auch, dass man nicht mit vollem Mund redet und alle ausreden lässt.

Kann ich Essen bedenkenlos in der Mikrowelle erwärmen? Immer wieder wurde und wird behauptet, dass in der Mikrowelle erhitzte Speisen gesundheitsschädlich seien. Dafür gibt es allerdings keinerlei wissenschaftliche Belege. Die Veränderungen, die beim Garen in der Mikrowelle zu beobachten sind, entsprechen im Prinzip denen, die auch beim Kochen auf dem Herd entstehen.

Alle Speisen und Getränke müssen Sie nach dem Erhitzen in der Mikrowelle gut umrühren, um eventuelle Temperaturunterschiede auszugleichen. Häufig bilden sich in der Mitte des Gefäßes heiße Bereiche, sogenannte »Hot Spots«. Sie entstehen vor allem in hohem, schmalem Geschirr wie etwa Babyfläschchen oder Gläschen. Stellen Sie die Speisen zudem nur in einem geöffneten Gefäß in das Mikrowellengerät, da das Behältnis sonst platzen könnte. Das Abdecken mit einem Teller oder einer Abdeckhaube verhindert das Spritzen und Austrocknen der Mahlzeit. Wer Flüssigkeiten wie Milch oder Wasser in der Mikrowelle erwärmen möchte, sollte stets einen Plastiklöffel ins Gefäß stellen.

Gibt es eine Diät bei Neurodermitis? Nein. Aber etwa 30% der Kinder, die unter einer Neurodermitis leiden, haben eine Unverträglichkeit gegenüber bestimmten Lebensmitteln, manche leiden unter einer Nahrungsmittelallergie. Diese muss erkannt und therapiert werden. Wenn Ihr Kind also an Neurodermitis erkrankt ist und Sie bestimmte Lebensmittel im Verdacht haben, die Symptome zu verstärken, ist es sinnvoll, einen IgE-Test auf diese Lebensmittel zu machen und danach durch einen Verzicht auf diese Lebensmittel eine Symptomlinderung zu überprüfen. Tritt eine Linderung ein, dann sind diese Lebensmittel langfristig wegzulassen. Dies sollte immer in Absprache mit einem Kinderarzt oder Spezialisten erfolgen.

Woran erkennt man eine Nahrungsmittelallergie? Die Symptome einer Nahrungsmittelallergie sind sehr unterschiedlich und unspezifisch. Von Hautreaktionen und Juckreiz über Erbrechen und Durchfall bis hin zu Asthma ist alles möglich.

Diese Symptome können aber auch andere Ursachen haben. In vielen Fällen lässt sich der Verdacht auf eine Nahrungsmittelallergie nicht bestätigen. Wichtig ist eine genaue und zuverlässige Diagnose, bevor Ihr Kind unnötigerweise jahrelang auf ein Lebensmittel verzichten muss. Ein erhöhtes IgE beim Allergietest beweist nicht automatisch das Vorliegen einer allergischen Erkrankung. Sie zeigt lediglich, dass das Immunsystem Kontakt mit der entsprechenden Substanz gehabt und Antikörper gebildet hat.

Der Allergietest gibt also nur einen Hinweis. Der endgültige Beweis verlangt einen Verzicht auf das Nahrungsmittel über einen Zeitraum von zwei Wochen und einen anschließenden Provokationstest. Dies sollten Sie mit einem Allergologen besprechen und durchführen. Entscheiden Sie bitte nicht im Alleingang und anhand eines Tests, dass Ihr Kind eine Allergie hat.

Das Ergebnis eines Allergietests kann niemals für sich allein bewertet werden, sondern muss immer im Zusammenhang mit der Vorgeschichte und den Symptomen betrachtet und beurteilt werden! Dies setzt vor allem bei Kindern besondere Erfahrung voraus. Leider kommt es immer wieder vor, dass Kinder ohne Allergie aufgrund von Fehlinterpretationen auf wertvolle Lebensmittel wie Kuhmilch oder Ei verzichten müssen.

Kann ich eine Allergie verhindern bzw. bleibt sie ein Leben lang?
Nein, hundertprozentig verhindern kann man die Entstehung einer Allergie nicht. Doch Sie können zum Schutz Ihres Kindes beitragen: Wenn Sie mindestens vier Monate lang voll stillen, ist es am besten vor Allergien geschützt. Ihr Kind sollte in einer rauchfreien Umgebung aufwachsen. Staub und Schimmelpilze erhöhen das Allergierisiko ebenfalls. Ein vorbeugender Verzicht auf potenziell allergieauslösende Lebensmittel schadet mehr, als dass er nützt. Ein bisschen Dreck schützt vor Allergien, denn zu viel Sauberkeit schwächt das Immunsystem. Kinder, die mit Tieren zusammenleben und frühzeitig in Kontakt mit anderen Kindern treten, sind ebenfalls weniger allergiegefährdet.

Die Annahme, dass eine Allergie einen ein Leben lang begleitet, ist überholt. Viele Allergien verschwinden nach ein paar Jahren wieder, aber leider nicht alle und nicht bei jedem.

Was ist eine Laktoseintoleranz?
Eine Laktoseintoleranz bedeutet, dass gar keine bzw. zu wenig Laktase im Dünndarm vorhanden ist. Laktase ist das Enzym, das die Laktose, also den Milchzucker, spaltet. Laktose kann nur gespalten aus dem Darm in die Blutbahn aufgenommen werden. Fehlt die Laktase, dann gelangt die Laktose in den Dickdarm und verursacht Durchfall und Krämpfe. Auch wenn die Laktoseintoleranz in aller Munde ist und es mittlerweile viele laktosefreie Milchprodukte gibt, tritt diese Krankheit bei Kleinkindern äußerst selten auf. Auch wenn Sie selbst unter einer Laktoseintoleranz leiden, sollten Sie Ihrem Kind normale Milch geben. Das regelmäßige Trinken von laktosehaltiger Milch und das Essen von Milchprodukten schützt Ihr Kind vor einem Laktasemangel. Hat Ihr Kind aber regelmäßig Bauchweh, insbesondere morgens nach dem Trinken der Milch, dann sollten Sie Ihren Kinderarzt aufsuchen und überprüfen lassen, ob eine Laktoseintoleranz vorliegt. Die Diagnose erfolgt mittels Atemtest.

Was versteht man unter einer Glutenunverträglichkeit?
Das Wort »Glutenunverträglichkeit« ist in aller Munde. Unter einer echten Glutenunverträglichkeit versteht man eine Zöliakie, die auch als glutensensitive Enteropathie oder einheimische Sprue bekannt ist. Es handelt sich um eine Erkrankung der Dünndarmschleimhaut, die durch eine Autoimmunreaktion nach dem Verzehr von Gluten ausgelöst wird. Gluten ist ein Eiweiß, das in Weizen und anderen Getreidesorten enthalten ist. Zu den klassischen Symptomen einer unbehandelten Zöliakie gehören Durchfall und verlangsamtes Wachstum als Folge der mangelnden Nährstoffversorgung. Behandelt werden kann diese Erkrankung nur durch eine glutenfreie Ernährung. Dies verlangt dem Erkrankten eine radikale Ernährungsumstellung ab, eine Ernährungsberatung ist sinnvoll. Nur durch eine Blutuntersuchung kann der Verdacht einer Zöliakie belegt werden. Dabei werden die Antitransglutaminase-Antikörper (Anti-tTG) der Klasse IgA oder alternativ die Anti-Endomysium-Anti-

körper (EMA) bestimmt. Wird über die Bestimmung der Antikörper festgestellt, dass eine Zöliakie vorliegen könnte, erfolgt eine Darmbiopsie. Erst, wenn zu 100% sicher ist, dass Ihr Kind an einer Zöliakie erkrankt ist, müssen Sie konsequent Gluten meiden. Dieses befindet sich in Weizen, Gerste, Roggen und auch Dinkel, Grünkern und Kamut. Hafer gilt aktuell als glutenfrei!

Rezepte für kranke Kids

Ob Schnupfen oder dicker Hals – leichte Suppen, Zwieback, lauwarme Kräutertees und klein geschnittenes Obst helfen den kleinen Patienten, schneller gesund zu werden. Kaum ein Kind kommt ohne Husten oder Schnupfen durch die kalte Jahreszeit. Mit jeder Infektionserkrankung stärkt das Kind seine Abwehrkräfte. Es ist also normal, dass Kinder mal Bauchweh mit Durchfall und/oder Erbrechen haben oder mit Fieber und Ohrenschmerzen vom Kindergarten kommen. Meist handelt es sich um banale Infekte, die der Körper nach einigen Tagen überwunden hat. Trotzdem können die Krankheitserreger den kleinen Patienten sehr zu schaffen machen.

Die Grundregel lautet: Verwöhnen macht gesund! Ein krankes Kind muss nicht unbedingt ins Bett, braucht aber Ruhe. Draußen rumtoben ist also nicht zu empfehlen, auch wenn manche Kinder das gern täten. Aber der kleine Patient kann sich auch mit Bettzeug oder dicker Decke aufs Sofa kuscheln. Kranke Kinder wollen Nähe und Aufmerksamkeit. Wenn Ihr Kind nicht schlafen kann, leisten Sie ihm Gesellschaft. Sie können ihm seine Lieblingsbücher vorlesen. Sie können zusammen ein Bild malen. Oder Sie können auch gemeinsam Musik oder ein Hörspiel hören.

Trinken Ausreichend Flüssigkeit ist vor allem bei Fieber, aber auch bei Durchfall und Erbrechen wichtig. Sie sollten Tees mit Traubenzucker süßen und leicht salzen. So werden die verloren gegangenen Elektrolyte schnell wiederaufgenommen. Wenn der Körper sich gegen Infekte zur Wehr setzt, fehlt ihm die Kraft, sich um Hunger und Durst zu kümmern. Gerade Kleinkinder können jedoch durch Nährstoffdefizite schnell in bedrohliche Situationen geraten. Das gilt vor allem für den Flüssigkeitshaushalt. Richtiges Essen und Trinken stärkt die Abwehrkräfte und kann eine medizinische Behandlung unterstützen.

Heiltees lindern die verschiedenen Krankheitssymptome (s. unten), ersetzen jedoch nicht die Medikamente des Kinderarztes, die er im Ernstfall verordnen wird. Bei akuten Erkrankungen sollten Sie den Kinderarzt aufsuchen.

Ist der Körper sehr geschwächt und fehlt der Appetit, dann versuchen Sie es mit etwas Zwieback sowie kleinen Brezeln oder Salzstangen. Snacken ist ausdrücklich erlaubt!

Hat Ihr Kind wieder Appetit, servieren Sie ihm leicht verdauliche, kohlenhydratreiche Speisen. Eine klare Brühe mit Buchstabennudeln, eine Möhrensuppe oder auch ein Kartoffelpüree sind mögliche pikante Varianten. Grieß-Milch-Süppchen und Vanillepuddingsüppchen sind beliebte süße Familienrezepte. Die Gerichte sollten leicht sein, d. h., auf fettige Lebensmittel sollte verzichtet werden. Schwer verdauliche Gerichte wie Linseneintopf, Wirsing- oder Pilzgerichte sind jetzt nichts. Auch ist Weißbrot besser geeignet Vollkornbrot. Wenn Kinder unbedingt Belag wollen, dann nur ganz

Heiltees für Kleinkinder

Heiltees	Wann hilft er?
Fencheltee	Bauchweh, Husten oder Halsweh
Pfefferminztee	Bauchweh, Husten
Salbeitee	Halsweh
Brombeerblättertee	Durchfall
Ingwertee	Übelkeit

dünn Butter aufs Brot streichen und eher Marmelade oder Honig anbieten als Käse und Wurst.

Viele Eltern machen sich große Sorgen um die Appetitlosigkeit ihres kranken Kindes. Das ist verständlich, aber meist nicht nötig. Mit Beginn des Genesungsprozesses kommt auch der Appetit wieder. Da braucht es manchmal Geduld. Zur Überbrückung können Sie, wenn kein Darminfekt vorliegt, Traubensaft oder spezielle Kindersäfte anbieten, die sonst selten oder nur mit Wasser verdünnt getrunken werden. Bei Fieber mögen viele Kinder auch gerne ein Eis essen. Ein kleines Vanilleeis am Stil ist dann eine gut portionierte Abkühlung.

Selbst kochen leicht gemacht

Früher wurde Wert darauf gelegt, dass Mädchen nach der Schule in die Hauswirtschaftsschule gingen und dort unter anderem Kochen lernten. Das ist lange her, heute haben sich die meisten jungen Mütter und Väter das Kochen irgendwie notdürftig selbst beigebracht. Der eigenen Mutter wollte oder konnte man nicht über die Schulter gucken. Viele junge Eltern möchte aber ganz ohne Fertiggerichte kochen. Und so fangen Sie in der Elternzeit mit dem gesunden Kochen an. Kochbücher unterstützen beim Kochenlernen und vieles muss man einfach ausprobieren. Denn Übung macht den Meister.

Wer lernen will, ohne Fertiggerichte zu kochen und zu backen, schafft das auch ohne Hauswirtschaftsschule. Wenn es mal nicht klappt, dann sollte man sich nicht ärgern. Das passiert auch dem besten Koch!

Damit Sie nicht doch immer wieder zum Fertiggericht greifen, ist es sinnvoll, vorausschauend zu kochen. Damit ist gemeint: Was kann ich schon für den nächsten Tag vor- oder zubereiten?
- Salatsaucen in größeren Mengen zubereiten und im Schraubglas aufbewahren.
- Blattsalate immer gleich putzen und in geschlossenen Tüten im Gemüsefach lagern.
- Kartoffeln, Nudeln und Reis für den nächsten bzw. übernächsten Tag mitkochen, wenn es sich anbietet.
- Aufläufe eventuell schon am Vorabend zubereiten, dann muss man am nächsten Tag nur noch die Backzeit abwarten.
- Gulasch und Eintöpfe in doppelter Menge kochen und eine Hälfte einfrieren.

Und noch etwas: Das gemeinsame Essen schmeckt viel besser, wenn auch gemeinsam gekocht wird. Es ist doch toll, wenn von größeren Kindern oder dem Partner der Tisch gedeckt wird oder nach dem Essen in der Küche wieder Klarschiff gemacht wird. Suchen Sie das Team, denn alleine stößt man schnell an seine Grenzen.

Damit es keinen Frust gibt, gilt bei mir die Regel: »Einmal ist keinmal.« Wenn es also einmal in der Woche mit dem Kochen nicht klappt, obwohl Sie es vorher so genau geplant haben, ist das noch lange kein Beinbruch.

Zeitmanagement durch Planung

Viele Frauen wollen oder müssen neben Familie und Haushalt ihrem Beruf nachgehen. Einen Haushalt mit Kindern zu führen, nimmt viel Zeit in Anspruch und lässt sich nur durch feste Strukturen und viel Planung schaffen.

Sie managen ein Familienleben – und wer seine Familie gesund ernähren möchte, hat sich eine zeitaufwendige Aufgabe vorgenommen, die man nicht »mal eben nebenbei« erledigen kann. Wichtig ist neben dem eigentlichen Kochen, dass Sie eine gute Vorratshaltung haben, einen Speiseplan erstellen, Einkaufslisten schreiben und feste

Zeiten haben, an denen Sie oder auch Ihr Partner einkaufen gehen.

Was heißt gute Vorratshaltung?

Sie brauchen keinen Keller und nicht unbedingt einen Vorratsraum, doch ein oder zwei Vorratsschränke wären nicht schlecht. Sie müssen auch nicht in großen Mengen Vorräte einkaufen. Hamsterkäufe sind wirklich überholt, aber die folgenden Dinge sollten Sie immer im Vorratsschrank haben, damit Sie entspannt kochen können:

Gewürze, Kräuter & Co: Jodsalz, Pfeffer, Curry, Paprikapulver, Muskatnuss, Thymian, Rosmarin, Oregano. In kleinen Mengen sollten sie gut verschlossen im Vorratsschrank stehen. Dabei ist es nicht wichtig, jedes Gewürz zu haben, sondern solche, die man mag.

Trockene Vorräte:
- Grieß, Haferflocken, Paniermehl, Stärke, Reis und Nudeln sollten zu den Vorräten zählen. Knäckebrot, Zwieback und Müsli sollten ebenfalls immer im Haus sein.
- Mehl und Zucker sowie Backpulver, Trockenhefe, Vanillezucker, Gelatine, Rosinen, Nüsse und Mandeln brauchen alle, die gerne ab und zu backen oder ein Dessert zubereiten.
- Kakaopulver, Kaffee und Tee sowie Marmelade und Honig sind für viele ein Muss.

Sonstiges:
- H-Milch sollte für den Notfall bereitstehen. Getränke, wie Mineralwasser, Obst- und Gemüsesaft, sind als Vorrat unerlässlich.
- Saure Gurken, Oliven, Kapern oder Antipasti zum gesunden Snacken oder Aufpeppen einer Brotmahlzeit.
- Ohne Essig und Öl ist kein Salat angemacht. Je eine Flasche Öl und Essig kann reichen. Wer die Spar-Variante möchte, dem empfehle ich Olivenöl und Aceto balsamico. Essig hält lange über das Mindesthaltbarkeitsdatum hinaus.
- Gekörnte Brühe, Tomatenmark, Sojasauce und Ähnliches erleichtern das Kochen ungemein und sind daher ein Muss in der Vorratshaltung. Allerdings nur, wenn Sie diese Produkte auch mögen, nicht, weil sie in den Rezepten stehen.
- Rapsöl, Senf, Mayonnaise, Meerrettich und Pesto sind je nach Kochgewohnheiten wichtige tägliche Begleiter.

Dosenwirtschaft. Wer greift denn noch zur Dose, wo es die Tiefkühltruhe gibt? Tiefkühlprodukte haben die Dose stark verdrängt. Doch einige Produkte sind einfach Dosenschlager. Dazu zählen aus meiner Sicht geschälte Tomaten, Mais und Thunfisch. Dosenobst findet ebenfalls viele Anhänger: Mandarinenfilets, Ananasringe, Pfirsichhälften und Sauerkirschen im Glas. Also, wer gerne Obst aus der Dose isst, sollte sich auch davon einen kleinen Vorrat anlegen. Frisches Obst ist zwar gesünder, lässt sich aber nicht über Monate lagern.

Auf Eis gelegt! Ein Tiefkühlschrank ist in einem Familienhaushalt eine sinnvolle Anschaffung. In ihm sollte Gemüse, wie Brokkoli, grüne Bohnen und Mischgemüse, zu finden sein, außerdem Kräuter, gemischte Beeren, Fischfilet, Hähnchenbrust, Hackfleisch und Eis. Natürlich darf sich auch mal eine Tiefkühlpizza oder ein Fertiggericht ins Eisfach verirren. Außerdem lässt sich in der Tiefkühltruhe gut Brot auf Vorrat einfrieren und es sollte Platz für Essensreste vorhanden sein, damit Sie nicht jeden Tag kochen müssen.

Gekühlte Grundvorräte. Für die Haltbarkeit von Lebensmitteln ist die Temperatur im Innenraum des Kühlschranks von entscheidender Bedeutung. Sie kann in herkömmlichen Geräten von 2 °C im unteren Bereich über 5 °C im mittleren bis hin zu 8 °C im oberen Teil reichen. Das Gemüsefach und die Kühlschranktür sind die wärmsten Plätze im Kühlschrank mit ca. 9 °C und 10 °C. Um die Haltbarkeit der Lebensmittel zu erhöhen, sollte jedes Lebensmittel an den richtigen Platz im Kühlschrank geräumt werden.

Essensreste sollten Sie nach dem Abkühlen luftdicht verschlossen im Kühlschrank aufbewahren. Je nach Zutaten halten sie sich dort ein bis zwei Tage. Tomaten, Ananas, Bananen, Kiwi und Zitrusfrüchte mögen den Kühlschrank nicht so gerne. Sie verlieren dort an Aroma und sollten daher lieber bei Zimmertemperatur aufbewahrt werden. Kartoffeln mögen es dunkel und kühl. Doch der Kühlschrank ist für sie ebenfalls zu kalt.

Passt oft! Kartoffeln, Zwiebeln und Knoblauch sollten in kleinen Vorräten je nach Lagermöglichkeit im Hause sein. Äpfel und Bananen bzw. anderes Obst der Saison sollte immer griffbereit in der Obstschale liegen.

Ein Speiseplan muss her!

Ein Speiseplan ist eine sinnvolle Entlastung beim täglichen Kochen. Denn nur so lässt sich die Arbeit rund ums Essen rationalisieren.

Zum Speiseplan sollte man sich Folgendes überlegen:
- An welchen Wochentagen habe ich Zeit zum Einkaufen? Wenn es nur der Samstag ist, sollte Freitagabend der Speiseplan für die folgende Woche stehen, damit Sie bei Ihrem Großeinkauf am Samstag schon möglichst viel einkaufen können.
- Nach dem Speiseplan sind der Einkaufszettel bzw. die Einkaufszettel zu schreiben.
- Schaffe ich zwei größere Einkäufe pro Woche, dann reicht ein Speiseplan für drei bis vier Tage im Voraus aus.
- Gleichen Sie Ihren Einkaufszettel mit den Vorräten ab!
- Beachten Sie, dass Hackfleisch, Fisch und Krustentiere als Frischware nicht auf Vorrat gekauft werden können.
- Finden Sie schnelle und einfache Gerichte für hektische Tage.
- Kochen Sie an Tagen mit knapper Zeit Gerichte, bei denen Sie über Routine verfügen.
- Beziehen Sie die Wünsche Ihrer Familie in die Speiseplangestaltung ein.
- Entscheiden Sie sich bewusst auch für das Kochen von doppelten Mengen und das Essen von aufgewärmten Gerichten vom Vortag.
- Auch wenn Sie den Großeinkauf ungern aus den Händen geben – lassen Sie sich bei den kleinen Einkäufen helfen. Dafür ist es wichtig, dass Sie genau formulieren, was Sie brauchen. Mengenangabe und genaue Bezeichnungen sind entscheidend. Bei »Fisch« wissen Sie, was gemeint ist, doch ein anderer wird daraus nicht wirklich klug. Mit »500 g frisches Rotbarschfilet (alternativ: Seelachsfilet)« schaffen Sie Klarheit.

Hier ein Beispiel für einen realistischen Wochenspeiseplan:
- Samstag: paniertes Fischfilet (Seite 158) mit Kartoffelbrei und Kohlrabi-Möhren-Gemüse
- Sonntag: Gulasch (Seite 147) mit Kartoffeln und Blattsalat
- Montag: Kartoffelsuppe (Seite 98)
- Dienstag: Gulaschreste vom Sonntag mit Nudeln und Tomatensalat
- Mittwoch: Gemüsepfanne (Seite 130) mit Reis
- Donnerstag: Schweinerückensteaks (Seite 147) mit Kraut
- Freitag: Pfannkuchen (Seite 109)

Richtig essen in der Kita

Das Familienessen und das Essen in der Kita sollten sich sinnvoll ergänzen. Denn nun sind Eltern und Erziehungskräfte gemeinsam für eine gesunde Ernährung verantwortlich. Um ein ausgewogenes Essen für die Kleinen zu gewährleisten sollten alle Beteiligten zusammenarbeiten und einfache Regeln festlegen.

Je nachdem, wie lange ein Kind in der Einrichtung verweilt, unterscheiden sich auch die Bedürfnisse ans Essen. Folgende Punkte sollten geklärt sein:

Frühstückt Ihr Kind Zuhause? Ideal ist es, wenn ein Kind schon vor dem Kindergarten etwas frühstückt. Kinder brauchen morgens meist Zeit, daher sollte die Zeit zwischen dem Aufstehen und dem Verlassen des Hauses nicht zu kurz bemessen sein.

Das zweite Frühstück Die Größe des zweiten Frühstücks ist natürlich davon abhängig, wie das erste Frühstück aussieht. Wer morgens wirklich nichts isst und trinkt, hat viel nachzuholen. Ein Kind, das gut zu Hause frühstückt, braucht hingegen vielleicht nur einen halben Apfel oder ein halbes Scheibchen Brot.

In manchen Einrichtungen ist das Frühstück schon organisiert, da ist nichts zu tun. Ansonsten finden Sie im Folgenden (Seite 36) Anregungen für eine vorbildliche Frühstücksbox. Die Frühstücksbox sollte etwas Besonderes sein. Die Kleinen sollten daher bei Farbe und Motiv mit aussuchen dürfen oder die Box wird von der Lieblingstante geschenkt. Da kann dann nichts schiefgehen.

Das Mittagessen Die meisten Kinder haben besonders mittags großen Hunger und lieben es, etwas Warmes zu essen. Die meisten Einrichtungen bieten daher ein warmes Mittagessen an, doch entspricht dies nicht immer den Vorstellungen der Eltern und Kinder und auch nicht den wissenschaftlichen Leitlinien. Generell kann man sagen, dass in Kindergärten, wo selbst gekocht wird, das gesündere Essen auf den Tisch kommt. Natürlich kann man das nicht wirklich verallgemeinern.

Die angebotenen Essensmengen pro Kind sollten eine nicht so hohe Energiedichte haben, die Nährstoffqualität hingegen sollte hoch sein. Einen guten Speiseplan erkennt man daran, dass es möglichst jeden Tag Gemüse oder Salat gibt. Auch Fisch sollte einmal die Woche auf dem Speiseplan stehen. Fleisch zweimal die Woche reicht. Milchreis, Grießbrei und Pfannkuchen mit Kompott sollte es nicht jede Woche geben. Schauen Sie auf den Speiseplan der Kita, so können Sie für einen Ausgleich durch die Mahlzeiten zu Hause sorgen. Informieren Sie sich auch regelmäßig, ob ihr Kind isst.

Ausreichend trinken Sinnvoll ist es, wenn der Kindergarten für alle Kinder Wasser, Früchte- und Kräutertee anbietet. So kann besser von den Erzieherinnen überprüft werden, ob alle Kinder ausreichend trinken. Ist das nicht der Fall, geben Sie Ihrem Kind bitte etwa ½ l Wasser oder Früchte- bzw. Kräutertee zu trinken mit.

Happy Birthday! Feiern mit Kindern

Auf den ersten Geburtstag seines Kindes fiebert man hin und will ein tolles Fest gestalten. Das Backen von Kinder-Motiv-Kuchen ist sinnvoll bei Kindern ab vier Jahren, vorher reicht ein Kuchen mit Kerzen – entsprechend dem Alter des Kindes – vollkommen aus.

Essenstechnisch gelingt das Fest am besten, wenn Sie auf die Bedürfnisse Ihrer großen und kleinen Gäste eingehen. Tortenschlachten wollen die wenigsten. Sinnvoll ist es daher, nur so viel Kuchen zu backen, dass man ein bis zwei Stücke pro Gast auf den Kuchenplatten hat. Das reicht. Seien Sie auch nicht enttäuscht, wenn auf den Kindertellern viel Kuchen übrig bleibt. Für die Kleinen ist das Spielen wichtiger als das Essen. Halbvolle Teller sagen nichts über Ihre Backkünste aus. Es muss nicht immer Kuchen sein, bieten Sie alternativ Eis am Stiel, eine große saisonale Obstplatte oder einen Obstsalat an.

Kinder finden Events und Rituale gut. Hat ihr Kind im Sommer Geburtstag, so bietet es sich an zu grillen. Das können Sie ruhig jedes Jahr wiederholen: Sie müssen die Geburtstagsrituale nicht jedes Mal neu erfinden.

Für Herbstgeburtstage bietet sich ein offenes Feuer an, über dem Stockbrot zubereitet wird. Dazu wird Hefeteig (Seite 164) zu Schlangen gerollt, auf einen Stock gedreht und übers offene Feuer gehalten. Oder Sie machen mit den Kindern Indianerkartoffeln. Das sind ungeschälte Kartoffeln, die in die Glut des Feuers gelegt und so gegart werden. Die Kartoffeln werden außen schwarz und können dann halbiert werden und nur das Innere wird herausgelöffelt.

An Regen- oder an Wintertagen ist für etwas größere Kinder ein Obst-Schoko-Fondue ein kulinarischer Spaß. Da Pizza bei Kindern auf der Essenshitliste ganz oben steht, können Sie auch mit einem oder zwei Blechen Pizza nichts falsch machen.

Überlegungen im Vorfeld

Machen Sie eine Einladung und legen Sie Beginn und Ende der Geburtstagparty fest. Zwei bis drei Stunden reichen aus. Ein Geburtstag braucht ein Highlight. Beliebt sind Schnitzeljagd oder Schatzsuche. In regnerischen und kalten Monaten ist Basteln eine gute Alternative. Es empfiehlt sich, vorher rechtzeitig Bastelmaterial wie Buntpapier, Kleber, genügend Scheren und Filzstifte zu besorgen. Wenn das Wetter es zulässt, kommt bei Jungen immer ein Fußballturnier im eigenen Garten oder auf dem Spielplatz gut an. Ein Picknick im Freien ist sowohl bei Mädchen als auch bei Jungen beliebt.

Getränke sollten reichlich vorhanden sein. Die Kinder haben durchs Toben meist ordentlich Durst. Halten Sie die Auswahl klein: Zwei verschiedene Getränke reichen. Es darf dann ausnahmsweise auch mal ungesunde Limonade sein.

Viele Kids finden Kinderbowle witzig: Da können sie sich mal ganz wie die Erwachsenen fühlen. Geben Sie dafür Erdbeeren oder Dosenobst in eine Saftschorle und rüsten Sie die Kinder mit Bowle- oder Schaschlikspießen aus. Mit denen können sie das Obst im Glas aufspießen – meist ein Riesenspaß. Doch sollten Sie dies erst bei Grundschulkindern einführen, da klappt es motorisch und Sie sind nicht die ganze Zeit damit beschäftigt, etwas aufzuwischen und Finger sauber zu machen.

> **Tipp**
>
> Geraten Sie nicht kurz vor dem Fest in Panik: Viele fürchten, dass das Essen nicht reichen könnte. Doch das ist selten der Fall! Da man den Gästen etwas Gutes tun will, kauft man meist zu viel ein, so dass mehr übrig bleibt, als einem lieb ist.

Knabberzeug und Süßigkeiten sind beliebt, müssen aber nicht sein. Auch die Tüte mit den Süßigkeiten zum Abschluss einer Feier können Sie getrost streichen. Wenn Sie trotzdem nicht auf das Gastgeschenk verzichten wollen, geben Sie den Kindern doch etwas Sinnvolleres als Süßigkeiten mit. Im Kindergartenalter bieten sich Pixi-Büchlein an, wenn die Kinder schon in der Grundschule sind, ein bunter Bleistift oder ein witziger Radiergummi.

Bereiten Sie Spiele vor, indem Sie das Zubehör vorher zusammensuchen. Sie müssen nicht alle gespielt werden, dienen aber dazu, bei aufkommender Langeweile die Kleinen bei Laune zu halten.

Rezepte für die ganze Familie

Vom Frühstück bis zum Abendbrot, von der Suppe bis zum Dessert – hier finden Sie viele leckere Rezepte. Sie sind für das jüngste Familienmitglied geeignet, werden aber ebenso den Großen schmecken.

Müsli

Müslis sind echte Allrounder: Sie können aus nur einer Basiszutat bestehen, um Früchte, Nüsse und Kerne ergänzt werden – und man kann sie selbst machen! Dann entscheiden Sie allein, was hineinkommt, und können so ein Müsli frei von Zucker, Farb- und Aromastoffen zubereiten.

Wie entstehen Flocken?

Flocken sind zerdrückte Getreidekörner, die kurz gedämpft und anschließend zwischen Walzen gepresst werden. So erhält man Vollkorngetreideflocken und kernige Flocken. Feine Flocken werden aus vorgeschnittenen Körnern hergestellt. Bei Instantflocken handelt es sich um Mehl, das in Flockenform gepresst wird. Wer es besonders gesund möchte, kann sich einen »Flocker« zulegen, der das ganze Korn erst kurz vor dem Verzehr ohne Wärmeeinfluss walzt. So ist der Vitaminverlust am geringsten.

Gesunder Nährstoffmix

In Getreide, vor allem aber in Vollkorngetreide, ist viel Vitamin B_1 enthalten. In den Keimen stecken außerdem Vitamin B_2 und Vitamin B_6. Alle drei sind wichtig für Nervensystem und Energiestoffwechsel. Vitamin E schützt die Zellen vor schädlichen Umwelteinflüssen. Getreide enthält aber auch Eisen, Magnesium und Zink, die zur körperlichen Leistungsfähigkeit beitragen. Vollkorngetreide enthält außerdem noch besonders viele Ballaststoffe.

Haferflocken

Der Klassiker! Im Vergleich zu anderen Getreideflocken sind Haferflocken ein bisschen fetthaltiger, was sie gesund macht, da es sich um pflanzliche Fette handelt. Bei Haferflocken unterscheidet man »kernige« aus dem ganzen Korn und »blütenzarte« aus vorgeschnittenen Körnern. Die kernigen sind zwar reicher an Ballaststoffen, doch sind alle Haferflocken reich an Vitamin B_1 und B_6 sowie an Eisen, Zink und Magnesium.

Hirseflocken

Hirse ist die Mineralstoffkönigin, da sie besonders reich an Eisen, Magnesium und Zink ist. Die gelben Körner sind glutenfrei, was für Menschen mit einer Zöliakie oder Glutenunverträglichkeit wichtig zu wissen ist.

Cornflakes

Sie sind keine Flocken im klassischen Sinne. Aus Maismehl wird ein Brei gekocht, der dann über Walzen gezogen wird. In einem Trocknungsverfahren werden die beliebten Flakes produziert. Ihren guten Ruf haben sie der Anreicherung mit Vitaminen zu verdanken. Sie sättigen nur wenig und sollten insbesondere bei Kindern mit Übergewicht kritisch beäugt werden.

▲ Fischkornmüsli mit Apfel (Seite 50)

▲ Exotik-Müsli (Seite 50)

▲ Trauben-Birnen-Müsli (Seite 51)

Für Müslianfänger

2 EL feinblättrige Haferflocken am Abend zuvor in Vollmilch einweichen und im Kühlschrank aufbewahren. Am nächsten Morgen um einen halben geriebenen Apfel ergänzen und ihr Kind freut sich über dieses Basismüsli. Keine Angst – Abwechslung ist nicht notwendig.

Was ist eigentlich gepufftes Amaranth?

In Amaranth steckt ein hoher Anteil von Mineralstoffen und Spurenelementen. Die Körner wurden schon von den Inka genutzt und wir haben sie für uns wiederentdeckt. »Gepufft« meint, dass die Körner auf heißen Platten erwärmt werden: Dabei springt wie beim Popcorn-Mais die äußere Schale auf und übrig bleibt beim Amaranth ein etwas größeres weißes Korn als das Ausgangskorn.

Für Müsli-Fortgeschrittene

Manche Eltern würden ihren Kids gern geschrotete Körner als Müsli anbieten. Doch HNO-Ärzte raten bei Kindern unter drei Jahren davon ab. Zu groß ist die Gefahr, sich zu verschlucken. Für Kinder über drei Jahre ist das jedoch kein Problem. Sie können die Körner am Vorabend schroten und in Wasser oder Saft einweichen. Morgens geben Sie dann Quark, Joghurt und Obst dazu. Mir schmeckt das! Der Rest meiner Familie isst Brot zum Frühstück, das ist auch okay. Versuchen Sie, niemanden von Ihrer Müsli-Begeisterung zu überzeugen. Mein Sohn wechselt manchmal auch auf meine Müsli-Seite und verlässt die Brot-Fraktion des Vaters.

Rezepte für die ganze Familie : Frühstücksideen

Selber mischen spart Geld
Basismüsli

Für 10 Portionen • gut vorzubereiten
⏱ 5 Min.

500 g kernige Haferflocken • 50 g Rosinen • 50 g gemahlene Mandeln • 100 g getrocknete Bananenscheiben

• Die Zutaten in einer Schüssel mischen und in einem gut verschließbaren Gefäß aufbewahren.

Kinderportion 3–4 gehäufte EL

Variante 1 Apfel in eine Schüssel reiben, 3–4 EL Müsli und 150 g Joghurt dazugeben und verrühren.

Der Lieblingsmix der Tigerente
Exotik-Müsli

Für 12 Portionen • gut vorzubereiten
⏱ 15 Min.

100 g getrocknete Aprikosen • 100 g getrocknete Ananasstückchen • 500 g Getreideflocken • 100 g Kokosraspel

• Die Aprikosen und die Ananasstückchen in feine Würfel schneiden oder mit einem Blitzhacker zerkleinern.
• Mit den restlichen Zutaten mischen und in einem gut verschließbaren Gefäß aufbewahren.

Kinderportion 3–4 gehäufte EL

Variante Eine halbe Banane in Scheiben schneiden und in eine Schüssel geben. 3–4 EL Müsli und 150 g Joghurt zufügen und alles verrühren.

Für Fans von Frischkornbrei
Frischkornmüsli mit Apfel

Für 4 Portionen • braucht etwas mehr Zeit
⏱ 15 Min. + Quellzeit über Nacht

10 EL Getreidekörner (z. B. Hafer, Weizen oder Dinkel) • 250 ml Orangensaft • 2 EL Rosinen • 2 Äpfel • 200 g Sojajoghurt

• Getreidekörner mit einer Getreidemühle schroten.
• Schrot mit ¼ l Orangensaft einweichen. Die Rosinen hinzufügen und alles über Nacht quellen lassen.
• Äpfel waschen, vierteln, Kerngehäuse entfernen und in kleine Würfel schneiden.
• Den eingeweichten Schrot in eine Schüssel geben. Apfelwürfel und Sojajoghurt zufügen und alles gut vermischen.

Kinderportion 3–4 gehäufte EL

Frühstücksideen : Rezepte für die ganze Familie

Gibt Energie für den ganzen Tag
Bananen-Hafer-flocken-Müsli

Für 4 Portionen • gelingt leicht
⊘ 10 Min.

2 Bananen • 250 g Joghurt • 200 ml Vollmilch • 10 EL Haferflocken • 2 TL Honig

● Bananen schälen, in Scheiben schneiden und in eine Schüssel geben.
● Joghurt, Milch, Haferflocken und Honig hinzufügen und vermischen.
● Müsli auf vier Schüsseln verteilen und servieren.

Kinderportion 3–4 gehäufte EL

Eltern-Extra Schneiden Sie sich einen halben oder ganzen Apfel ins Müsli, damit Sie satt werden.

Für große und kleine Gourmets
Knuspermüsli

Für 4 Portionen • braucht etwas mehr Zeit
⊘ 20 Min. + 30 Min. Backzeit

12 EL Getreideflockenmischung • 6 EL gehackte Nüsse • 1 Prise Salz • 4 EL Ahornsirup • 2 EL Sesam • 1 Banane • 2 Kiwis • 400 ml Orangensaft

● Getreideflocken in einer Schüssel mit den gehackten Nüssen, Salz, Ahornsirup und Sesam mischen.
● Die Mischung gleichmäßig auf einem mit Backpapier ausgelegten Blech verteilen. Im Backofen bei 175 °C in 20–30 Min. knusprig backen. Zwischendurch 2- bis 3-mal durchrühren! Das Blech aus dem Ofen nehmen und das Müsli abkühlen lassen.
● Banane schälen, in Scheiben schneiden. Die Kiwis schälen und würfeln. Das Knuspermüsli auf vier Schalen verteilen. Obst und Orangensaft zugeben und gut mischen.

Kinderportion 3–4 gehäufte EL

Fruchtig, leicht, vegan
Trauben-Birnen-Müsli

Für 4 Portionen • gelingt leicht
⊘ 10 Min.

200 g Weintrauben • 1 Birne • 2 TL Mandelstifte • 8 EL Dinkelflocken • 4 EL Cornflakes • 400 ml Hafermilch

● Weintrauben waschen, von den Stielen zupfen und halbieren. Birne vierteln, Kerngehäuse entfernen und in Würfel schneiden.
● Mandelstifte in einer Pfanne ohne Fett bei mittlerer Hitze goldgelb rösten.
● Dinkelflocken, Cornflakes und Mandelstifte auf vier Schüsseln verteilen. Früchte zufügen und die Hafermilch darübergeben.

Kinderportion 4–5 gehäufte EL

Brot und Brötchen

Frisches Brot schmeckt einfach am besten. Bereits wenn es noch im Backofen ist, verführt es uns mit seinem Duft und wir können es kaum erwarten, die erste Scheibe davon zu genießen. Ein selbst gebackenes Brot kommt bei Kindern aufgrund des geringen Krustenanteils immer gut an.

Warum essen Kinder gerne selbst gebackenes Brot?

Mit selbst gebackenem Brot können Sie Ihren überzeugten Breilöffler an feste Nahrung heranführen. Der Geruch von frisch gebackenem Brot macht auch Kinder neugierig und ist das Brot schön locker und leicht, schmeckt es mit nur wenig Butter und Marmelade auch den im Kauen noch Ungeübten. Wegen der schwachen Krustenbildung lieben die meisten Kids das weiche und saftige Brot, und in kleine Happen geschnitten, findet es meistens großen Anklang. Viele Kinder essen Brot und Belag gern getrennt. Das macht gar nichts. Falls es Sie stört, bestreichen Sie die Brote mit Frischkäse oder Leberwurst. Als Kinderportion für eine Mahlzeit gilt eine kleine Scheibe Brot (doppelt so groß wie die Handfläche des Kindes).

Wann lohnt sich der Kauf eines Brotbackautomaten?

Wer regelmäßig Brot backt und wen dabei das lange Werkeln und Warten stört, kann die Vorteile eines Brotbackautomaten nutzen. Der Brotbackautomat nimmt Ihnen die langwierigen Arbeitsschritte ab: einfach alle Zutaten ins Küchengerät geben und ein Programm auswählen. Das Kneten, Gehenlassen und Backen übernimmt der Automat und so haben Sie mit fünf Minuten Arbeit nach wenigen Stunden ein fertiges Brot.

Brot richtig lagern!

Brot sollte bei Zimmertemperatur und nicht im Kühlschrank lagern, da es aufgrund der niedrigen Temperaturen schnell altbacken wird. Nur bei besonders ungünstiger Witterung – hohe Temperaturen mit hoher Luftfeuchtigkeit – ist eine Lagerung im Kühlschrank zu empfehlen, um der Schimmelbildung vorzubeugen.

Unverpackt gekauftes oder selbst gebackenes Brot ist in Kunststoffbeuteln, Steingut- oder Keramiktöpfen gut aufgehoben. Die Töpfe sollten möglichst keine Luftlöcher haben und der Deckel sollte gut schließen. Andernfalls trocknet das Brot rasch aus. Um eine Schimmelbildung zu vermeiden, sollten Sie Ihren Brotaufbewahrungsbehälter einmal pro Woche mit Essigwasser auswischen.

Verpackt gekauftes Brot hält sich am besten in der Originalverpackung. Das Brot möglichst schnell wieder in die Verpackung einschlagen und im Dunkeln lagern, damit es nicht zu schnell austrocknet. Wärme lässt Brot schimmeln.

 ⬆ Müslibrötchen (Seite 54)

 ⬆ Sesamhörnchen (Seite 57)

 ⬆ Walnussbaguette (Seite 56)

Faustregel: Ein Sauerteigbrot mit hohem Roggenschrotanteil hält sich länger als ein helles Weizenbrot.

Einfrieren: Frisches Brot und frische Brötchen lassen sich im verschlossenen Tiefkühlbeutel gut einfrieren. Im Tiefkühlschrank halten sie ein bis drei Monate. Wird Brot in Scheiben eingefroren, so können Sie einzelne Scheiben im Toaster oder in der Mikrowelle auftauen.

Pannenhilfe beim Brotbacken!

Wenn das Brot zusammensackt,
… war wahrscheinlich die Teigmischung zu flüssig. Reduzieren Sie das nächste Mal die Flüssigkeit.

… war evtl. das Mehl zu grob. Das Mehl ist durch die Hefe aufgegangen, war aber nicht in der Lage, die Form zu halten.

Wenn die Mitte klitschig ist,
… war vielleicht die Knetphase zu kurz. Durchs Kneten kommt Luft in den Teig und bindet Wasser.

Wenn das Brot ballonartig anschwillt,
… war der Hefeanteil zu hoch.
… war die Gehzeit zu lang.

Wenn das Brot klein und sehr fest ist,
… war die Hefe alt.
… fehlte der Zucker.

… war das Wasser zu kalt oder zu warm.
… reichte die Gehzeit nicht aus.

Was ist ein Vorteig und was ein Sauerteigansatz?

Einen Vorteig brauchen Sie, wenn Sie frische Hefe zum Brotbacken verwenden. Dafür die Hefe in lauwarmem Wasser mit etwas Zucker und Mehl auflösen, damit die Hefen aktiv werden und für einen lockeren Teig sorgen. Ein Sauerteigansatz ist beim Backen von Roggenmehlbroten unerlässlich und wie ein Vorteig zu verwenden. Er lässt sich fertig kaufen oder kann aus Roggenmehl, Wasser, Zucker und etwas Hefe in zwei bis drei Tagen selbst zubereitet werden.

Zum gesunden Knabbern
Müslibrötchen

Für 8 Stück • braucht etwas mehr Zeit
⏲ 20 Min. + 40 Min. Gehzeit + 20 Min. Backzeit

200 g Weizenvollkornmehl • 200 g Dinkelmehl (Type 1050) • 100 g Müslimischung • 1 Päckchen Trockenhefe • 1 TL Honig • 1 TL Salz • 30 g weiche Butter • 300 ml Buttermilch

- Das Mehl in eine Schüssel sieben, die Müslimischung dazugeben und alles mischen. Eine Mulde hineindrücken und die Hefe hineingeben. Den Honig hinzufügen. Salz und Butter an den Rand der Schüssel geben.
- Buttermilch leicht erwärmen und in und um die Mulde gießen. Alles mit den Knethaken eines Handrührgerätes oder mit einer Küchenmaschine zu einem glatten Teig verarbeiten.
- Den Teig mit einem Tuch abgedeckt 30 Min. an einem warmen Ort gehen lassen, bis er sein Volumen fast verdoppelt hat.
- Backofen auf 200 °C vorheizen.
- Den Teig aus der Schüssel nehmen, auf einer bemehlten Arbeitsfläche kräftig durchkneten, in 8 gleich große Stücke teilen und zu länglichen Brötchen formen. Diese auf ein mit Backpapier ausgelegtes Backblech legen und zugedeckt nochmals 10 Min. gehen lassen.
- Müslibrötchen mit etwas Wasser bestreichen, zweimal diagonal einschneiden und ca. 20 Min. backen.

Kinderportion ½ Müslibrötchen

Saftig und nur ein wenig kernig
Kartoffel-Haferflocken-Brot

Für 1 Brot • braucht etwas mehr Zeit
⏲ 25 Min. + 40 Min. Gehzeit + 45 Min. Backzeit

250 g Kartoffeln (mehligkochend) • 350 g Weizenmehl (Type 550) • 100 g blütenzarte Haferflocken • ¾ Päckchen Trockenhefe • 1 TL Zucker • 1 TL Salz • 200 ml lauwarmes Wasser • kernige Haferflocken zum Bestreuen

- Kartoffeln in der Schale kochen, pellen, durch ein Sieb in eine Schüssel pressen und abkühlen lassen.
- Die Mehle darübersieben, Haferflocken zufügen und alles mischen. Eine Mulde in den Teig drücken. Hefe und Zucker hineinstreuen. Das Salz auf den Teig rundherum streuen.
- Das Wasser in und um die Mulde gießen. Alles mit den Knethaken eines Handrührgerätes oder mit einer Küchenmaschine zu einem glatten Teig verarbeiten.
- Den Teig mit einem Tuch abgedeckt 30 Min. an einem warmen Ort gehen lassen, bis er sein Volumen fast verdoppelt hat.
- Backofen auf 200 °C vorheizen.
- Den Teig aus der Schüssel nehmen, auf einer bemehlten Arbeitsfläche kräftig durchkneten und zu einem länglichen Brotlaib formen. Dieses auf ein mit Backpapier ausgelegtes Backblech legen und zugedeckt nochmals 10 Min. gehen lassen.
- Das Brot mit etwas Wasser bestreichen, mehrmals diagonal einschneiden, mit den kernigen Haferflocken bestreuen und ca. 45 Min. backen.

Kinderportion 1 kleine Scheibe (2 Handflächen des Kindes)

Die griffige Variante von Brötchen
Quarkmuffins

Für 12 Stück • braucht etwas mehr Zeit
⏱ 25 Min. + über Nacht-Quellzeit + 40 Min. Gehzeit + 25 Min. Backzeit

30 g Rosinen • 100 ml Apfelsaft • 300 g Weizenmehl (Type 550) • 20 g Hefe • 40 g Zucker • 125 ml lauwarme Milch • 40 g Butter • 200 g Magerquark • 1 Ei • 1 Prise Salz • 1 Eigelb • 2 EL Milch zum Bepinseln

● Rosinen in einer Schüssel über Nacht im Apfelsaft einweichen.
● Mehl in eine Schüssel sieben und eine Mulde hineindrücken, Hefe und Zucker hinzugeben und mit Milch angießen.
● Die Butter zerlassen und mit Quark, Ei und Salz an den Rand der Schüssel geben. Rosinen hinzufügen.
● Alles mit den Knethaken eines Handrührgerätes oder mit einer Küchenmaschine zu einem glatten Teig verarbeiten.
● Den Teig mit einem Tuch abgedeckt 30 Min. an einem warmen Ort gehen lassen, bis er sein Volumen fast verdoppelt hat.
● Backofen auf 200 °C (Umluft 180 °C) vorheizen.
● In 12 Muffinförmchen je ein Papierförmchen setzen.
● Den Teig aus der Schüssel nehmen, auf einer bemehlten Arbeitsfläche kräftig durchkneten, in 12 Portionen teilen. Kugeln daraus formen und in die Backförmchen setzen. Nochmals 10 Min. gehen lassen.
● Eigelb mit der restlichen Milch verquirlen und die Muffins damit bestreichen.
● Die Muffins in ca. 25 Min. auf der mittleren Schiene goldgelb backen.

Kinderportion 1 Muffin

Kinderleicht – klappt immer!
Weizenvollkornbrot »EASY«

Für 1 Brot • gelingt leicht
⏱ 10 Min. + 40 Min. Gehzeit + 1 Std. Backzeit

500 g Weizenvollkornmehl • 1 Päckchen Trockenhefe • 1 TL Zucker • ½–1 TL Salz • 350 ml lauwarmes Wasser

● Mehl in eine Schüssel sieben und eine Mulde hineindrücken. Hefe und Zucker hineinstreuen. Das Salz auf das Mehl rundherum streuen.
● Das Wasser vorsichtig in und um die Mulde gießen. Alles mit den Knethaken eines Handrührgerätes oder mit einer Küchenmaschine zu einem glatten Teig verarbeiten.
● Den Teig mit einem Tuch abgedeckt 30 Min. an einem warmen Ort gehen lassen, bis er sein Volumen fast verdoppelt hat.
● Backofen auf 200 °C vorheizen.
● Den Teig aus der Schüssel nehmen, auf einer bemehlten Arbeitsfläche kräftig durchkneten und zu einem Laib formen.
● Diesen in eine gefettete Kastenform (1,5 l Inhalt) legen. Mit einem Tuch abdecken und nochmals 10 Min. gehen lassen.
● Das Brot mit etwas Wasser bestreichen und etwa 1 Std. backen. Aus dem Backofen nehmen, kurz ruhen lassen, dann vorsichtig auf einen Kuchenrost stürzen und gänzlich auskühlen lassen.

Kinderportion 1 kleine Scheibe (2 Handflächen des Kindes)

Variante für ein Rosinenbrot 100 g Rosinen unter den Grundteig kneten und die Salzmenge auf ½ TL reduzieren; für ein Möhrenbrot 200 g Möhren schälen und fein raspeln. Möhrenraspel unter den Grundteig kneten.

Schmeckt auch ohne Belag
Walnussbaguette

Für 2 Baguettes • braucht etwas mehr Zeit
25 Min. + 40 Min. Gehzeit + 40 Min. Backzeit

50 g Walnusskerne • 250 g Weizenvollkornmehl • 150 g Weizenmehl (Type 550) • 100 g Roggenmehl • 1 Päckchen Trockenhefe • 1 TL Zucker • 1 TL Salz • 2 EL Rapsöl • 300 ml lauwarmes Wasser

- Walnusskerne fein hacken.
- Die verschiedenen Mehle in eine Schüssel sieben und mischen. Eine Mulde hineindrücken. Hefe und Zucker hineinstreuen. Das Salz und das Öl an den Rand der Schüssel geben.
- Das Wasser in und um die Mulde gießen. Alles mit den Knethaken eines Handrührgerätes oder mit einer Küchenmaschine zu einem glatten Teig verarbeiten. Zum Schluss die Walnüsse unterarbeiten.
- Den Teig mit einem Tuch abgedeckt 30 Min. an einem warmen Ort gehen lassen, bis er sein Volumen fast verdoppelt hat.
- Backofen auf 200 °C vorheizen.
- Den Teig aus der Schüssel nehmen, auf einer bemehlten Arbeitsfläche kräftig durchkneten und zu zwei Baguettes formen. Diese auf ein mit Backpapier ausgelegtes Backblech legen und zugedeckt nochmals 10 Min. gehen lassen.
- Die Baguettes mit etwas Wasser bestreichen, mehrmals diagonal einschneiden und ca. 40 Min. backen.

Kinderportion 1 kleine Scheibe (2 Handflächen des Kindes)

Gesund und knusprig
Hirse-Mohn-Brötchen

Für 10 Stück • braucht etwas mehr Zeit
25 Min. + 20 Min. Quellzeit, 40 Min. Gehzeit + 20 Min. Backzeit

100 g Hirse • 200 g Weizenvollkornmehl • 200 g Dinkelmehl (Type 1050) • 1 Päckchen Trockenhefe • 1 TL Honig • 1 TL Salz • 2 EL Rapsöl • 250 ml Hafermilch • 3 EL Mohn

- Hirse in der dreifachen Menge Wasser aufkochen und ca. 20 Min. bei niedriger Stufe quellen lassen.
- Mehl in eine Schüssel sieben, die Hirse dazugeben. Eine Mulde in die Masse drücken und die Hefe hineingeben. Honig hinzufügen. Salz und Rapsöl an den Rand der Schüssel geben.
- 3 EL Hafermilch beiseitestellen. Den Rest leicht erwärmen und in und um die Mulde gießen. 2 EL Mohn zufügen. Alles mit den Knethaken eines Handrührgerätes oder mit einer Küchenmaschine zu einem glatten Teig verarbeiten.
- Den Teig mit einem Tuch abgedeckt 30 Min. an einem warmen Ort gehen lassen, bis er sein Volumen fast verdoppelt hat.
- Backofen auf 200 °C vorheizen.
- Den Teig aus der Schüssel nehmen, auf einer bemehlten Arbeitsfläche kräftig durchkneten. In 10 gleich große Stücke teilen und zu runden Brötchen formen. Diese auf ein mit Backpapier ausgelegtes Backblech legen und zugedeckt nochmals 10 Min. gehen lassen.
- Mit einem Messer die Brötchen kreuzweise eindrücken, mit Hafermilch bepinseln und mit dem restlichen Mohn bestreuen. Im Backofen ca. 20 Min. backen.

Kinderportion ½ Brötchen

Frühstücksideen : Rezepte für die ganze Familie

Sonntags zum Frühstück
Sesamhörnchen

Für 10 Stück • braucht etwas mehr Zeit
⏱ 20 Min. + 40 Min. Gehzeit + 20 Min. Backzeit

250 g Dinkelmehl (Type 1050) • 125 g Weizenmehl (Type 405) • 1 Päckchen Trockenhefe • 1 TL Zucker • 1 TL Salz • 3 EL Rapsöl • 200 ml lauwarmes Wasser • etwas zusätzliches Mehl zum Kneten • Zum Bestreichen und Bestreuen 1 Eigelb • 1 TL Milch • 2 EL Sesam

- Die Mehle in eine Schüssel sieben und mischen. Eine Mulde hineindrücken. Hefe und Zucker hineinstreuen. Salz und Öl an den Rand der Schüssel geben.
- Das Wasser in und um die Mulde gießen. Alles mit den Knethaken eines Handrührgeräts oder mit der Küchenmaschine zu einem glatten Teig verarbeiten.
- Den Teig mit einem Tuch abgedeckt an einem warmen Ort gehen lassen, bis sich sein Volumen verdoppelt hat.
- Backofen auf 200 °C vorheizen.
- Den Teig aus der Schüssel nehmen, auf einer bemehlten Arbeitsfläche kräftig durchkneten. In 10 gleich große Teigportionen teilen.
- Jedes Teigstück zu einer Rolle von etwa 15–18 cm formen, dann mit dem Nudelholz auf eine Breite von etwa 8 cm ausrollen. Anschließend jedes Teigstück aufrollen und mit Abstand auf das mit Backpapier ausgelegte Backblech legen. Dabei jeweils ein gleichmäßig dickes Hörnchen mit stumpfen Enden formen.
- Die Hörnchen nochmals an einem warmen Ort etwa 20 Min. aufgehen lassen.
- Eigelb und Milch mit einer Gabel verquirlen. Die Hörnchen bestreichen und mit Sesam bestreuen.
- Die Sesamhörnchen auf mittlerer Schiene im Backofen etwa 20 Min. backen.

Kinderportion ½–1 Hörnchen

Köstlich, fluffig, französisch
Brioches

10 Stück • braucht etwas mehr Zeit
⏱ 25 Min. + 40 Min. Gehzeit + 25 Min. Backzeit

250 g Mehl Type 405 • 1 Päckchen Trockenhefe • 1 EL Zucker • 100 ml lauwarme Milch • 125 g Butter • 1 TL Salz • 2 Eier • Zum Bepinseln 1 Eigelb • 1 EL Milch

- Mehl in eine Schüssel sieben und eine Mulde hineindrücken. Hefe und Zucker dazugeben und die lauwarme Milch angießen. Die Butter schmelzen. Mit dem Salz und den zimmerwarmen Eiern zum Mehl hinzufügen.
- Mit den Knethaken eines Handrührgeräts oder einer Küchenmaschine zu einem geschmeidigen, mittelfesten Hefeteig schlagen. Den Teig mit einem Küchentuch abdecken und an einen warmen Ort stellen, bis sich das Volumen verdoppelt hat.
- Den Teig aus der Schüssel nehmen und zusammen mit etwas Mehl nochmals sehr gut durchkneten. Aus dem ganzen Teig eine dicke Rolle formen. Diese Teigrolle in 11 gleich große Stücke schneiden. 10 Teigstücke jeweils zu einer Kugel formen und in gebutterte, mit Mehl bestäubte Brioches- oder Muffin-Förmchen drücken.
- Das übrige Teigstück in 10 Teile schneiden und jeweils eine kleine Kugel daraus formen. Mit dem Daumen in die Mitte der großen Kugel ein tiefes Loch drücken und die kleinere Kugel fest hineindrücken. Nun mit einer kleinen Schere ringsum, ohne das kleine Köpfchen zu berühren, ein paar Schnitte in den Teig machen. An einem warmen Platz nochmals 15 Min. gehen lassen.
- Inzwischen den Backofen auf 200 °C vorheizen.
- Das Eigelb mit etwas Milch verquirlen. Die aufgegangenen Brioches einpinseln und im vorgeheizten Backofen auf der mittleren Schiene etwa 25 Min. backen.

Kinderportion ½ Brioche

Brotbelag

Was gehört aufs Brot? Auch wenn wir aus Gewohnheit stets das Gleiche daraufschmieren oder -legen, lohnt sich diese Frage immer wieder. Richtig oder Falsch spielt hier keine Rolle – sondern viel eher die Abwechslung auf dem Frühstücksteller.

Würzig, frisch oder lieber fruchtig!

Keiner will morgens viel Aufwand haben, daher liegt Brot mit Käse, Wurst, Marmelade, Honig und anderen Aufstrichen immer noch im Trend. Aber ein vermeintlich olles Brot lässt sich rasch gesund aufpeppen – so wird für Ihre Kinder das Essen von Obst und Gemüse so selbstverständlich wie die Butter auf dem Brot!

Für den würzigen Typ: Auf dem Käse-, Wurst- oder Schinkenbrot Essiggurken in Scheiben oder Olivenringe verteilen. Auch marinierte italienische Antipasti dürfen ab und zu zwischen zwei Scheiben Brot gepackt werden. So überraschen Sie Ihre Familie mit neuen Kombinationen.

Für den frischen Typ: Gurke, Tomate, Paprika, Möhre, Radieschen oder Rettich finden in Scheiben geschnitten und auf den Lieblingsbelag Ihres Kindes gelegt sofort den Weg zum Mund – selbst bei Gemüsemuffeln!

Für den fruchtigen Typ: Nicht nur die klassischen Bananenscheiben, auch Apfelspalten, Melone, Erdbeere, Pfirsich, Aprikose oder Pflaume schmecken auf dem Brot und liefern einen kleinen Vitaminschub.

Streichfett – ist das nötig?

Hier gibt es unterschiedliche Ansichten. Persönlich meine ich, Butter oder Margarine sollte dünn aufs Brot gestrichen werden, solange keine Gewichtsprobleme bei den Kindern vorhanden sind. Stellt man selbst Brotaufstriche mit einem hohen Anteil von Öl, Butter oder Margarine her, kann man sicherlich davon absehen. Bei schlechten Essern ist das Streichfett eine wichtige Energiequelle und sollte auf keinen Fall fehlen. Butter und Margarine sind in ihrem Fett- und Kaloriengehalt identisch. Sie bestehen jeweils zu 80 % aus Fett. Es ist also bezüglich des Energiewertes egal, was Sie Ihrem Kind aufs Brot streichen.

Abwechslung durch selbst gemachte Brotaufstriche!

Selbst gemachte Brotaufstriche sind eine gesunde und preiswerte Alternative zu Käse und Wurst. Basis sind hier Milchprodukte wie Quark, Schmand oder Feta sowie Grünkern, Linsen und andere Hülsenfrüchte.

▲ Bauernbrot mit Käse und Gurke (Seite 60)

▲ Roggenbrot mit Radieschen (Seite 61)

▲ Vollkornbrot mit Erdmandelmus (Seite 61)

Durch das Selbermachen kommen Sie ohne Konservierungsstoffe und Geschmacksverstärker aus. Kleiner Nachteil: Brotaufstriche müssen innerhalb von zwei bis fünf Tagen gegessen werden. Gelagert werden sie in einem gut verschließbaren Behältnis im Kühlschrank. In diesem Buch finden Sie die Brotaufstriche unter Dips (Seite 72). Übrigens passen Aufstriche nicht nur zum Brot, sondern auch zu Pellkartoffeln, Puffern, Nudeln und Reis. Sie sorgen für eine willkommene Abwechslung und sind so schnell verbraucht.

Diätmargarine – was ist das?

Eine Diätmargarine besteht ausschließlich aus pflanzlichen Fetten und Ölen. Der Gehalt an mehrfach ungesättigten Fettsäuren beträgt mindestens 40 %. Der Gesamtfettgehalt ist genauso hoch wie bei Butter oder Margarine. Durch den höheren Anteil mehrfach ungesättigter Fettsäuren hat sie einen gesundheitlichen Mehrwert gegenüber anderen Streichfetten. Eine Diätmargarine ist nicht fett- oder kalorienärmer! Das ist wichtig zu wissen, insbesondere wenn man Fett einsparen möchte.

Margarinen, die weniger Fett und Kalorien haben, heißen Halbfettmargarinen. Sie tragen diesen Namen, weil ihr Gesamtfettgehalt nur 40 % Fett beträgt, das ist halb so viel wie bei Diätmargarine, Margarine oder Butter.

Übrigens: Halbfettbutter gibt es auch. Sie hat genauso viel Kalorien und Fett wie eine Halbfettmargarine. Mein persönliches Credo lautet: Butter dünn aufs Brot kratzen. Halbfettbutter und -margarine sind teuer eingekauftes, schnittfestes Wasser.

Schmeckt morgens und abends

Vollkornbrot mit Hüttenkäse

Für 4 Portionen • geht schnell
⏲ 10 Min.

6 Scheiben Vollkornbrot • 1–2 EL Butter • 150 g Hüttenkäse (Magerstufe) • 4 Tomaten • Pfeffer

- Die Brotscheiben mit Butter und Hüttenkäse bestreichen.
- Tomaten in dünne Scheiben schneiden und die Brote damit belegen.
- Für Erwachsene mit Pfeffer würzen.

Kinderportion 1 kleine Scheibe (2 Handflächen des Kindes)

Tipp Sie können das Brot mit in Streifen geschnittenem Basilikum oder mit Schnittlauchröllchen würzen.

Kombi Getreide-Gemüse-Milch

Bauernbrot mit Käse und Gurke

Für 4 Portionen • geht schnell
⏲ 10 Min.

4 Scheiben Graubrot • 1– 2 EL Butter • 4–6 Scheiben Schnittkäse (z. B. Gouda, Leerdammer) • ¼ Gurke

- Das Brot mit Butter bestreichen und mit dem Schnittkäse belegen.
- Gurke waschen, in Scheiben schneiden und auf die Brote legen oder dazu reichen.
- Brotscheibe für Kinder halbieren oder in kleine handliche Häppchen schneiden.

Tipp Sie können das Brot auch mal in Streifen schneiden. Hauptsache, Sie wechseln die Form immer mal wieder. So bleibt Brot für Kinder interessant.

Von Kindern heiß geliebt

Brot mit Salami und Paprika

Für 4 Portionen • gelingt leicht
⏲ 10 Min.

4 Scheiben Bauernbrot • 1–2 EL Butter • 8 hauchdünne Scheiben Salami • ½ rote, gelbe oder orange Paprikaschote

- Das Brot mit Butter bestreichen und mit der Salami belegen.
- Paprika waschen, Kerne entfernen und in Würfel schneiden.
- Das Brot halbieren und die Gemüsewürfel darauf verteilen.

Kinderportion ½–1 Scheibe (2 Handflächen des Kindes)

Tipp Sie können die Paprika auch in Streifen schneiden und zum Knabbern zu den Broten reichen.

Radieschen bringen Spaß
Roggenbrot mit Frischkäse

Für 4 Portionen • gelingt leicht
⏱ 10 Min.

4 Scheiben Roggenbrot • 4 EL Doppelrahmfrischkäse • 8 Radieschen

● Das Brot sorgfältig mit Frischkäse bestreichen.
● Radieschen waschen, putzen, in hauchdünne Scheiben schneiden und die Brote damit belegen.

Kinderportion ½–1 Scheiben (2 Handflächen des Kindes)

Tipp Sie können das Brot auch in Streifen schneiden und dann mit Radieschenscheiben belegen. Sieht mal anders aus und schmeckt gleich viel besser.

Für alle, die noch nicht gut kauen
Lauwarmes Tomatentoastbrot

Für 4 Portionen • gelingt leicht
⏱ 10 Min. + ½ Min. Backzeit

6 Scheiben Vollkorntoastbrot • 1–2 EL Butter • 4–6 mittelgroße Tomaten • 6 Scheiben Schnittkäse (z. B. Gouda)

● Das Brot toasten. Dann dünn mit Butter bestreichen.
● Tomaten waschen, in Scheiben schneiden, auf die Brote legen und je 1 Scheibe Käse darübergeben.
● Die Brote ½ Min. bei 750 Watt in der Mikrowelle erwärmen.
● Für Kinder die Scheiben halbieren oder sogar vierteln. Überprüfen, ob die Tomaten nicht zu heiß geworden sind.

Kinderportion ½–1 Scheibe (2 Handflächen des Kindes)

Paradiesisch und vegan!
Vollkornbrot mit Erdmandelmus

Für 4 Portionen • gelingt leicht
⏱ 10 Min.

4–6 Scheiben Dinkelvollkornbrot • 4–6 EL Erdmandelmus • 2 Orangen

● Das Brot dick mit Erdmandelmus bestreichen.
● Orangen filetieren. Dafür die Schale mit Haut so weit abschneiden, dass die Orange ohne Haut übrig bleibt. Mit einem kleinen Messer die Orangenfilets aus den Trennwänden schneiden.
● Die Brote mit den Orangenfilets belegen.

Kinderportion ½ Scheibe Brot (2 Handflächen des Kindes)

Tipp Die Erdmandel ist weder Nuss noch Mandel und ist auch unter den Namen Chufa oder Tigernuss bekannt. Gegessen werden die Knollen. Die Pflanze stammt aus Afrika und wird heute vorwiegend in Spanien angebaut. Ihr Geschmack ist leicht nussig, buttrig und süß. Sie hat einen hohen Ballaststoffgehalt und ist für Nussallergiker geeignet.

Marmelade

Der Kirschbaum im Garten quillt fast über? Prima, dann auf zum Familienprojekt: Zuerst wird gemeinsam gepflückt, danach Marmelade gekocht. Keine Sorge: Das geht viel einfacher, als Sie jetzt vielleicht denken. Und selbst gemacht schmeckt die Marmelade immer besser als gekauft.

Ein paar Faustregeln vorab

Für das Kochen von Marmelade wird nur ein bisschen Rechnen, etwas Rühren und Sauberkeit verlangt. Meist verwendet man Gelierzucker 1 : 2. Auf 1 kg Frucht kommen nur 500 g Zucker. Wer mehr Zucker sparen möchte, nimmt den Gelierzucker 1 : 3. Hier kommen auf 1 kg Obst nur noch knappe 350 g Gelierzucker. Das Ausprobieren lohnt sich! Das Pektin im Gelierzucker sorgt für das Festwerden der Marmelade. Wer Haushaltszucker nimmt, muss zusätzlich ein Dickungsmittel einsetzen.

Früchte, je nach Größe zerkleinert, mit dem Zucker in einen großen Topf geben und vermischen. Unter Rühren aufkochen und dann 3 Min. sprudelnd kochen lassen. Das Einhalten der Kochzeit ist wichtig, denn während des Kochens entwickelt das Pektin seine Dickungswirkung, die sich in der abgekühlten Marmelade zeigt. Wer keine Stückchen in der Marmelade mag, sollte die Früchte pürieren. Auch ein Gelee aus Fruchtsaft mögen Kleinkinder gern. Die Kerne von Himbeeren dürfen Kleinkinder probieren, doch auf Zusätze wie Mandelstifte, grob gehackte Nüsse oder Sesam sollte man im zweiten Lebensjahr noch verzichten.

Wichtig! – die Gelierprobe.
Geben Sie 1–2 TL der heißen Marmeladenmasse auf einen Unterteller. Die Masse sollte dicklich bis fest werden. Wenn Sie Zweifel an der Festigkeit Ihrer späteren Marmelade haben, sollte Gelierhilfe zugefügt und das Ganze dann noch einmal richtig aufgekocht werden. Eine andere Pannenhilfe: unter die warme Marmelade Gelatinepulver rühren. Diese darf allerdings nicht kochen.

Hygiene beachten.
Bevor Sie die Gläser befüllen, müssen Sie Gläser und Deckel gründlich reinigen. Auch wenn die Gläser sauber aussehen, sollten sie in heißem Wasser mit Spülmittel gereinigt und danach kalt abgespült und auf ein sauberes Handtuch zum Trocknen gelegt werden. Da die Spülmaschine bei höherer Temperatur wäscht, ist sie ideal fürs Reinigen der Marmeladengläser.

Vakuum entstehen lassen.
Wenn Sie die Gläser randvoll füllen, mit einem Twist-off®-Deckel verschließen und dann für etwa 10 Min. auf den Kopf stellen, können Sie davon ausgehen, dass Ihre Marmelade luftdicht verschlossen ist und 1–1 ½ Jahre hält.

⬆ Himbeermarmelade (Seite 64)

⬆ Orangen-Ingwer-Marmelade (Seite 65)

⬆ Holunder-Apfel-Marmelade (Seite 64)

Weg damit! Wenn Sie Schimmel auf der Marmelade finden, dann muss der gesamte Inhalt des Glases weg. Es reicht nicht, nur die schimmelige Stelle zu entfernen.

Was ist eigentlich Pektin?

Pektin ist ein Geliermittel. Sie können es pur als weißes Pulver kaufen oder Sie kaufen Gelierzucker – der ist immer mit Pektin angereichert. Pektin entwickelt seine bindende Wirkung nur, wer es in Flüssigkeiten aufgekocht wird und danach 2–4 Minuten kocht. Denken Sie beim Einkauf daran: Erst wenn Marmelade, Gelee oder Konfitüre erkaltet sind, sehen wir, ob das Pektin wirkt.

Pektin ist ein natürlicher Stoff. Es ist eine der wichtigen Gerüstsubstanzen in den Zellwänden aller Pflanzen. Pektin besteht aus langkettigen Kohlenhydraten, die überwiegend aus Galacturonsäure aufgebaut sind. Seine E-Nummer lautet übrigens E 440. Bei uns wird Pektin aus den Schalen von Äpfeln, Zitrusfrüchten sowie aus Zuckerrübenschnitzeln isoliert. Quitten sind übrigens von Natur aus sehr pektinreich. Quittenmarmelade lässt sich allein mit Zucker kochen! Als es noch keine fertigen Gelierzucker gab, wurden früher häufig Quitten in andere Fruchtmarmelade gegeben, damit sie fest wurde.

Hätten Sie es gewusst? Eigentlich dürfen wir nur noch von Marmelade sprechen, wenn sie aus Zitrusfrüchten gemacht ist. Was wir üblicherweise als Marmelade bezeichnen, heißt seit einer Vereinheitlichung in Europa per Gesetz Konfitüre. Die im Supermarkt erhältliche besteht übrigens zu mindestens 60 % aus Zucker. Dieser hohe Zuckeranteil ist eine Motivation, selbst zuckerärmere Konfitüren zu kochen oder Fruchtaufstriche, die 75 % Fruchtanteil haben, im Supermarkt zu kaufen.

Das kochte schon Oma
Erdbeer-Rhabarber-Marmelade

Für 5 Gläser (à 200 ml) • gut vorzubereiten
⊙ 30 Min.

700 g Erdbeeren • 300 g Rhabarber • 500 g Gelierzucker 2 : 1

- Erdbeeren waschen, putzen und fein schneiden.
- Rhabarber waschen, putzen und in sehr kleine Stücke schneiden.
- Früchte mit dem Gelierzucker in einen großen Topf geben. Alles unter Rühren bei starker Hitze zum Kochen bringen, den Herd herunterschalten und die Marmelade unter ständigem Rühren 3–5 Min. sprudelnd kochen.
- Danach die Marmelade in die Gläser füllen. Mit Twist-off®-Deckeln verschließen. Die Gläser umdrehen und etwa 10 Min. auf dem Deckel stehen lassen.

Kinderportion 1 TL Marmelade pro Scheibe Brot

Pippi Langstrumpfs Liebling
Holunder-Apfel-Marmelade

Für 6 Gläser (à 200 ml) • gut vorzubereiten
⊙ 30 Min.

800 g Äpfel • Saft einer ½ Zitrone • 500 ml Holundersaft • 500 g Gelierzucker 2 : 1

- Äpfel schälen, vierteln und das Kerngehäuse entfernen. Die Apfelviertel auf einer Gemüseraspel raspeln und mit Zitronensaft beträufeln.
- Apfelraspel mit Holundersaft und Gelierzucker in einen großen Topf geben und alles unter Rühren bei starker Hitze zum Kochen bringen. Den Herd herunterschalten und die Marmelade unter ständigem Rühren 3–5 Min. sprudelnd kochen.
- Danach die Marmelade in die Gläser füllen. Mit Twist-off®-Deckeln verschließen. Die Gläser umdrehen und etwa 10 Min. auf dem Deckel stehen lassen.

Kinderportion 1 TL Marmelade pro Scheibe Brot

Bei Leckermäulern sehr beliebt
Himbeermarmelade

Für 5 Gläser (à 200 ml) • gut vorzubereiten
⊙ 20 Min.

1 kg Himbeeren • 500 g Gelierzucker 2 : 1

- Himbeeren abbrausen und zusammen mit dem Gelierzucker in einen großen Topf geben und unter Rühren bei starker Hitze zum Kochen bringen. Den Herd herunterschalten und die Marmelade unter ständigem Rühren 3–5 Min. sprudelnd kochen.
- Danach die Marmelade in die Gläser füllen. Mit Twist-off®-Deckeln verschließen. Die Gläser umdrehen und etwa 10 Min. auf dem Deckel stehen lassen.

Kinderportion 1 TL Marmelade pro Scheibe Brot

Auch im Winter kann man Marmelade kochen
Orangen-Ingwer-Marmelade

Für 8 Gläser (à 200 ml) • braucht etwas mehr Zeit
⊙ 30 Min.

5 Orangen • 15 g Ingwer • 400 ml Orangensaft • 500 g Gelierzucker 2 : 1

- Orangen schälen, dabei die weiße Haut mit entfernen, Fruchtfilets mit einem Messer herausschneiden und 500 g Fruchtfilets abwiegen. Ingwer schälen und fein reiben.
- Orangenfilets zusammen mit dem Orangensaft, Ingwer und Gelierzucker in einen großen Topf geben und alles unter Rühren bei starker Hitze zum Kochen bringen. Den Herd herunterschalten und die Marmelade unter ständigem Rühren 3–5 Min. sprudelnd kochen.
- Danach die Marmelade in die Gläser füllen. Mit Twist-off®-Deckeln verschließen. Die Gläser umdrehen und etwa 10 Min. auf dem Deckel stehen lassen.

Kinderportion 1 TL Marmelade pro Scheibe Brot

Orangen filetieren Um Fruchtfilets aus einer Orange herauszuschneiden, die Ober- und Unterseite der Orange mit dem Messer gerade abschneiden. Die Orange auf ein Brett stellen und dann die Seiten dick abschneiden, sodass nur noch eine kleine Orangenkugel ohne weiße Haut übrig bleibt. Mit einem scharfen Messer das Fruchtfleisch aus den Trennwänden der Orange lösen – dabei nicht zu tief in die Orange hineinschneiden. Für 100 g Orangenfilet brauchen Sie, je nach Größe der Orange, etwa zwei kleine Früchte.

Dunkelrot und superlecker
Kirsch-Johannisbeer-Marmelade

Für 5 Gläser (à 200 ml) • braucht etwas mehr Zeit
⊙ 40 Min. + 1 Nacht Ziehzeit

1 kg Süßkirschen • 500 ml Johannisbeersaft • ½ TL gemahlene Vanille • 500 g Gelierzucker 2 : 1 • 250 g Gelierzucker 3 : 1

- Kirschen waschen, entstielen, entsteinen und in einen großen Topf geben. Johannisbeersaft, Vanille und Gelierzucker zufügen und alles über Nacht durchziehen lassen.
- Am nächsten Morgen das Ganze grob pürieren, sodass die Kirschen stückig werden. Alles unter Rühren bei starker Hitze zum Kochen bringen. Den Herd herunterschalten und die Marmelade unter ständigem Rühren 3–5 Min. sprudelnd kochen.
- Danach die Marmelade in die Gläser füllen. Mit Twist-off®-Deckeln verschließen. Die Gläser umdrehen und etwa 10 Min. auf dem Deckel stehen lassen.

Kinderportion 1 TL Marmelade pro Scheibe Brot

Variante Statt Johannisbeersaft und Vanille können Sie die gleiche Menge Orangensaft und etwas Zimt verwenden.

Getränke

Der Kalorien- und Nährstoffgehalt eines Shakes entspricht durchaus dem einer Zwischenmahlzeit. Shakes sind daher ideal für alle Kinder, die morgens etwas kaufaul sind, und können hier das Frühstücksbrot ersetzen.

Einkaufstipp: Fettgehalt von Kuhmilch

Milch ist in unterschiedlichen Fettgehaltsstufen erhältlich: Bei der nicht standardisierten Vollmilch mit natürlichem Fettgehalt wird nach dem Melken der Milchfettgehalt nicht verändert, er liegt in der Regel zwischen 3,8 % und 4,4 %. Standardisierte Vollmilch hat einen Fettgehalt von 3,5 %.

Wer es fettärmer wünscht, greift zur teilentrahmten, fettarmen Milch mit einem Fettgehalt zwischen 1,5 % und 1,8 %. Entrahmte Milch bzw. Magermilch mit höchstens 0,5 % Fett ist für Kinder nicht zu empfehlen, da sie im Verhältnis zur üblichen Trinkmenge zu wenige Nährstoffe enthält. Kinder, die stark zur oberen Gewichtsgrenze tendieren, sollten fettarme Milch trinken. Allen anderen ist Vollmilch zu empfehlen.

Laktosefreie Milch

Seit einigen Jahren sind laktosefreie Milchprodukte im Handel erhältlich, die jedoch nur Menschen mit einer Laktoseintoleranz Vorteile bieten. Wer gesund ist, sollte auf die übliche Kuhmilch zurückgreifen. Der laktosefreien Milch wurde das Enzym Laktase zugesetzt, das die Laktose in Glukose und Galaktose spaltet. Dadurch schmeckt diese Milch ein wenig süßer!

Lagerung von Milch & Co.

Milchprodukte sind nur begrenzt haltbar, auch bei richtiger Lagerung im Kühlschrank. Bis auf H-Milch halten alle Milchprodukte bei einer Temperatur zwischen 3 und 9 °C am längsten. Übrigens gilt das aufgedruckte Mindesthaltbarkeitsdatum nur für geschlossene Verpackungen.

Geöffnete Packungen sollten innerhalb von zwei bis drei Tagen aufgebraucht werden. Wenn möglich, sollte die Verpackung immer verschlossen werden, damit die Milch nicht den Geruch anderer Lebensmittel im Kühlschrank annimmt. Milchprodukte können eingefroren werden, wer also mal in großem Stil Milch, Joghurt oder Kefir eingekauft hat, der kann sich so behelfen.

Milch + Obst oder Gemüse = Gesundheit plus

Wenn Sie die Pluspunkte von Milch und Milchprodukten noch verstärken wollen, geben Sie einfach Obst oder Gemüse dazu: Für eine Portion eine Handvoll Früchte pürieren und im Mixer mit Milch, Joghurt, Buttermilch oder Kefir mischen. Der Mix schmeckt nicht nur köstlich, er ist auch reich an Vitalstoffen.

▲ Heidelbeer-Joghurt-Shake
(Seite 68)

▲ Zitronen-Melissen-Tee
(Seite 69)

▲ Banana-Power-Drink (Seite 69)

Wenn Sie ein Milchmixgetränk mit Ananas, Feigen, Kiwi oder Papaya zubereiten, sollten Sie den Drink sofort genießen. Die Früchte enthalten nämlich Enzyme, die die Milch beim Stehenlassen dick und bitter machen.

Übrigens: Eine Laktoseunverträglichkeit kommt bei Kindern selten vor. Auch ist vielen unklar, dass sie spontan heilen kann. Wichtig ist dabei, dass man immer wieder versucht, Laktose in kleinen Mengen zu essen. Am besten klappen das Darmtraining und das damit verbundene Ankurbeln der Laktaseausschüttung, wenn man immer mal wieder einen Naturjoghurt isst. Wird er vertragen, sollte er jeden Tag gegessen werden.

Wie spart man Zucker bei Mixgetränken?

Achten Sie darauf, dass die Früchte vollreif sind, dann lassen sie sich gut pürieren und sind besonders süß. Wenn es nicht süß genug ist, greifen viele zu Zucker, Honig, Agavendicksaft oder anderen alternativen Süßungsmitteln. Alle diese Produkte bestehen zu fast 100 % aus Einfach- oder Zweifachzucker. Der angeblich so hohe Gehalt an Vitaminen oder Mineralstoffen ist bei alternativen Süßungsmitteln so klein, dass diese teuren Zuckerbomben nur das Gewissen des Unwissenden beruhigen und das Portemonnaie strapazieren. Greifen Sie lieber zu überreifen Bananen. Die lassen sich gut in Mixgetränken verarbeiten, sparen jede Menge Zucker und bieten zusätzlich Ballaststoffe, B-Vitamine und Magnesium.

Für Power zwischendurch
Erdbeerbuttermilch

Für 4 Portionen • geht schnell
🕐 5 Min.

200 g tiefgekühlte oder frische Erdbeeren • 1 Päckchen Vanillezucker • 500 ml Buttermilch

● Die TK-Erdbeeren kurz antauen lassen. Frische Erdbeeren waschen, putzen, halbieren und in ein hohes Gefäß geben.
● Vanillezucker und Buttermilch zugeben. Alles mit einem Stabmixer pürieren.

Kinderportion ½ Glas (100 ml)

Variante Statt Erdbeeren können Sie Himbeeren, Heidelbeeren oder Beerenmischungen verwenden. Es gibt sie auch tiefgekühlt!

Schmeckt nach Spätsommer
Milder Pflaumen-Zimt-Drink

Für 4 Portionen • gelingt leicht
🕐 10 Min.

200 g Pflaumen • 300 g Joghurt • 2 TL Honig • 200 ml Apfelsaft • 1 Prise Zimt

● Pflaumen waschen, halbieren, entsteinen und in ein hohes Gefäß geben.
● Joghurt, Honig und Apfelsaft zufügen und alles mit einem Stabmixer pürieren. Das Ganze mit Zimt abschmecken.
● Die Drinks in Gläser füllen und sofort servieren.

Kinderportion ½ Glas (100 ml)

Der Farbe kann keiner widerstehen
Heidelbeer-Joghurt-Shake

Für 4 Portionen • geht schnell
🕐 5 Min.

250 g Heidelbeeren • 200 ml Birnensaft • 300 g Joghurt

● Heidelbeeren waschen, verlesen und in ein hohes Gefäß geben.
● Birnensaft und Joghurt zufügen und alles mit einem Stabmixer pürieren.
● Den Shake auf vier Gläser verteilen und servieren.

Kinderportion ½ Glas (100 ml)

Variante Kennen Sie den Unterschied zwischen Kultur- und wilden Heidelbeeren? Die wilden Heidelbeeren sind viel kleiner. Das Fruchtfleisch ist wie die Schale ebenfalls lilafarben. Der Anteil der Kerne ist deutlich erhöht. Sie schmecken viel aromatischer. Probieren Sie es aus und gehen Sie mit Ihren Kindern Blaubeeren pflücken! In der Natur wachsen die niedrigen Sträucher bevorzugt in lichten Nadelwäldern. Die Heidelbeersaison startet im Juni und endet im September.

Getränke : Rezepte für die ganze Familie

Ein ganzes Glas voller Vitamine
Gute-Laune-Drink

Für 4 Portionen • gelingt leicht
5 Min.

2 Orangen • 1 Banane • 200 ml heller Traubensaft • 200 ml Möhrensaft • ½ TL Lein- oder Rapsöl

- Die Orangen halbieren und den Saft auspressen.
- Die Banane schälen, schneiden und in ein hohes Gefäß geben.
- Orangensaft, Möhrensaft und Traubensaft zufügen und alles mit einem Stabmixer pürieren. Das Öl unterrühren und den Drink auf 4 Gläser verteilen.

Kinderportion ½ Glas (100 ml)

Tipp Durch die Zugabe von Öl verbessern Sie die Aufnahme der fettlöslichen Vitamine und des ß-Carotins. Außerdem enthält Leinöl sehr viel Omega-3-Fettsäuren und auch Rapsöl ist ein guter Lieferant dieser Fettsäuren.

Gibt müden Kriegern wieder Kraft
Banana-Power-Drink

Für 4 Portionen • gelingt leicht
5 Min.

2 Bananen • 200 ml Ananassaft • 200 ml Möhrensaft • 250 ml Buttermilch • 1 Tropfen Rapsöl

- Bananen schälen, grob schneiden und in ein hohes Gefäß geben.
- Ananassaft, Möhrensaft, Buttermilch und Öl zufügen. Alles mit einem Stabmixer pürieren.

Kinderportion ½ Glas (100 ml)

Tipp Überreife, schon etwas braune Bananen kann man mit diesem Rezept gut verwerten. Falls Sie die Bananenmilch nicht sofort verbrauchen, können Sie den Saft einer halben Zitrone zufügen. So bleibt der Drink schön hell.

Herrlich erfrischend!
Zitronenmelissen-Tee

Für 1 Liter • braucht etwas mehr Zeit
5 Min. + 30 Min. Ziehzeit + 30 Min. Kühlzeit

4–5 Zweige Zitronenmelisse • 100 ml Apfelsaft

- Zitronenmelisse waschen und in eine große Kanne geben. Mit 1 l kochend heißem Wasser übergießen und ½ Std. ziehen lassen.
- Danach die Zitronenmelisse herausnehmen.
- Zum Schluss den Apfelsaft zugeben und kalt stellen.

Kinderportion ½ Glas (100 ml)

Tipp Zitronenmelisse sollten Sie sich im Topf kaufen. Wenn Sie einen Garten haben, setzen Sie die Pflanze ins Beet. Sie wuchert gut und ist winterhart.

Wie der Kaffee der Großen
»Latte« Schokolade

Für 1 Portion • geht schnell
🕐 5 Min.

200 ml Milch • 1 TL Kakaopulver • 1 Prise Zimt

● Die Milch erwärmen. Ein Drittel der Milch in ein Glas geben und aufschäumen.
● Das Kakaopulver in die restliche Milch einrühren und zur aufgeschäumten Milch geben. Dabei langsam am Rand des Glases entlanggießen, damit verschiedenfarbige Schichten entstehen.
● Mit Zimt verfeinern.

Kinderportion ½ Glas (100 ml)

Tipp Man kann einen »Latte« auch mit Roibuschtee oder Malzkaffee zubereiten. Auch mit Yogi-Tee, dem indischen Gewürztee, schmeckt ein »Latte« lecker. Er wärmt an kalten Wintertagen von innen. In Indien wird der Gewürztee mit Milch aufgekocht. Ich koche ihn nur mit Wasser und gebe vor dem Servieren heiße, aufgeschäumte Milch dazu.

Ein ganzes Glas voller Vitamine
Green Smoothie

Für 4 Portionen • gelingt leicht
🕐 10 Min.

60 g junger Spinat • 1 Banane • 1 Kiwi • 200 ml naturtrüber Apfelsaft • 1 TL Lein- oder Rapsöl

● Spinat verlesen, gründlich waschen, trocken schütteln und grob hacken.
● Banane und Kiwi schälen und grob in Stücke schneiden. Beides in ein hohes Gefäß geben. Spinat, Apfelsaft und Öl zugeben und alles mit einem Stabmixer zu einem cremigen Smoothie mixen.
● Den Smoothie in Gläser füllen und sofort genießen.

Kinderportion ½ Glas (100 ml)

Statt Mittagsschläfchen …
Pikanter Power-Drink

Für 4 Portionen • gelingt leicht
🕐 8 Min.

½ Bund Schnittlauch • ½ Bund Dill • ½ Avocado • ½ kleine Salatgurke • 300 ml Buttermilch • 200 ml Möhrensaft • Saft ½ Zitrone • Salz

● Schnittlauch in feine Röllchen schneiden. Dill klein hacken.
● Avocado halbieren und den Stein entfernen. Das Fruchtfleisch mit einem Löffel aus der Schale lösen.
● Salatgurke schälen und in grobe Stücke schneiden.
● Gurkenstücke und Avocadofleisch in ein hohes Gefäß geben. Kräuter, Buttermilch, Möhrensaft, Zitronensaft und Salz zufügen. Alles mit einem Stabmixer sämig pürieren.
● Den Drink in Gläser füllen und sofort servieren.

Kinderportion ½ Glas (100 ml)

▸ Green Smoothie + »Latte« Schokolade

Dips und Brotaufstriche

Keine Lust mehr auf Marmelade, Wurst und Käse? Dann kreieren Sie Ihren neuen Lieblingsaufstrich doch einfach mal selbst! Die Haltbarkeit ist eher begrenzt – das macht aber nichts, denn er passt nicht nur zu Brot, sondern auch prima zu Kartoffeln, Reis, Nudeln oder Kurzgebratenem.

Was schafft die Basis?

Butter, Quark und andere Milchprodukte bilden bei Dips oder Brotaufstrichen häufig die Grundlage und sorgen für eine cremige Konsistenz und den Zusammenhalt der Zutaten. Auch gedünstetes und püriertes Gemüse sowie Öl eignen sich für streichfähige Pasten.

Basic 1: Butter besteht zwar zu 80 % aus Fett, aber dünn aufs Brot gestrichen ist sie gesünder als ihr Ruf. Das Milchfett enthält neben gesättigten Fettsäuren auch ungesättigte Fettsäuren und neben langkettigen auch mittel- und kurzkettige Fettsäuren. Dies macht Butter in kleinen Mengen genossen gut verträglich. Außerdem enthält Butter die Vitamine A, D und E. Butter aus der Milch von Kühen in Weidehaltung enthält mehr Omega-3-Fettsäuren als Standardbutter.

Basic 2: Quark ist besonders eiweißreich, sodass er für Kinder erst nach dem ersten Lebensjahr empfohlen wird. Er ist äußerst vielseitig einsetzbar, sein frischer, leicht säuerlicher Geschmack erlaubt ein Kombinieren sowohl mit süßen als auch mit pikanten Zutaten.

Basic 3 + 4: Gemüse + Öl Wenn weder Butter noch Quark im Rezept zu finden sind, dann bilden Öl oder auch püriertes Gemüse oder Hülsenfrüchte die Basis für den Dip. Diese Aufstriche oder Pasten haben ihren Ursprung meist in den mediterranen und orientalischen Küchen. Lassen Sie Ihr Kind schon früh diese für uns exotischen Gerichte testen: Kleinkinder, die regelmäßig an neue Geschmackserlebnisse herangeführt werden, haben häufig ihr Leben lang ein viel größeres Interesse an einer abwechslungsreichen Kost.

Was sorgt für den Geschmack?

Aromatische Zutaten wie frische Kräuter, Gewürze, Nüsse sowie Gemüse, Obst und geräucherter Fisch sorgen für einen natürlichen Geschmack. Aromastoffe, Geschmacksverstärker sowie Konservierungsstoffe sind im selbst gemachten Aufstrich nicht zu finden. Dieser Vorteil birgt natürlich auch einen kleinen Nachteil: Die Haltbarkeit ist sehr begrenzt.

So bleiben Dips lange frisch!

- Dips in kleinen Mengen herstellen.
- Auf Sauberkeit achten. Alle Küchengeräte, die zum Einsatz kommen, sollten penibel sauber sein und immer nur mit einem sauberen Löffel probiert werden.

▲ Basilikumpesto (Seite 75)

▲ Obatzter (Seite 75)

▲ Zaziki (Seite 75)

- Frische Zutaten verwenden und keine Reste von Produkten, die kurz vor dem Verfallsdatum stehen.
- Die Dips in gut verschließbare und saubere Gefäße füllen.
- Die fertigen Dips im Kühlschrank lagern, nicht allzu lange offen stehen lassen.
- Stets mit sauberem Löffel oder Messer portionieren.

Avocado – die cremige Frucht

Auf Basis von Avocado lassen sich besonders einfach gesunde Brotaufstriche zubereiten. Damit der Aufstrich schmeckt, sollte die Avocado den optimalen Reifezeitpunkt haben. Eine harte Frucht hat keinen Geschmack und lässt sich kaum pürieren. Man kann sie aber nachreifen lassen, indem man sie zu reifen Äpfeln legt. Die Duftstoffe des Apfels lassen die Avocado nachreifen.

Bei der Verwendung von Avocado immer etwas Zitronensaft zum Fruchtfleisch geben, damit die Farbe nicht von Grün in Braun umschlägt. Die einfachste Avocadocreme besteht aus einer zerdrückten Avocado, Zitronensaft, Salz und Pfeffer. Sie können die Paste auch mit Tomaten- oder Paprikastückchen sowie Zwiebeln aufpeppen. Ich liebe Kreuzkümmel und daher darf aus meiner Sicht dieses Gewürz nicht fehlen.

Kräutergarten auf der Fensterbank

Für die Herstellung von Dips brauchen Sie nur 3 bis 5 frische Kräuter und diese nicht unbedingt in großen Mengen. Daher lohnt es sich, Kräuter auf der Fensterbank zu halten. So haben Sie die Kräuter immer frisch griffbereit und sparen dabei auch noch Geld. Auf meiner Fensterbank finden sich Basilikum, Petersilie, Schnittlauch und Dill. Koriander und Minze eignen sich ebenfalls.

Lecker auf frischem Brot
Kräuterbutter

Für 1 Glas • gut vorzubereiten
⏱ 10 Min.

125 g Butter • 5–10 Zweige Petersilie • 10 Stängel Schnittlauch • ½ TL Salz

- Butter in eine Schüssel geben und mit einer Gabel zerdrücken.
- Petersilie waschen und die Blättchen von den Stängeln zupfen. Anschließend fein hacken. Schnittlauch waschen und in Röllchen schneiden.
- Kräuter zur Butter geben, Salz zufügen und alles mit einer Gabel mischen.
- Die Kräuterbutter entweder gleich essen oder gut verschlossen im Kühlschrank lagern.

Kinderportion dünn aufs Brot streichen

Tipp Verbrauchen Sie die Kräuterbutter innerhalb einer Woche.

Für kleine Feinschmecker
Paprikabutter

Für 1 Glas • gut vorzubereiten
⏱ 10 Min.

½ rote Paprikaschote • 125 g Butter • 1 EL Tomatenmark • ¼ TL Paprikapulver (edelsüß) • ½ TL Salz • 1 Prise–½ TL Zucker

- Paprikaschote waschen, putzen und grob würfeln. Dann mit einem Mixer sehr fein hacken.
- Butter in eine Schüssel geben und mit einer Gabel zerdrücken.
- Fein gehackte Paprika, Tomatenmark, Paprikapulver und Salz zur Butter geben und alles gut mischen.
- Zum Schluss mit Zucker abschmecken. Gut verschlossen im Kühlschrank lagern.

Kinderportion dünn aufs Brot streichen

Tipp Die Paprikabutter passt ausgezeichnet zu gegrilltem Fleisch. Für die Erwachsenen-Variante können Sie einige Tropfen Tabasco zugeben, dann wird die Butter feurig scharf. Paprikabutter innerhalb einer Woche aufbrauchen!

Kommt immer gut an
Mandel-Kichererbsen-Paste

Für 1 Glas • gut vorzubereiten
⏱ 20 Min. + 1 Std. Garzeit

200 g Kichererbsen • 2 Knoblauchzehen • 2 EL Olivenöl • 1 EL Zitronensaft, frisch gepresst • 100 g weißes Mandelmus • ½ TL Salz • ¼ TL Kreuzkümmel (Cumin) • 1 Msp Paprikapulver, edelsüß

- Die Kichererbsen abspülen und mit reichlich Wasser weich kochen. Dann abgießen und ein wenig Abtropfwasser auffangen.
- Den Knoblauch abziehen und grob hacken.
- Die weichen Kichererbsen mit den restlichen Zutaten in einem Mixer geben und pürieren. Wenn die Paste zu fest ist, etwas von dem aufgefangenen Kichererbsenwasser dazugeben, so dass die Paste die ungefähre Konsistenz von Kartoffelpüree hat.
- Gut verschlossen im Kühlschrank aufbewahren.

Kinderportion dünn aufs Brot streichen

Tipp Diese Paste lässt sich auch gut mit Gemüsesticks aus Möhren und Kohlrabi servieren.

Zaziki
Ein herzlicher Gruß vom Balkan

Für 1 Glas • gelingt leicht
⏱ 15 Min.

½ Salatgurke • 1–2 Knoblauchzehen • 250 g Magerquark • 100 g Joghurt • 2 EL Olivenöl • ½ TL Salz • weißer Pfeffer

- Gurke waschen, schälen und mit einer Gemüseraspel in eine Schüssel raspeln. Etwas stehen lassen und dann das Gurkenwasser abgießen.
- Knoblauch abziehen und fein hacken oder durch die Presse drücken und zur Gurke geben. Quark, Joghurt und Olivenöl unterrühren und zum Schluss mit Salz und Pfeffer abschmecken.

Kinderportion 1–2 EL aufs Brot streichen

Tipp Zaziki darf auf keinem Grillfest fehlen! Für Paprikasticks ist es ein leckerer Dip und zu Vollkornbrot schmeckt Zaziki ebenfalls super – es muss nicht immer Fladenbrot sein.

Obatzter
Bayerischer Brotaufstrich für alle

Für 1 Glas • gut vorzubereiten
⏱ 10 Min.

8 Zweige Petersilie • 1 rote Zwiebel • 150 g Camembert • 100 g Frischkäse • 1 TL Paprikapulver (edelsüß) • Salz • weißer Pfeffer

- Petersilie waschen, trocken tupfen, die Blättchen von den Stielen zupfen und fein hacken. Zwiebel schälen und fein hacken.
- Die Rinde vom Camembert abschneiden. Das Innere klein schneiden und zusammen mit dem Frischkäse in eine Schüssel geben. Beides mit einer Gabel zu einer groben Creme mischen. Gehackte Petersilie, Paprikapulver und die Zwiebelwürfel zugeben und unterrühren. Zum Schluss mit Salz und Pfeffer abschmecken.

Kinderportion 1–2 EL aufs Brot streichen

Tipp Der bayrische Aufstrich passt auch gut zu Pellkartoffeln. Vor allem, wenn Sie noch zwei hart gekochte, fein gehackte Eier unter den Obatzten geben.

Basilikumpesto
Ein köstlicher Gruß aus Italien

Für 1 Glas • gut vorzubereiten
⏱ 15 Min.

1 Topf Basilikum • 3 Knoblauchzehen • 4 EL Pinienkerne • ⅛ l Olivenöl • 8 EL frisch geriebener Parmesan • ½ TL Salz

- Basilikumblättchen von den Stielen zupfen. Knoblauch schälen und grob schneiden.
- Pinienkerne in einer beschichteten Pfanne leicht rösten. Sobald sie eine goldgelbe Farbe annehmen, vom Herd nehmen und etwas abkühlen lassen.
- Basilikum, Knoblauch und Pinienkerne mit etwas Öl in ein hohes Gefäß geben und mit einem Stabmixer pürieren. Nach und nach den Parmesan und das restliche Öl hinzufügen. Das Pesto mit Salz abschmecken.

Kinderportion dünn aufs Brot streichen

Variante Statt Basilikum können Sie ein dickes Bund glatte Petersilie verwenden. Statt Pinienkernen können Sie Mandeln oder Walnüsse nehmen.

Die Leibspeise von Pumuckl
Möhren-Quark-Dip

Für 1 Glas • gelingt leicht
⏱ 10 Min.

3 Möhren • 1 Bund Schnittlauch • 250 g Magerquark • 100 g Joghurt • 1 EL Rapsöl • ¼ TL Salz • weißer Pfeffer

• Schnittlauch waschen, trocken tupfen und in feine Röllchen schneiden.
• Möhren waschen, putzen und mit der Gemüseraspel in eine Schüssel raspeln.
• Quark, Joghurt, Schnittlauch und Rapsöl zugeben und alles verrühren. Mit Salz und Pfeffer abschmecken.

Kinderportion 1–2 EL aufs Brot streichen

Tipp Anstelle von Möhren können Sie auch Zucchini hineinraspeln.

Vegane Variante Magerquark und Joghurt gegen 250 g Seidentofu und 100 g mildes Ajvar austauschen. Wenn Ihr Kind noch nie scharf gegessen hat, dann reichen vielleicht auch 1–2 Löffel Ajvar. Übrigens: Seidentofu ist deutlich weicher als herkömmlicher Tofu. In Japan wurde er ursprünglich für Suppen verwendet. Bei uns ist er der perfekte vegane Ersatz für Quark.

Die ist so mild, die mögen auch die ganz Kleinen
Lachspaste

Für 1 Glas • geht schnell
⏱ 5 Min.

100 g Räucherlachs • 1 EL Zitronensaft • 100 g Magerquark • 3 EL Crème fraîche • 1 TL Tomatenmark • ¼ TL Salz • weißer Pfeffer

• Den Räucherlachs in Streifen schneiden und in ein hohes Gefäß geben.
• Zitronensaft, Quark, Crème fraîche und Tomatenmark zufügen und mit einem Stabmixer pürieren.
• Die Paste mit Salz und Pfeffer abschmecken, kühl stellen und innerhalb von zwei Tagen verzehren.

Kinderportion dünn aufs Brot streichen

Variante Statt mit Tomatenmark ist die Lachspaste auch mit 1 TL Meerrettich, 2 EL Dijonsenf und 4–6 EL Dill ein in meiner Familie beliebter Brotaufstrich.

▸ Möhren-Quark-Dip und Lachspastete

Salate

Als reine Vorspeise oder Beilage viel zu schade: Hatte vor 50 Jahren der Kopfsalat noch beinahe eine Monopolstellung in Deutschland, können wir heute unter mehr als 50 verschiedenen Salatsorten wählen.

Ölwechsel in der Küche

Rapsöl enthält 65 % einfach ungesättigte Fettsäuren. Von den mehrfach ungesättigten Fettsäuren enthalten 100 g Rapsöl insgesamt 29 g. Hier ist der Anteil der Omega-3-Fettsäure alpha-Linolensäure mit 9 g pro 100 g auffällig hoch. Rapsöl gibt es raffiniert und kalt gepresst. Die raffinierten Rapsöle sind geschmacksneutral, die kalt gepressten haben ein nussiges Aroma. Letztere eignen sich für die kalte Küche, z. B. für Salatdressings. Raffiniertes Rapsöl hingegen lässt sich sehr gut zum Kochen und Backen verwenden, da es bis zu einer Temperatur von 175 °C erhitzbar ist.

Olivenöl hat möglicherweise maßgeblichen Anteil daran, dass Herz-Kreislauf-Erkrankungen in den Mittelmeerländern deutlich seltener sind als bei uns. Erklärt wird das mit seinem hohen Gehalt (80 %) an einfach ungesättigten Fettsäuren. Ideal ist Olivenöl der Güteklasse »nativ extra« für die kalte Küche. Hier kann sich der typische Geschmack am besten entfalten. Olivenöl besitzt die ideale Fettzusammensetzung fürs Dünsten, Schmoren und Braten.

Sonnenblumenöl hat einen hohen Gehalt an mehrfach ungesättigten Fettsäuren, aber dabei nur einen sehr kleinen Anteil von Omega-3-Fettsäuren, die einen besonderen gesundheitlichen Schutz darstellen. So verliert Sonnenblumenöl immer mehr seine einstige Vormachtstellung.

Distelöl galt vor 20 Jahren aufgrund seines hohen Gehalts an mehrfach ungesättigten Fettsäuren als besonders gesund. Da es aber relativ wenig Omega-3-Fettsäuren enthält, hat es sein gesundes Image zugunsten von Olivenöl und Rapsöl eingebüßt.

Lagerung: Öl hält sich am besten gut verschlossen an einem dunklen Ort bei etwa 10–15 °C. In einer warmen Küche ist der Kühlschrank der richtige Platz. Hier flockt Olivenöl zwar aus und wird trübe, doch das beeinträchtigt seine Qualität nicht. Bei Zimmertemperatur klärt es nach kurzer Zeit wieder. Öle sollten spätestens sechs bis neun Monate nach dem Öffnen der Flasche verbraucht sein, denn mit der Zeit werden Öle ranzig. Je höher der Gehalt an mehrfach ungesättigten Fettsäuren, desto eher passiert dies. Olivenöl hält sich somit am längsten!

Essig für jedermann

Essig hat gemeinhin den Ruf, sehr sauer zu sein. Doch zwischen verschiedenen Essigsorten gibt es geschmackliche Unterschiede und so finden sich auch milde Essigsorten, die in der Regel von Kindern bevorzugt werden.

Balsamessig bzw. Aceto balsamico wird aus Traubenmostkonzentrat, Weinessig, Karamell, Zucker und Aromastoffen hergestellt. Das Original aus Modena lagert mindestens zwölf Jahre in Holzfässern. Dieser Aufwand wird mit 100 Euro pro 100 ml bezahlt. Da dieser stolze Preis für die meisten Menschen nicht alltagstauglich ist, reicht die Kopie, die vielen Menschen im Vergleich zum klassischen Essig geschmacklich sehr entgegenkommt.

Rotwein- bzw. Weißweinessig werden ausschließlich aus dem jeweiligen Wein hergestellt. Sie haben eine aromatische Säure und der Weißweinessig ist in der Regel milder.

Apfelessig zählt ebenfalls zu den milden Sorten. Ein leicht fruchtiges Aroma ist häufig noch zu erkennen und somit ist er für milde Salatsaucen geeignet.

Lagerung: Essig ist bei richtiger Lagerung (kühl und dunkel) nahezu unbegrenzt haltbar. Er sollte in der Originalverpackung und verschlossen aufbewahrt werden. Essig niemals länger in metallischen Gefäßen aufbewahren.

Salatsaucen

Kräuter-Essig-Öl-Dressing: 3 EL Weißweinessig, 20 g frisch gehackte Kräuter, z. B. Schnittlauch, Petersilie, Zitronenmelisse, Zucker, Salz, Pfeffer, 4–6 EL Oliven- oder Rapsöl

Kräuter-Joghurt-Dressing: 150 g Vollmilch-Joghurt, 20 g frisch gehackte Kräuter, z. B. Petersilie, Schnittlauch und Basilikum, Salz, Pfeffer, 2 EL Oliven- oder Rapsöl

Senf-Essig-Öl-Dressing: 3 EL Weißweinessig, 1 EL Dijonsenf, eventuell 1 EL frisch gehackter Estragon, Zucker, Salz, Pfeffer, 4 EL Oliven- oder Rapsöl

Cocktail-Dressing: 150 g Vollmilch-Joghurt, 2 EL Tomatenmark, 1 fein gehackte Knoblauchzehe, Zucker, Salz, Pfeffer, 2 EL Oliven- oder Rapsöl

Aceto-balsamico-Dressing: 3 EL Aceto balsamico, eventuell 10 g fein gehackte Walnüsse, Zucker, Salz, Pfeffer, 4 EL Oliven- oder Walnussöl

Asia-Dressing: 2 EL fein gehackter Ingwer, 3 EL Zitronensaft, 2 EL fein gehackter Koriander, eventuell 1 fein gehackte Chilischote, Zucker, Salz, 4 EL Sojaöl

Curry-Schmand-Dressing: 150 g Vollmilch-Joghurt, 1 EL Curry, 1 fein gehackte Knoblauchzehe, Salz, Pfeffer, 3 EL Oliven- oder Rapsöl

Alle Zutaten eines Dressings in ein Schraubglas geben. Es sollte stets nur zu einem Viertel gefüllt sein. Dann kräftig schütteln. Ihre aktuelle Lieblingsmelodie dabei summen und schon ist das Dressing fertig. Salate sollen heute nicht mehr in der Sauce schwimmen. Daher bitte kein Wasser zufügen. Dressing lässt sich problemlos im Kühlschrank ein paar Tage aufbewahren. Warum also Fertigsauce kaufen!

Passende Salatzutaten

Blattsalat – gezupft. Ob Kopfsalat, Eisbergsalat oder Feldsalat – den jeweiligen Salat waschen, putzen und in mundgerechte Stücke zupfen. Anschließend trocken schleudern und fertig ist die Salatzutat Nummer 1!

Gemüse – geraspelt. Möhren, Radieschen, Rettich, Paprika und Gurke lassen sich auf der Gemüseraspel schnell für den Salat zerkleinern. Geraspeltes muss nicht unter sich bleiben, sondern kann durchaus mit Blattsalat gemischt werden.

Gemüse – geschnitten. Tomate verträgt sich nicht nur mit Mozzarella: Ebenso wie Gurke und Paprika lässt sie sich roh in mundgerechte Stücke geschnitten unter den Salat mischen.

Das Bananendressing macht ihn so beliebt
Gemüsesalat

Für 4 Portionen • gelingt leicht
⊘ 20 Min.

2 Zweige Zitronenmelisse • 1 mittelgroße Zucchini • 250 g Möhren • 4 Stangen Staudensellerie • 1 Banane • 200 g Joghurt • 2 EL Rapsöl • 2 EL Zitronensaft • 1 Prise Zucker • 1 Prise Salz • weißer Pfeffer

- Zitronenmelisse fein hacken.
- Zucchini und Möhren waschen. Möhren schälen. Beides raspeln oder in feine Stifte hobeln. Sellerie waschen, Enden und Blätter entfernen und in feine Scheiben schneiden. Alles in eine große Schüssel geben.
- Banane schälen, in eine kleine Schüssel geben und mit einer Gabel zerdrücken. Joghurt, Öl und Zitronensaft zufügen und zu einem Dressing verrühren. Mit Zitronenmelisse, Zucker, Salz und Pfeffer abschmecken.
- Das Dressing über den Salat geben, gut mischen und im Kühlschrank durchziehen lassen.

Kinderportion 3 gehäufte EL

Tipp Das Filet von zwei Orangen (Seite 65) gibt diesem Salat eine fruchtige Note.

Fast so gut wie ein Dessert
Süßer Chinakohlsalat

Für 4 Portionen • gelingt leicht
⊘ 20 Min.

500 g Chinakohl • 1 Dose Mandarinen (175 g Abtropfgewicht) • 100 g süße Sahne • Saft ½ Zitrone • 1 EL Zucker • 1 Prise Salz

- Chinakohl putzen, in sehr feine Streifen schneiden, in ein Sieb geben und abbrausen. Danach in einer Salatschleuder trocken schleudern.
- Mandarinen in ein Sieb geben, den Saft in einer Schüssel auffangen.
- Die Sahne in einem Becher halb steif schlagen. Mandarinensaft und Zitronensaft dazugeben und mit Zucker und Salz abschmecken.
- Mandarinen und Chinakohl in eine Schüssel geben. Die Salatsauce hinzufügen, alles gut mischen und sofort servieren.

Kinderportion 3 gehäufte EL

Variante Mit fein gehackten Walnüssen und einem gewürfelten Apfel lässt sich der Salat erweitern.

↠ Gemüsesalat

Herzhaftes Aroma aus dem Orient
Kichererbsensalat

Für 4 Portionen • gut vorzubereiten
⏱ 20 Min.

1 Zwiebel • 1 Knoblauchzehe • 1 kleine Aubergine • 4 EL Olivenöl • 1 rote Paprikaschote • 4 Frühlingszwiebeln • 1 Dose Kichererbsen (450 g Abtropfgewicht) • 6 Zweige Zitronenthymian • 1 Limette • 2 EL Weißweinessig • 1 EL Tomatenmark • ½ TL Zucker • Salz

- Zwiebel und Knoblauch abziehen und fein hacken. Aubergine waschen, trocken reiben und den Stielansatz entfernen, längs halbieren und in ½ cm dicke Scheiben schneiden.
- Öl in einer Pfanne erhitzen. Zwiebel, Knoblauch und Aubergine hinzufügen und etwa 2 Min. dünsten.
- Inzwischen die Paprika waschen, halbieren, Kerne herauslösen und das Fruchtfleisch würfeln. Frühlingszwiebeln waschen, putzen und in hauchdünne Ringe schneiden. Kichererbsen in ein Sieb geben, mit kaltem Wasser abspülen und abtropfen lassen.
- Paprika, Frühlingszwiebeln und Kichererbsen in eine große Schüssel geben.
- Thymian waschen, trocken tupfen, die Blättchen von den Zweigen zupfen und zu den anderen Zutaten in die Schüssel geben.
- Für die Marinade die Limette halbieren und auspressen. Den Saft in einen Becher geben. Essig und Tomatenmark zufügen und gut mischen. Mit Zucker und Salz abschmecken.
- Zum Schluss die Marinade über den Salat geben und alles gründlich vermengen.

Kinderportion 3 gehäufte EL für Kinder, die schon gut kauen können.

Spargel mal ganz anders!
Grüner-Spargel-Salat

Für 4 Portionen • braucht etwas mehr Zeit
⏱ 30 Min.

400 g grüner Spargel • 100 g getrocknete Tomaten • 1 EL Weißweinessig • 40 g Pinienkerne • 60 g Kresse (1 Beet) • 60 g Chicorée • 1 Dose weiße Bohnen (250 g Abtropfgewicht) • 1 Zitrone • 1–2 EL Pesto (Seite 75) • 3 EL Olivenöl • Salz • Pfeffer

- Die trockenen Enden vom Spargel schneiden und das untere Drittel schälen. Anschließend in ausreichend Salzwasser in 5–10 Min. bissfest garen und danach abgießen. Den Spargel in ca. 3 cm lange Stücke schneiden, dabei einige Spitzen für die Dekoration beiseitelegen.
- Getrocknete Tomaten in einem Topf mit kochendem Wasser und Weißweinessig übergießen, ca. 5 Min. ziehen lassen. Abgießen und in kleine Würfel schneiden.
- Pinienkerne ohne Fett in einer Pfanne unter Rühren rösten, vom Herd nehmen und auskühlen lassen.
- Kresse mit einer Schere vom Beet schneiden.
- Chicorée waschen, in einer Salatschleuder trocken schleudern und in mundgerechte Stücke schneiden. Die Bohnen in einem Sieb unter kaltem Wasser abspülen und abtropfen lassen.
- Spargel, Tomaten, Pinienkerne, Kresse, Chicorée und Bohnen in eine Schüssel geben.
- Für das Dressing die Zitrone halbieren und auspressen. Den Saft mit Pesto und Olivenöl verrühren. Mit Salz und Pfeffer abschmecken.
- Dressing über den Salat geben, gut mischen und 15 Min. ziehen lassen. Den Salat auf vier Tellern anrichten und mit den Spargelspitzen garnieren.

Kinderportion 3 gehäufte EL für Kinder, die schon gut kauen können.

Bunt und ganz gesund!
Griechischer Bauernsalat

Für 4 Portionen • gut vorzubereiten
⏱ 20 Min.

1 Salatgurke • 2 gelbe Paprikaschoten • 500 g Tomaten • 2 Frühlingszwiebeln • 120 g schwarze Oliven • 200 g Feta • ½ Bund glatte Petersilie • 6 Zweige Thymian • 1 Knoblauchzehe • 4 EL Weißweinessig • 6 EL Olivenöl • Salz • schwarzer Pfeffer

● Gurke waschen, schälen, längs halbieren und in ½ cm dicke Stücke schneiden. Paprika waschen, halbieren, Trennwände und Kerne herauslösen und das Fruchtfleisch würfeln. Tomaten waschen, halbieren, von Stielansätzen befreien und achteln.
● Frühlingszwiebeln waschen, putzen und in hauchdünne Ringe schneiden. Oliven abtropfen lassen und Feta mit den Händen zerkrümeln. Petersilie waschen und trocken tupfen. Die Blättchen von den Stielen zupfen und fein hacken.
● Alle vorbereiteten Zutaten in einer großen Salatschüssel mischen.
● Für das Dressing den Thymian waschen und trocken tupfen. Die Blättchen von den Stielen streifen. Knoblauch abziehen und sehr fein hacken.
● Essig und Öl in einen Becher geben. Thymian und Knoblauch zufügen und verrühren. Das Dressing mit Salz und Pfeffer abschmecken und über den Salat geben.

Kinderportion 3 gehäufte EL für Kinder, die schon gut kauen können.

Tipp Dazu passt Fladenbrot. Für einen griechischen Veggie-Burger können Sie das Fladenbrot vierteln, wie eine Tasche öffnen und mit einigen Löffeln Salat füllen.

Dieser Salat erfrischt an heißen Sommertagen
Taboulé

Für 4 Portionen • braucht etwas mehr Zeit
⏱ 30 Min. + 1 Std. Ziehzeit

200 g Bulgur • 400 ml Gemüsebrühe • 1 Bund Frühlingszwiebeln • 1 Salatgurke • 750 g Tomaten • 2 Bund glatte Petersilie • ½ Bund Minze • 1 Zitrone • 5 EL Olivenöl • Salz • schwarzer Pfeffer

● Bulgur in eine große Schüssel geben. Brühe aufkochen, den Bulgur damit übergießen und 10 Min. zugedeckt quellen lassen. Die Schüssel dabei abdecken.
● Frühlingszwiebeln waschen, putzen und in hauchdünne Ringe schneiden.
● Gurke waschen, schälen, längs halbieren, entkernen, in 1 cm große Würfel schneiden. Tomaten waschen, halbieren, von Stielansätzen befreien und würfeln.
● Frühlingszwiebeln, Gurke und Tomaten zum inzwischen ausgekühlten Bulgur geben und alles mischen.
● Petersilie und Minze waschen und trocken tupfen, die Blättchen von den Stielen zupfen und grob hacken. Alles unter den Salat mengen.
● Für das Dressing die Zitrone halbieren und auspressen. Den Zitronensaft in einen Becher geben, Öl zufügen und beides gut mischen. Mit Salz und Pfeffer würzen. Dressing und unter den Salat mischen.
● Taboulé vor dem Servieren etwa 1 Std. ziehen lassen.

Kinderportion 3 gehäufte EL

Variante Lecker schmecken gebratene Hähnchenbruststreifen dazu.

Gemüse

Das Angebot von frischem Gemüse ist heute nahezu unerschöpflich. Beim Einkauf sollte man auf Frische und regionale saisonale Ware achten, denn sie ist prallvoll mit Vitaminen und unschlagbar im Geschmack!

Einkauf

Auch wenn vieles ganzjährig angeboten wird, so ist einheimisches, saisonales Gemüse der Importware vorzuziehen. Achten Sie darauf, dass das Gemüse frisch und knackig aussieht. Es sollte frei von Druckstellen und Schimmelstellen sein.

Auberginen. Aufgrund des Solanins dürfen Auberginen nicht roh gegessen werden. Frische Früchte erkennen Sie an einer prallen, festen Haut. Früher war es üblich, die Auberginen nach dem Schneiden zu salzen, um ihnen die Bitterstoffe zu entziehen. Das ist heute überflüssig, denn in modernen Züchtungen sind die Bitterstoffe nicht mehr vorhanden. Auberginen brauchen beim Anbraten sehr viel Fett! Bratzeit: ca. 5–10 Min.

Blumenkohl und Brokkoli Frischekriterium ist für die beiden eng Verwandten ein saftiger Strunk. Beim Blumenkohl sollte man die Blätter vor dem Lagern entfernen. Für die Zubereitung den Strunk dicht unter der Blume abschneiden. Den Kohl waschen und in Röschen teilen, dann in wenig Wasser garen. Es reicht, den Topf 2 cm hoch mit Wasser zu füllen. Ein wenig Salz für den Geschmack und eine Viertelstunde Geduld – dann sind sie perfekt.

Fenchel. In feuchtes Küchenkrepp eingeschlagen hält Fenchel sich ein paar Tage im Gemüsefach des Kühlschranks. Für die Zubereitung den Fenchel waschen, Stiele mit Blättchen wegschneiden, halbieren, Strunk entfernen und in Streifen schneiden. In wenig Salzwasser ca. 3 Min. blanchieren oder ca. 10 Min. dünsten.

Gurke. Prall und wenig elastisch – so muss eine frische Gurke sein. Im Gemüsefach halten sich Gurken etwa fünf Tage. Als Schmorgemüse schälen, längs halbieren und mit einem Löffel die Kerne heraushöhlen. In fingerdicke Scheiben schneiden und 7 Min. dünsten.

Knollensellerie bleibt im Gemüsefach des Kühlschranks bis zu zwei Wochen frisch. Sellerie waschen, mit einem kleinen Küchenmesser schälen, dann würfeln. Blanchiert ist er in 6 Min., gedünstet in 20 Min.

Kohlrabi. Sind die Blätter saftig und knackig, dann ist Kohlrabi noch frisch. Die Blätter entfernen, dann kann Kohlrabi drei Tage im Gemüsefach des Kühlschranks lagern. Für die Zubereitung den Kohlrabi waschen, schälen und würfeln. Zum Blanchieren benötigt er ca. 5 Min. und zum Dünsten ca. 12 Min.

Kürbis. Im Ganzen lässt sich der Kürbis im dunklen, kühlen Keller mehrere Wochen lagern. Aufgeschnitten lagert er am besten im Gemüsefach des Kühlschranks und sollte dann innerhalb der nächsten drei Tage verbraucht werden. In Stücke teilen, schälen (beim Hokkaido kann die Schale mitgegessen werden), entkernen, klein schneiden und ca. 15 Min. dünsten.

Lauch. Unbeschädigte, feste Blätter kennzeichnen eine frische Lauchstange. Im Kühlschrank oder Keller lässt sie sich nahezu eine Woche frisch halten. Vor der Zubereitung die harten Außenblätter entfernen. Wurzelende und oberes Drittel des Grüns wegschneiden. Stangen gründlich waschen, dazu den oberen Teil halbieren. In Ringe oder Streifen schneiden. In 2 Min. blanchieren und in 10 Min. dünsten.

Möhren. Wer Bundmöhren kauft, darf nicht vergessen, das Grün vor dem Lagern zu entfernen, sonst sind die Möhren schon nach zwei Tagen weich. Auch ohne Grün lassen sie sich nicht länger als eine Woche lagern. Herbst- und Wintermöhren ohne Grün halten es durchaus länger im Gemüsefach aus. Die Möhren waschen, Wurzelende und Grünansatz abschneiden, Möhren mit einem Sparschäler schälen und in Scheiben schneiden oder würfeln. Blanchiert sind sie in ca. 5 Min., gedünstet in 15 Min.

Paprika. Eine glänzende und glatte Haut ist das Merkmal für Frische bei der Paprika. Im Gemüsefach des Kühlschranks lässt sie sich bis zu fünf Tage frisch halten. Die Schote waschen, halbieren, Stielansatz, weiße Scheidewände und Kerne entfernen. In Streifen oder mundgerechte Stücke schneiden. In 8 Min. dünsten.

Spargel. Die Schnittstelle verrät, wie frisch der Spargel ist. Ist sie angetrocknet, liegt die Ware schon länger. In ein feuchtes Tuch eingewickelt, lässt sich Spargel zwei Tage im Gemüsefach lagern. Weißen Spargel waschen und dünn mit dem Sparschäler schälen, das untere angetrocknete Ende ein wenig wegschneiden, in viel Wasser etwa 18–20 Min. garen. Bei grünem Spargel nur das untere Drittel schälen und das untere angetrocknete Ende wegschneiden, dann in viel Wasser in 15 Min. garen.

Frühlingsspinat mit seinen zarten Blättern sollte man gar nicht lagern, Winterspinat mit seinen robusten Blättern hält es im Gefrierbeutel verpackt etwa zwei Tage im Gemüsefach des Kühlschranks aus. Den Spinat gründlich im Waschbecken waschen, welke Blätter entfernen, bei großen Blättern die harten Stiele herausschneiden. Blätter klein hacken. In 2 Min. blanchieren und 5 Min. dünsten.

Frische Stangenbohnen sind frei von braunen Stellen und haben ein knackiges Aussehen. Im Gemüsefach des Kühlschranks lassen sie sich drei Tage lagern. Ungekocht sind grüne Bohnen ungenießbar, sie enthalten den Giftstoff Phasin, der durchs Kochen zerstört wird. Bohnen in stehendem Wasser gründlich waschen. Beide Enden abschneiden. Je nach Verwendung und Bohne in mundgerechte Stücke schneiden. In wenig Salzwasser in ca. 5 Min. blanchieren oder in 10–15 Min. dünsten.

Tomaten verlieren im Kühlschrank ihr Aroma. Legen Sie die roten Früchte daher nach dem Einkauf auf einen Teller an einen kühlen und dunklen Ort, zum Nachreifen auch gerne in die Sonne. Waschen, halbieren, Stielansatz entfernen und klein würfeln oder in Scheiben schneiden. In ca. 5 Min. dünsten.

86 Rezepte für die ganze Familie : Salate und Gemüse

Salate und Gemüse : Rezepte für die ganze Familie

Interessant: mit Kreuzkümmel
Spinat »asiatisch«

Für 2–3 Portionen • gelingt leicht
⊘ 15 Min.

500 g Spinat • 1 Knoblauchzehe • 1 Stück Ingwer (1 cm) • 1 EL Olivenöl • 1 Prise Salz • schwarzer Pfeffer • etwas gemahlener Kreuzkümmel

● Spinat gründlich waschen, putzen und die Stiele von großen Blättern entfernen. Den Spinat grob hacken. Knoblauch und Ingwer schälen und fein hacken.
● Das Öl in einem Topf erhitzen. Spinat, Ingwer und Knoblauch hineingeben und zugedeckt etwa 5 Min. dünsten. Mit Salz, Pfeffer und Kreuzkümmel würzen.

Kinderportion 3 gehäufte EL

Varianten Der Spinat passt gut zu kurzgebratenem Fleisch oder Fisch. Für die vegetarische Variante können Sie 450 g Kichererbsen (aus der Dose) und 200 g gewürfelten Feta in den Spinat geben.

Jetzt wird's auf dem Teller bunt
Möhren-Kohlrabi-Gemüse

Für 3 Portionen • gut vorzubereiten
⊘ 25 Min.

4 Zweige frische Gartenkräuter (z. B. Petersilie, Schnittlauch, Basilikum, Kerbel) • 250 g Möhren • 1 Kohlrabi • 1 EL Olivenöl • 100 ml Gemüsebrühe • 1 Prise Salz • schwarzer Pfeffer

● Gartenkräuter waschen, trocken schütteln und grob hacken.
● Möhren und Kohlrabi putzen, schälen und in kleine Stücke schneiden.
● Das Öl in einem Topf erhitzen. Möhren und Kohlrabi dazugeben und kurz anbraten. Die Gemüsebrühe dazugießen und das Gemüse etwa 15 Min. mit geschlossenem Deckel dünsten.
● Zum Schluss die Kräuter untermischen und das Gemüse mit Salz und Pfeffer würzen.

Kinderportion 4 gehäufte EL

Tipp Das Gemüse passt gut zum Sonntagsbraten mit viel Sauce und Salzkartoffeln.

Mit Tomaten eine leckere Kombi
Indischer Blumenkohl

4 Portionen • gelingt leicht
⊘ 25 Min.

1 Blumenkohl • 2 Tomaten • 1 EL Rapsöl • 1 EL Currypulver • etwas Salz • etwas gemahlener Kreuzkümmel • schwarzer Pfeffer

● Blumenkohl waschen, putzen und in kleine Röschen zerteilen. Diese in leicht gesalzenem Wasser etwa 15 Min. garen. Das Kochwasser abgießen und die Blumenkohlröschen mit sehr kaltem Wasser abschrecken.
● Inzwischen die Tomaten waschen, halbieren, Stielansätze entfernen und grob würfeln. Das Öl in einer beschichteten Pfanne erhitzen. Blumenkohl hineingeben, Currypulver zufügen und anbraten. Die Tomatenwürfel zugeben und alles 5 Min. braten. Mit Salz, Kreuzkümmel und Pfeffer abschmecken.

Kinderportion 3 gehäufte EL

Variante Statt des frischen Blumenkohls mit Tomaten können Sie eine TK-Gemüsemischung aus Blumenkohl, Brokkoli und Möhren verwenden.

◂ Möhren-Kohlrabi-Gemüse

Urlaubsgrüße aus dem Süden
Ratatouille

Für 3 Portionen • geht schnell
⏱ 15 Min.

1 Aubergine • 1 Zucchini • 1 Paprikaschote • 1 EL Olivenöl • 1 kleine Dose Tomaten • 1 EL Kräuter der Provence • etwas Salz • schwarzer Pfeffer

● Aubergine und Zucchini putzen, waschen, längs halbieren und in Scheiben schneiden. Paprika waschen, Trennwände und Kerne herauslösen und in gleichmäßige Würfel schneiden.
● Das Olivenöl in einem Topf erhitzen, Aubergine, Zucchini und Paprika zufügen und andünsten. Die Tomaten etwas zerkleinern und zusammen mit dem Saft dazugeben. Die Kräuter zufügen und das Gemüse etwa 10 Min. einkochen lassen. Zum Schluss mit Salz und Pfeffer würzen.

Kinderportion 5 gehäufte EL

Tipp Zu Ratatouille schmecken Reis oder Nudeln. Auch kurzgebratenes Lamm- oder Rindfleisch passen sehr gut!

Tolles Fingerfood
Ofengemüse mit Kartoffeln

Für 4 Portionen • braucht etwas mehr Zeit
⏱ 10 Min + 40 Min. Backzeit

800 g Kartoffeln • 200 g Champignons • 2–3 rote Paprikaschoten • 1 Bund Frühlingszwiebeln • 4 EL Olivenöl • Salz • Pfeffer • 1–2 TL getrockneter Thymian

● Backofen auf 180 °C vorheizen.
● Kartoffeln waschen, schälen und in 2–3 cm große Würfel schneiden. Champignons mit Küchenkrepp abreiben und vierteln. Paprika waschen, putzen und in Stücke schneiden. Frühlingszwiebeln waschen, putzen und in Ringe schneiden.
● Kartoffeln, Champignons, Paprika und Frühlingszwiebeln auf ein Backblech geben. Das Öl darüberträufeln. Mit Salz, Pfeffer und Thymian würzen. Gut durchmischen und gleichmäßig auf dem Blech verteilen.
● Das Gemüse auf der mittleren Schiene etwa 40 Min. garen. Nach der Hälfte der Garzeit einmal wenden.

Kinderportion 5 gehäufte EL

Wärmt schön von innen
Kürbisauflauf

Für 4 Portionen • braucht etwas mehr Zeit
⏱ 20 Min + 20 Min. Backzeit

1 kg Butternut-Kürbis • 150 g Emmentaler • 2 EL Olivenöl • Salz • schwarzer Pfeffer • 1 Prise Muskat • 2 Eier • 125 g süße Sahne

● Den Kürbis schälen, halbieren, die Kerne mit einem Löffel entfernen und das Kürbisfleisch grob raspeln. Käse reiben.
● Das Öl in einer beschichteten Pfanne erhitzen und die Kürbisraspel darin 2–3 Min. anbraten.
● Backofen auf 200 °C vorheizen.
● Kürbisraspel und Käse abwechselnd in eine Auflaufform schichten. Jede Schicht mit Salz, Pfeffer und Muskat würzen. Die Eier mit der Sahne verquirlen und über die Kürbis- und Käseraspel gießen. Den Auflauf im Backofen 20 Min. backen.

Kinderportion 4 gehäufte EL

Tipp Als Sommergericht können Sie anstelle von Kürbis auch Zucchini verwenden.

⇨ Ofengemüse mit Kartoffeln

Lässt sich gut vorbereiten
Sommerliches Ofengemüse

Für 4 Portionen • gut vorzubereiten
🕐 10 Min.+ 30 Min. Backzeit

1–2 Zucchini • je 1 rote und 1 gelbe Paprikaschote • 4 Möhren • Salz • Pfeffer • 3 EL Olivenöl • ½ Bund Petersilie

- Den Backofen auf 180 °C vorheizen.
- Zucchini, Paprika und Möhren waschen, putzen, in Stücke schneiden und auf ein Backblech geben.
- Das Öl über das Gemüse träufeln und mit Salz und Pfeffer würzen. Alles gut durchmischen und gleichmäßig auf dem Blech verteilen.
- Das Ofengemüse im Backofen der mittleren Schiene etwa 30 Min. Nach der Hälfte der Garzeit einmal wenden.
- Petersilie waschen, trocken tupfen, die Blättchen von den Stielen zupfen und fein hacken.
- Das Gemüse aus dem Ofen nehmen und die Petersilie darübergeben.

Kinderportion 3 gehäufte EL

Tipp Im Herbst kann man das Ofengemüse mit Kürbis und Pilzen zubereiten. Auch mit Süßkartoffeln oder Steckrüben schmeckt es wunderbar.

Ein Klassiker, den alle lieben
Brokkoli-Schinken-Pfanne

Für 4 Portionen • gelingt leicht
🕐 25 Min.

800 g Brokkoli • 1 Zwiebel • 80 g gekochter Schinken • 2 EL Rapsöl • 125 ml Sahne • 2 EL Senf • Salz • Pfeffer

- Brokkoli putzen und in Röschen teilen, die Stiele entfernen. Etwas Salzwasser in einem großen Topf erhitzen und die Brokkoliröschen darin bei geschlossenem Deckel etwa 6 Min. garen.
- Danach das Kochwasser abgießen, den Brokkoli in einem Sieb abtropfen und abkühlen lassen.
- Zwiebel abziehen und fein hacken. Den gekochten Schinken in feine Würfel schneiden.
- Das Öl in einer großen Pfanne erhitzen und die Zwiebeln darin andünsten. Brokkoli hinzufügen. Die Sahne angießen und den Senf einrühren. Zum Schluss den Schinken zugeben und erwärmen. Alles mit Salz und Pfeffer abschmecken.

Kinderportion so viel, dass zwei Kinderhände mit dem Gemüse gefüllt wären

Variante Statt Brokkoli können Sie auch Blumenkohl nehmen.

Schmeckt auch in der kalten Jahreszeit
Sommerlicher Gemüseauflauf

Für 4 Portionen • braucht etwas mehr Zeit
⏱ 40 Min. + 40 Min. Backzeit

700 g Kartoffeln (vorwiegend festkochend) • Salz • 2 Zucchini • 200 g Champignons • 2 Zwiebeln • 3 EL Rapsöl • 100 g Kirschtomaten • 4 Eier • 250 ml Milch • Pfeffer • 1 TL Paprikapulver (edelsüß) • 50 g Gouda • ½ Bund Petersilie

● Kartoffeln gründlich waschen und in Salzwasser 20–25 Min. garen. Danach das Wasser abgießen und die Kartoffeln etwas abkühlen lassen.
● Inzwischen die Zucchini waschen, putzen und in Scheiben schneiden. Champignons putzen und halbieren. Zwiebeln abziehen und in Ringe schneiden.
● Backofen auf 200 °C vorheizen. 1 EL Rapsöl in einer Pfanne erhitzen. Zwiebeln darin anbraten und aus der Pfanne nehmen.
● 1 EL Rapsöl in die Pfanne geben, erhitzen, die Zucchini darin kurz anbraten und ebenfalls aus der Pfanne nehmen. Restliches Rapsöl in der Pfanne erhitzen und die Champignons darin 1–2 Min. scharf anbraten.
● Kirschtomaten abspülen. Die Eier mit Milch verquirlen und mit Salz, Pfeffer und Paprikapulver würzen.
● Kartoffeln schälen und in Scheiben schneiden.
● Eine Auflaufform mit Rapsöl einfetten. Kartoffeln, Zwiebeln, Zucchini, Champignons und Kirschtomaten hineinschichten. Die Eiermilch darübergießen. Gouda mit einer Käsereibe darüberreiben. Im Backofen etwa 40 Min. backen.
● Petersilie waschen, trocken tupfen, die Blättchen von den Stielen zupfen und fein hacken. Den Auflauf aus dem Backofen nehmen und mit Petersilie bestreut servieren.

Kinderportion 4 gehäufte EL

Für Fenchelfans und solche, die es werden wollen
Ofengemüse »italienisch«

Für 4 Portionen • gelingt leicht
⏱ 10 Min. + 30 Min. Backzeit

2 Fenchelknollen • 4 kleine Zwiebeln • 250 g Cocktailtomaten • 3 EL Olivenöl • Salz • Pfeffer

● Den Backofen auf 180 °C vorheizen.
● Fenchel putzen, waschen, Strunk entfernen und in Streifen schneiden. Zwiebeln abziehen und in Spalten schneiden. Tomaten waschen und halbieren.
● Gemüse auf ein Blech geben, mit dem Öl beträufeln und mit Salz und Pfeffer würzen. Alles gut durchmischen und gleichmäßig auf dem Blech verteilen.
● Das Ofengemüse auf mittlerer Schiene etwa 30 Min. garen. Nach der Hälfte der Garzeit einmal wenden.

Kinderportion 3 gehäufte EL

Tipp Gratinieren Sie das Gemüse mit Mozzarella: Mozzarella in Scheiben schneiden, das Gemüse kurz vor Ende der Garzeit auf dem Blech zusammenschieben, Mozzarella darauf verteilen und kurz überbacken.

Rezepte für die ganze Familie : Salate und Gemüse

Schon die alten Ritter liebten Hirse mit Gemüse
Hirse-Möhren-Auflauf

Für 4 Personen • braucht etwas mehr Zeit
⏱ 40 Min. + 20 Min. Backzeit

150 g Hirse • 2 EL Rapsöl • 400 ml Gemüsebrühe • 2 Zwiebeln • 300 g Möhren • 300 g Brokkoli • ½ Bund Petersilie • Salz • schwarzer Pfeffer • 1 Prise Muskat • 250 g Quark • 4 Eier • 20 g Butter • 50 g geriebener Parmesan

● Die Hirse in einem Sieb abspülen, abtropfen lassen.
● 1 EL Öl in einem großen Topf erhitzen und die Hirse darin andünsten. Die Gemüsebrühe zufügen. Alles kurz aufkochen lassen und zugedeckt bei geringer Hitze etwa 10 Min. garen. Dann Herd ausschalten und die Hirse 20 Min. ausquellen lassen.
● Den Backofen auf 200 °C vorheizen.
● Zwiebeln abziehen und fein würfeln. Möhren schälen und grob raspeln. Brokkoli putzen. In kleine Röschen teilen und den dicken Strunk schälen. Petersilie waschen. Blättchen von den Stielen zupfen und fein hacken.
● 1 EL Öl in einer beschichteten Pfanne erhitzen, die Zwiebeln glasig dünsten. Möhren und Brokkoli zufügen und andünsten. Mit Salz, Pfeffer und Muskat würzen.
● Quark und Eier zur Hirse geben und unterrühren. Die Hälfte der Petersilie zugeben und alles mit Salz, Pfeffer und Muskat abschmecken.
● Eine flache Auflaufform mit etwas Butter einfetten. Die Hirsemasse und das Gemüse abwechselnd einschichten. Die letzte Schicht mit Parmesan bestreuen und die übrige Butter in Flöckchen darauf verteilen.
● Den Auflauf auf der mittleren Schiene etwa 20 Min. goldgelb backen. Vor dem Servieren mit der restlichen Petersilie bestreuen.

Kinderportion 4 gehäufte EL

Coole Kombi aus Brei und Gemüse
Grießauflauf mit Fenchel und Tomaten

Für 4 Portionen • braucht etwas mehr Zeit
⏱ 40 Min. + 30 Min. Backzeit

400 ml Milch • 400 ml Gemüsebrühe • 150 g Maisgrieß • 2 Fenchelknollen • 4 Tomaten • 2 EL Rapsöl • 100 g geriebener Parmesan • Salz • Pfeffer • 2 Eiweiß • 100 g Sahne

● Milch und Gemüsebrühe in einem Topf zum Kochen bringen. Den Maisgrieß einstreuen und bei niedriger Temperatur mit geschlossenem Deckel etwa 30 Min. quellen lassen, dabei gelegentlich umrühren.
● Inzwischen Fenchel waschen, putzen und in Spalten schneiden. Etwas leicht gesalzenes Wasser in einem Topf erhitzen und dann den Fenchel darin etwa 5 Min. dünsten.
● Tomaten waschen, halbieren, von den Stielansätzen befreien und in Spalten schneiden.
● Den Backofen auf 200 °C vorheizen.
● Das Rapsöl und den Parmesan in den Grieß rühren. Mit Salz und Pfeffer kräftig würzen. Die Eiweiße steif schlagen und unter den Grieß heben.
● Auflaufform einfetten. Grieß, Fenchel und Tomaten schichtweise hineingeben. Mit Grießmasse abschließen.
● Sahne steif schlagen und auf den Auflauf streichen. Den Auflauf auf der mittleren Schiene etwa 30 Min. goldgelb backen.

Kinderportion 4 gehäufte EL

Tipp Fenchel zubereiten: Entfernen Sie zunächst die Stiele und halbieren Sie die Knolle. Schneiden Sie den Strunk keilförmig heraus. Schneiden Sie die Fenchelknolle in Streifen oder Stücke und bereiten Sie sie nach Rezept zu.

❯ Grießauflauf mit Fenchel und Tomaten

Aus dem Topf

Deftig oder leicht, klar oder gebunden – Suppen und Eintöpfe gehören auf jeden Familientisch. Sie sind schnell zubereitet und sehr variabel, ideal für eine flexible Familienküche! Besonders toll: Suppen lassen sich super einfrieren.

Grundrezepte für Brühe

Eine Brühe lässt sich leicht selbst zubereiten. Was Sie mitbringen müssen, ist ein wenig Zeit. Für Ungeduldige kann der Schnellkochtopf eine Alternative sein. Mit ihm lässt sich die Suppe auch in 30 Min. zubereiten. Wichtig ist, dass Sie die Zutaten kalt aufsetzen und gleich genug Gewürze und Salz hinzugeben, damit die Suppe Aroma bekommt.

Fleischbrühe (Fond)

Für ca. 2 l • braucht etwas mehr Zeit
⏱ 10 Min. + 2 Std. Kochzeit

2 Zwiebeln • 1 große Möhre • 1 Petersilienwurzel • 150 g Knollensellerie (oder 2 Stangen Staudensellerie) • 1 Zweig Thymian • 1 dicke Stange Lauch • 1 ½ kg Rinderknochen (in Stücke gehackt) • 2 EL Butter • 2 Lorbeerblätter • 1 EL Salz • 5 schwarze Pfefferkörner

● Zwiebel, Möhre, Sellerie und Petersilienwurzel schälen und in etwa 2 cm große Stücke schneiden. Lauch putzen, waschen und ebenfalls in kleine Stücke schneiden. Thymian waschen und trocken schütteln.
● Die Knochen waschen. Butter in einem großen Topf schmelzen lassen, Knochen und Gemüse darin anschwitzen, sodass es etwas Farbe annimmt.
● Etwa 3 l kaltes Wasser dazugeben und zum Kochen bringen. Thymianzweig, Gewürze und Salz hinzufügen.
● Die Brühe zugedeckt etwa 2 Std. bei geringer Hitze kochen lassen und den entstehenden Schaum abschöpfen. Zum Schluss den Fond durch ein Sieb gießen und weiterverwenden.

Suppeneinlagen

Nudeln aller Art finden bei Kindern immer großen Anklang. Maultaschen und Spätzle haben ebenfalls einen immer größeren Verbreitungsgrad. Werden die Nudeln nur warm gemacht, ist die Brühe dafür bestens geeignet. Werden die Nudeln gekocht, dann sollte dies separat in leicht gesalzenem Wasser geschehen – so bleibt die Brühe klar.

Gemüsestreifen (Julienne): Eine gesunde Suppeneinlage ist streichholzdünn geschnittenes Gemüse, z. B. Möhre, Sellerie, Kohlrabi und Zucchini. Das Gemüse wird zuerst gewaschen, dann in feine Scheiben und anschließend in feine Streifen geschnitten. Ein großes Gemüsemesser erleichtert das Schneiden. Die streichholzdünn geschnittenen Gemüsestreifen können direkt in der

Suppe gegart werden und sind meist schon nach einer Minute gar.

Alternativ – Gemüsefigürchen: Mit Miniplätzchenausstechern kann man ebenfalls dünne Gemüsescheiben, insbesondere aus dicken Möhren oder Kohlrabi, ausstechen und dann 3 Min. in der Suppe garen. Das finden Kinder natürlich viel interessanter als langweilige Streifen.

Flädle: Pfannkuchen nach Grundrezept (Seite 109) zubereiten und in Streifen geschnitten in der Suppe erwärmen.

Zwiebackklößchen

Für 24 Stück • gut vorzubereiten
⏱ 10 Min.

40 g Semmelbrösel • 1 EL Butter • 1 frisches Ei • Salz, schwarzer Pfeffer

● Semmelbrösel in eine Schüssel geben. Butter und Ei dazugeben und aus den Zutaten einen Teig kneten. Eventuell noch 1 EL Wasser hinzufügen. Mit Salz und Pfeffer abschmecken. Aus der Masse etwa 24 kirschgroße Klößchen formen. Diese in leicht siedendem Salzwasser gar ziehen lassen.

Eierstich

Für 4 Portionen • gut vorzubereiten
⏱ 10 Min.

2 frische Eier • 4 EL süße Sahne • Salz, schwarzer Pfeffer • 1 Msp. Muskat

● Eier mit Sahne, Salz, Pfeffer und Muskat verquirlen. In einen Gefrierbeutel geben und darin in heißem, aber nicht kochendem Wasser stocken lassen. Den Eierstich in Würfel schneiden. Alternativ: in eine kleine Form geben und im Mikrowellengerät bei 600 Watt etwa 4 Min. garen.

Gebundene Gemüsesuppe

Für 4 Portionen • gut vorzubereiten
⏱ 30 Min.

500 g Gemüse (z. B. Möhren, Blumenkohl, Brokkoli, Fenchel, Paprika, Lauch) • 2 Kartoffeln • 1 Zwiebel • 1 EL Rapsöl • 1 l Gemüsebrühe • 100 g Crème fraîche • Salz, Pfeffer • Muskat • frische fein gehackte Kräuter (z. B. Petersilie, Schnittlauch, Estragon, Majoran)

● Gemüse waschen und putzen. Kartoffeln waschen und schälen. Alles in Stücke schneiden. Zwiebel abziehen und fein hacken.
● Rapsöl in einem Topf erhitzen, Zwiebel darin glasig dünsten, Gemüse und Kartoffeln hinzufügen und mitdünsten. Die Brühe aufgießen und alles einmal aufkochen lassen.
● Die Temperatur reduzieren, das Gemüse etwa 20 Min. kochen und anschließend mit einem Stabmixer pürieren. Crème fraîche unterziehen und mit Salz, Pfeffer und Muskat sowie frischen, fein gehackten Kräutern würzen.

Küchenhelfer bei zu dünner Suppe!

● Gebundene Suppen, wie Creme- oder Sahnesuppen, können Sie mit Eigelb und Sahne legieren. Dazu wird ein Eigelb mit etwa 4 EL Sahne verquirlt. Darunter rührt man dann ein paar EL warme Suppe. Dann gibt man die Mischung unter Rühren in die heiße, aber nicht mehr kochende Suppe.
● Ein wenig Grieß in die Suppe oder den Eintopf rühren und unter Rühren ausquellen lassen.
● 1–2 EL Fertig-Kartoffelpüreepulver in die heiße Suppe oder den Eintopf rühren oder eine geschälte Kartoffel in die heiße Suppe oder den Eintopf reiben.
● Etwa 2 EL Mehl mit 2 EL Butter verkneten und damit eine gebundene Suppe andicken. Dann muss die Suppe nochmals kochen, damit sich der Mehlgeschmack verliert.
● 2 EL Speisestärke mit etwas kaltem Wasser anrühren. In die Suppe einrühren, einmal aufkochen lassen.

Lecker an verregneten Apriltagen
Kohlrabi-Schnittlauch-Suppe

Für 4 Portionen • gut vorzubereiten
⏱ 30 Min.

2 Kohlrabiknollen • 2 große Kartoffeln • 1 Bund Frühlingszwiebeln • 1 EL Rapsöl • 800 ml Gemüsebrühe • 100 g Gorgonzola • 1 Bund Schnittlauch • Salz • schwarzer Pfeffer • 1 Zitrone

● Kohlrabi und Kartoffeln schälen und in Würfel schneiden. Frühlingszwiebeln putzen und in feine Ringe schneiden.
● Das Öl in einem Topf erhitzen, Kohlrabi- und Kartoffelwürfel darin andünsten. Die Frühlingszwiebeln zugeben, kurz mitdünsten und dann die Gemüsebrühe zugießen. Alles etwa 20 Min. zugedeckt köcheln lassen.
● Schnittlauch waschen und in Röllchen schneiden. Gorgonzola mit einer Gabel zerpflücken. Zitrone halbieren und den Saft auspressen.
● Den Topf vom Herd nehmen, den Gorgonzola unterrühren und die Suppe pürieren. Mit Salz, Pfeffer und Zitronensaft abschmecken.
● Vor dem Servieren die Schnittlauchröllchen unterrühren.

Kinderportion 1 Kaffeetasse voll Suppe

Die kleine Hexe kocht sie auch
Petersilien-Kartoffel-Suppe

Für 4 Portionen • gut vorzubereiten
⏱ 30 Min.

500 g Petersilienwurzel • 400 g Kartoffeln • 2 Knoblauchzehen • 2 EL Rapsöl • 100 ml Apfelsaft • 1 l Gemüsebrühe • ½ Bund Petersilie • 100 g saure Sahne • Salz • Pfeffer

● Petersilienwurzeln und Kartoffeln waschen, schälen und in 2 cm große Würfel schneiden. Knoblauch abziehen und fein hacken.
● Das Rapsöl in einem Topf erhitzen, die Gemüsewürfel hinzugeben und andünsten. Knoblauch zugeben und kurz mitbraten. Dann alles mit Apfelsaft und Brühe ablöschen. 15 Min. köcheln lassen. Den Topf vom Herd nehmen und die Suppe mit einem Stabmixer pürieren.
● Petersilie waschen und trocken tupfen. Die Blättchen von den Stielen zupfen und fein hacken.
● Saure Sahne und Petersilie in die Suppe rühren und mit Salz und Pfeffer abschmecken.

Kinderportion 1 Kaffeetasse voll Suppe

Die cremigste Suppe der Welt
Möhren-Blumenkohl-Suppe

Für 4 Portionen • gelingt leicht
⏱ 30 Min.

1 Zwiebel • 300 g Möhren • 1 kleiner Blumenkohl • 1 EL Rapsöl • 800 ml Gemüsebrühe • 100 g Doppelrahmfrischkäse • Salz • Pfeffer • 1 Prise Muskat

● Zwiebel schälen und fein hacken. Möhren waschen, putzen und fein würfeln. Blumenkohl putzen, waschen und in kleine Röschen zerteilen.
● Das Öl in einem Topf erhitzen, die Zwiebel darin glasig dünsten. Blumenkohl und Möhren hinzufügen und kurz mitdünsten, dann mit Gemüsebrühe ablöschen und etwa 20 Min. köcheln lassen. Topf vom Herd nehmen und die Suppe mit einem Stabmixer pürieren. Den Frischkäse einrühren. Mit Salz, Pfeffer und Muskat abschmecken.

Kinderportion 1 Kaffeetasse voll Suppe

Eltern-Extra Schmecken Sie die Suppe mit etwas Meerrettich ab.

▸ Kohlrabi-Schnittlauch-Suppe

Schmeckt zu jeder Jahreszeit
Champignoncremesuppe

Für 4 Portionen • gelingt leicht
⏱ 30 Min.

1 Zwiebel • 250 g Champignons • 2 EL Rapsöl • 50 g Speckwürfel • 2 EL Mehl • 800 ml Fleischbrühe • 1 Zweig Thymian • Salz • schwarzer Pfeffer • 1 Prise Muskat

● Die Zwiebel abziehen und fein hacken. Die Champignons putzen und in Scheiben schneiden.
● Das Öl in einem Topf erhitzen und die Speckwürfel darin knusprig braten. Die Speckwürfel herausnehmen und beiseitestellen. Die Zwiebel in die Pfanne geben und im übrigen Fett glasig dünsten. Die Champignons zufügen, anbraten, dann mit Mehl bestäuben und kurz anschwitzen. Die Fleischbrühe angießen, den Thymianzweig hinzufügen und alles 20 Min. köcheln lassen.
● Topf vom Herd nehmen. Den Thymianzweig entfernen und die Suppe mit einem Stabmixer pürieren. Mit Salz, Pfeffer und Muskat abschmecken.
● Die Suppe auf 4 Teller verteilen und zum Schluss die Speckwürfel darübergeben.

Kinderportion 1 Kaffeetasse voll Suppe

Gibt neue Power
Basilikum-Spinat-Suppe

Für 4 Portionen • gelingt leicht
⏱ 20 Min.

300 g TK-Rahmspinat • 2 Bund Basilikum • 2 Zwiebeln • 2 Knoblauchzehen • 2 EL Olivenöl • 1 EL Mehl • ¾ l Gemüsebrühe • 100 g Sahne • Salz • schwarzer Pfeffer • 1 Prise Muskat

● Spinat auftauen. Das Basilikum waschen und vier schöne Zweigspitzen beiseitelegen. Vom restlichen Basilikum die Blätter von den Stielen zupfen und klein schneiden. Zwiebeln und Knoblauch schälen und fein hacken.
● Das Öl in einem großen Topf erhitzen, Zwiebeln und Knoblauch darin andünsten. Mit dem Mehl bestäuben und mit Brühe angießen. Rahmspinat dazugeben und kurz aufkochen. Topf vom Herd nehmen. Basilikum zufügen.
● Die Suppe pürieren. Die Sahne unterrühren und mit Salz, Pfeffer und Muskat abschmecken. Mit den Basilikumspitzen dekorieren.

Kinderportion 1 Kaffeetasse voll Suppe

Eltern-Extra Geben Sie etwas gewürfelten Gorgonzola in Ihre Portion.

Wenn der Hunger groß ist
Schnelle Kartoffelsuppe

Für 4 Portionen • gut vorzubereiten
⏱ 30 Min.

600 g Kartoffeln • 200 g Möhren • 1 dicke Stange Lauch • 150 g Knollensellerie • 1¼ l Gemüsebrühe • 2 EL getrockneter Thymian • ½ TL Salz • schwarzer Pfeffer • 1 Prise Muskat • 3 Zweige glatte Petersilie

● Kartoffeln schälen, waschen und in Stücke schneiden. Die Möhren waschen, putzen und in etwa ½ cm dicke Scheiben schneiden. Lauch putzen und in Ringe schneiden. Knollensellerie schälen, waschen und in kleine Würfel schneiden.
● Die Kartoffel- und Gemüsestücke mit der Brühe in einen großen Topf geben und zum Kochen bringen. Mit Thymian würzen und etwa 20 Min. bei mittlerer Hitze kochen.
● Topf vom Herd nehmen und die Suppe pürieren. Mit Salz, Pfeffer und Muskat würzen.
● Petersilie fein hacken und vor dem Servieren in die Suppe geben.

Kinderportion 1 Kaffeetasse voll Suppe und ein halbes Wiener Würstchen

Tipp In diese Suppe gehören Wiener Würstchen.

Suppen und Eintöpfe : Rezepte für die ganze Familie

So beliebt wie Ketchup, nur gesünder
Süße Tomatensuppe

Für 4 Portionen • gelingt leicht
🕐 25 Min.

1 kleine Zwiebel • 2 mittelgroße Möhren • 1 EL Rapsöl • 1 Dose Tomaten (400 g) • ⅛ l Gemüsebrühe • 1 Zweig Thymian • 2 Zweige frisches Basilikum • 4 EL süße Sahne • etwas Salz • schwarzer Pfeffer • 1 TL Zucker

● Zwiebel schälen und fein hacken. Möhren waschen, putzen und fein würfeln. Blätter vom Thymian zupfen.
● Das Öl in einem Topf erhitzen, die Zwiebel mit den Möhrenwürfeln darin andünsten.
● Die Tomaten und die Brühe zugeben. Mit dem Thymian würzen. Das Ganze zum Kochen bringen und in etwa 15 Min. gar kochen. Topf vom Herd nehmen.
● Basilikum waschen, trocken tupfen, die Blättchen von den Stielen zupfen und fein hacken.
● Die Suppe mit einem Stabmixer pürieren. Mit Sahne, Salz, Pfeffer und Zucker abschmecken. Mit dem Basilikum garnieren.

Kinderportion 1 Kaffeetasse voll Suppe

Eltern-Extra Reichen Sie dazu einen Garnelenspieß. Drei Garnelen auf einen Schaschlikspieß piksen und in Olivenöl von beiden Seiten 2 Min. braten. Etwas Knoblauch mitbraten, salzen und pfeffern und zum Schluss mit frisch gehackter Petersilie bestreuen. Wenn Ihr Kind Interesse zeigt, lassen Sie es eine Garnele probieren!

Suppe der »Drei Chinesen mit dem Kontrabass«
Chinesische Nudelsuppe

Für 4 Portionen • braucht etwas mehr Zeit
🕐 30 Min.

30 g getrocknete Shiitakepilze • 1 Zwiebel • 2 rote Paprikaschoten • 250 g Hühnerbrustfilet • 2 EL Sojaöl • 1¼ l Hühnerbrühe • 4 EL Sojasauce • Salz • schwarzer Pfeffer • Paprikapulver (edelsüß) • 250 g asiatische Weizenmehlnudeln

● Shiitakepilze mit heißem Wasser übergießen und etwa 15 Min. quellen lassen. Aus dem Einweichwasser nehmen und in etwa ½ cm dünne Streifen schneiden.
● Zwiebel schälen und fein hacken. Paprikaschoten waschen, putzen und in Streifen schneiden. Hühnerbrustfilet gründlich unter fließendem Wasser waschen, trocken tupfen und in dünne Streifen schneiden.
● Das Öl in einem großen Topf erhitzen. Die Zwiebeln darin glasig dünsten. Paprika- und Pilzstreifen dazugeben, dann die Gemüsebrühe und das Einweichwasser der Pilze angießen.
● Die Suppe zum Kochen bringen, das Fleisch dazugeben und mit Sojasauce, Salz, Pfeffer und Paprika kräftig abschmecken. Die Suppe etwa 20 Min. köcheln lassen. Etwa 5 Min. vor Ende der Garzeit die Nudeln hinzugeben und gar kochen lassen. Zum Schluss die Nudeln mit einer Gabel auseinanderziehen.
● Die Suppe nochmals mit den Gewürzen und der Sojasauce abschmecken und auf vier tiefe Teller verteilen.

Kinderportion 1 kleiner Teller voll Suppe

Variante Mit frischen Shiitakepilzen schmeckt die Suppe noch besser. 250–300 g Pilze entsprechen der getrockneten Menge.

Gibt Kraft in Krisenzeiten

Bohneneintopf mit Fleischbällchen

Für 4 Portionen • braucht etwas mehr Zeit
⏱ 40 Min.

450 g Prinzessbohnen (TK) • 1 Zwiebel • 500 g Kartoffeln • 3 EL Olivenöl • 1 TL Thymian • 1 Dose geschälte Tomaten (800 g) • 500 ml Gemüsebrühe (Instant) • Salz • Pfeffer • Zucker • 4 Zweige Basilikum • 1 Grundrezept Frikadellen (Seite 138) • 4 EL geriebener Parmesan

- Die Bohnen auftauen lassen. Zwiebel abziehen und in Streifen schneiden. Kartoffeln waschen, schälen und in Stifte schneiden.
- Das Öl in einem Topf erhitzen, die Zwiebeln darin glasig dünsten. Kartoffeln und Thymian hinzufügen und kurz anbraten. Die Dosentomaten mit dem Saft und die Gemüsebrühe hinzufügen. Mit Salz, Pfeffer und Zucker abschmecken und etwa 10 Min. köcheln lassen.
- Inzwischen Basilikumblättchen von den Stielen zupfen und in Streifen schneiden.
- Die Bohnen in Stücke schneiden, in die Suppe geben und 5 Min. mitgaren.
- Walnussgroße Hackbällchen aus der Frikadellenmasse formen. Öl in einer Pfanne erhitzen und die Hackbällchen darin bei mittlerer Hitze braten.
- Die Suppe mit Salz, Pfeffer und Zucker abschmecken und zum Schluss die Hackbällchen hinzufügen. Dann in tiefe Teller geben und mit Parmesan und Basilikumstreifen bestreuen.

Kinderportion 1 kleiner Kinderteller mit 1 oder 2 Hackbällchen, 1 Scheibe Baguette

Variante Geben Sie anstelle von Parmesan gewürfelten Feta in die Bohnensuppe.

Der macht Lust auf noch mehr Sonne

Frühlingseintopf mit Grießklößchen

Für 4 Portionen • gelingt leicht
⏱ 30 Min.

½ l Vollmilch • ½ TL Salz • 150 g Grieß • 2 Eier • 3 EL geriebener Parmesan • 1 Msp. Muskat • 400 g Möhren • 2 Kohlrabiknollen • 2 Zweige krause Petersilie • 3–4 EL Worcestersauce • 1½ l Gemüsebrühe • 300 g feine Erbsen (tiefgekühlt) • schwarzer Pfeffer • Salz

- Die Milch mit dem Salz in einem Topf zum Kochen bringen. Grieß hineinrühren und einen sehr dicken Brei kochen. Topf vom Herd nehmen, den Brei etwas abkühlen lassen. Dann die Eier und den Parmesan unterrühren. Mit Salz und Muskat abschmecken.
- Salzwasser in einem Topf zum Sieden bringen. Mit zwei Esslöffeln Klößchen aus der Grießmasse stechen und im Wasser etwa 10 Min. gar ziehen lassen.
- Möhren und Kohlrabi putzen und waschen. Die Möhren in dünne Scheiben schneiden, den Kohlrabi in etwa ½ cm breite und 2 cm lange Stifte schneiden. Petersilie waschen, trocken tupfen und fein hacken.
- Die Brühe in einem Topf zum Kochen bringen, das Gemüse und die Erbsen hineingeben und zugedeckt bei mittlerer Hitze etwa 15 Min. kochen lassen.
- Zum Schluss den Eintopf mit Worcestersauce, Salz, Pfeffer und der gehackten Petersilie würzen. Die Grießklößchen auf 4 Suppenteller geben und mit dem Eintopf begießen.

Kinderportion 1 Suppenteller mit 3–4 Klößchen

Eltern-Extra Anstelle von Kohlrabi oder auch zusätzlich können Sie Spargelstücke in der Suppe garen.

❯ Frühlingseintopf mit Grießklößchen

Suppen und Eintöpfe : Rezepte für die ganze Familie 101

Schon die Farbe macht Appetit
Rote-Linsen-Suppe

Für 4 Portionen • gut vorzubereiten
⏱ 30 Min.

1 Zwiebel • 2 rote Paprikaschoten • 1 EL Rapsöl • 1 TL Currypulver • 150 g rote Linsen • 750 ml Gemüsebrühe • 200 ml Kokosmilch • ½ TL Salz • weißer Pfeffer • Saft ½ Zitrone

- Zwiebel abziehen und fein würfeln. Paprikaschoten waschen, putzen und grob zerkleinern.
- Das Rapsöl in einem Topf erhitzen, die Zwiebel darin glasig dünsten. Paprikaschoten zufügen und anbraten. Linsen hinzufügen. Alles mit Currypulver bestäuben und kurz andünsten. Mit der Brühe ablöschen und die Suppe etwa 20 Min. köcheln lassen.
- Topf vom Herd nehmen und die Suppe mit einem Stabmixer pürieren. Die Kokosmilch unterrühren und mit Salz, Pfeffer und Zitronensaft abschmecken.

Kinderportion 1 Kaffeetasse voll Suppe, 2 Streifen Lammfleisch (1 cm breit) und 1 Scheibe Brot (1-mal die Handfläche des Kindes)

Tipp Braten Sie dazu Lammstielkoteletts oder servieren Sie die Suppe mit Fladenbrot. So haben Sie eine komplette Mahlzeit.

Suppen und Eintöpfe : Rezepte für die ganze Familie

Auf Partys immer wieder der Renner
Chili con Carne

Für 4 Portionen • gut vorzubereiten
🕒 30 Min.

2 Zwiebeln • 2 Knoblauchzehen • 2 Paprikaschoten • 1 Dose Tomaten (800 g) • 1 Dose Mais (340 g) • 1 Dose Kidneybohnen (480 g) • 2 EL Rapsöl • 400 g Rinderhackfleisch • Salz • schwarzer Pfeffer • 1 TL Paprikapulver (edelsüß) • 2 EL Tomatenmark • 1 TL Kreuzkümmel (gemahlen) • 1 Prise Zucker • 4–6 Spritzer Tabasco

● Die Zwiebeln und den Knoblauch schälen und fein hacken. Paprikaschoten waschen, putzen und in Stücke schneiden.
● Die Tomaten aus der Dose abgießen, dabei den Saft in einer Schüssel auffangen und die Tomaten in Stücke schneiden. Mais und Kidneybohnen auf einem Sieb abtropfen lassen.
● Das Öl in einem großen Topf erhitzen, Zwiebeln und Knoblauch darin glasig dünsten. Das Hackfleisch hinzufügen und krümelig braten. Dann mit Salz, Pfeffer, Paprika und Tomatenmark würzen. Die Tomaten, den Tomatensaft, Mais und Kidneybohnen zufügen. Mit Kreuzkümmel würzen. Das Chili con Carne zum Kochen bringen und etwa 20 Min. bei geringer Hitze köcheln lassen. Zum Schluss mit einer Prise Zucker sowie Tabasco würzen. Eventuell mit den anderen Gewürzen nochmals abschmecken.

Kinderportion 1 kleiner Suppenteller. Vorsicht, wenn das kleine Kind mit solchen Gerichten noch nicht so vertraut ist!

Tipp Chili con carne lässt sich auch gut mit Gulaschfleisch zubereiten. Für die vegetarische Alternative können Sie statt des Fleischs Tofuwürfel nehmen.

Seit Generationen ein Lieblingsessen
Linseneintopf

Für 4 Portionen • braucht etwas mehr Zeit
🕒 1 Std. + Einweichzeit über Nacht

250 g Tellerlinsen • 400 g Kartoffeln • 300 g Möhren • 1 Stange Lauch • 1 l Brühe • 4 westfälische Mettenden • 2 EL Senf • Salz • schwarzer Pfeffer

● Die Linsen in einer Schüssel mit reichlich Wasser bedeckt über Nacht einweichen. Das Einweichwasser abgießen und die Linsen in etwa 1 l Wasser etwa 30 Min. bei mittlerer Hitze garen, eventuell zwischendurch abschäumen. Dann auf einem Sieb abtropfen lassen.
● Kartoffeln waschen, schälen und in 2 cm große Stücke schneiden. Möhren und Lauch waschen und putzen. Die Möhren längs halbieren und in ½ cm dicke Scheiben schneiden. Den Lauch in feine Ringe schneiden.
● Kartoffeln, Möhren, Lauch und Linsen in einen großen Topf geben, die Brühe dazu gießen. Zum Kochen bringen und 30 Min. gar kochen.
● Inzwischen die Mettenden in Scheiben schneiden und in den Eintopf geben. Den Linseneintopf mit Senf, Salz und Pfeffer abschmecken.

Kinderportion 1 kleiner Suppenteller. Vorsicht, wenn das kleine Kind mit solchen Gerichten noch nicht so vertraut ist!

Variante Statt Mettenden können Sie auch Kassler Aufschnitt, in Würfel geschnitten, in den Eintopf geben.

Eier

Das Ei ist besser als sein Ruf! Der hohe Cholesteringehalt hat das Ei in Verruf gebracht, doch heute weiß man, dass das Cholesterin im Essen gar nicht so wichtig ist für eine cholesterinbewusste Ernährung. Einmal pro Woche darf ein Eiergericht auf den Familientisch kommen.

Eier bewusst einkaufen!

In der gesamten Europäischen Union müssen Eier mit einem Erzeugercode gestempelt werden. Die Kennzeichnung setzt sich aus drei Zeichenfolgen zusammen, wie z. B. 1-DE-1234 501. Die erste Zahl steht für die Haltungsform: 0 = Biohaltung, 1 = Freilandhaltung und 2 = Bodenhaltung und 3 = Kleingruppenhaltung. Seit 2011 sind es keine Einzelkäfige, sondern Massenkäfige. Tierschützer klagen dies als unwürdig an. Die Buchstabenkombination gibt Auskunft über das Herkunftsland und die nachfolgende Zahlkombination ist der Betriebscode, aus dem sich auch das Bundesland entnehmen lässt.

Muss man Eier im Kühlschrank lagern?

Im Supermarkt stehen die meisten Eier ungekühlt im Regal. Eier besitzen eine natürliche Schutzschicht, die sogenannte Cuticula, die sie nach dem Legen 18 Tage lang haltbar macht. Nach diesem Zeitraum ist der natürliche Schutz aber nicht mehr aktiv und man muss die Eier im Kühlschrank lagern. Persönlich halte ich es für sinnvoll, seine Eier nach Kauf direkt im Kühlschrank zu lagern, da vermutlich nur wenige so gut organisiert sind, dass sie auf den Ablauf der achtzehntägigen Frist achten. Sind die Eier aber schon mal gekühlt worden, darf die Kühlkette vor dem Verzehr nicht mehr unterbrochen werden. Es besteht sonst die Gefahr, dass sich Kondenswasser auf der Schale bildet und die natürliche Barriere zerstört, sodass Keime in das Innere des Eis dringen können. Frisch gelegte Eier sind etwa 28 Tage haltbar. Gekochte Eier können bis zu 4 Wochen gelagert werden.

Sind Bio-Eier gesünder?

Da es keine direkte Untersuchung über den Gesundheitswert von Bio-Eiern gibt, lässt sich die Frage nicht eindeutig beantworten. Doch wer aktiv etwas für den Tierschutz tun will, sollte Bio-Eier kaufen, da die Legehennen nicht in Käfigen gehalten werden dürfen. Vorgeschrieben ist ein Drittel fester Boden als Scharrfläche im Stall. Bei ökologischer Haltung wird ein Auslauf von mindestens 4 m² je Tier verlangt, Tageslicht und Hähne in den Herden sind Pflicht. Im Stall teilen sich maximal sechs Hennen 1 m² Fläche. Zwischenböden bei der Volierenhaltung und Wintergärten dürfen dazu-

⬆ Strammer Max (Seite 106)

⬆ Blini (Seite 106)

⬆ Spinatfrittata (Seite 107)

gerechnet werden. Auch wenn diese Hühner nicht idyllisch auf der grünen Wiese laufen, so haben sie doch im Vergleich zu konventionell gehaltenen Hennen ein artgerechteres Leben. Der Kauf ist also trotz des höheren Preises zu empfehlen!

Der Frischetest bei Eiern

Wer wissen möchte, wie frisch Eier sind, kann die Größe der Luftkammer im Ei überprüfen. Je älter das Ei, umso größer wird die Luftkammer. Frisch gelegte Eier sinken im Wasser zu Boden. Bei etwa eine Woche alten Eiern ist der Auftrieb so groß, dass sich das Ei aufrichtet. Nach zwei bis drei Wochen steht es nur noch auf der Spitze und danach fängt an zu schwimmen. Eier, die an die Oberfläche schwimmen, sollten nicht mehr verwendet werden.

Bei aufgeschlagenen frischen Eiern ist das Dotter kugelförmig und das Eiweiß bildet einen erkennbaren Ring um das Eigelb. Je älter das Ei wird, umso abgeflachter ist das Dotter; das Eiweiß wird dünnflüssiger.

Kann man Eier einfrieren?

Ja, kann man. Natürlich können Sie keine rohen Eier mit Schale in den Gefrierschrank geben – sie würden platzen. Doch haben Sie wirklich mal viel zu viele Eier gekauft, dann können Sie sie aufschlagen und Eiweiß und Eigelb getrennt oder zusammen einfrieren. Die Eier können Sie nach dem Auftauen für Rührei, Aufläufe, pikante und süße Kuchen sowie Kekse verwenden.

Tipp: Portionieren Sie die Eier vor dem Einfrieren – 4 Eier sind z.B. eine beliebte Menge für Rührkuchen – und beschriften Sie das Gefrierbehältnis.

Perfekt zum Abendessen
Strammer Max

Für 4 Portionen • geht schnell
⏱ 5 Min.

4 Scheiben Mischbrot • 3 EL Butter • 4 Scheiben Schinken • 4 Eier • Salz • 4 Tomaten • 4 Essiggurken

● Die Brotscheiben dünn mit Butter bestreichen und mit Schinken belegen.
● Die restliche Butter in einer beschichteten Pfanne erhitzen, die Eier aufschlagen und in die Pfanne gleiten lassen, braten und mit Salz bestreuen. Je ein Spiegelei auf ein Schinkenbrot legen.
● Tomaten waschen, trocken reiben und in Viertel schneiden, dabei den Stielansatz entfernen und zusammen mit der Essiggurke zum Brot reichen.

Kinderportion ½ Brot reicht.

Eltern-Extra Sie können das Gericht aufpeppen, indem Sie ein paar Nordseekrabben, in der Pfanne leicht erwärmt, dazu reichen. Auch Anchovis schmecken lecker zum Strammen Max.

Schmeckt zu jeder Tageszeit
Bauernfrühstück

Für 4 Portionen • gelingt leicht
⏱ 15 Min.

1 Zwiebel • 700 g Salzkartoffeln (Seite 111) • 80 g durchwachsener Speck • 4 Essiggurken • Rühreimasse (siehe rechte Seite) • 3 EL Rapsöl • 2 EL Butter • Salz • Pfeffer

● Zwiebel schälen und fein hacken. Kartoffeln in Scheiben schneiden. Speck und Essiggurken fein würfeln. Die Rühreimasse nach Rezept vorbereiten.
● Die Hälfte des Öls mit der Hälfte der Butter erhitzen und den Speck darin auslassen. Die Hitze reduzieren und die Kartoffelscheiben anbraten. Immer wieder wenden. Mit Salz und Pfeffer leicht würzen.
● Wenn die Kartoffeln goldgelb sind, das restliche Fett zugeben. Dann Rühreimasse und Essiggurken hinzufügen. Das Bauernfrühstück stocken lassen, dabei immer mal wieder wenden.
● Auf Teller verteilen, servieren.

Kinderportion 3–4 EL

Eltern-Extra Für ein »Fischerfrühstück« zerpflückt man ein Stück geräucherten Heilbutt oder ein Forellenfilet mit einer Gabel und gibt den Fisch zum Rührei.

Eine Spezialität aus Russland
Blini

Für 4 Portionen • braucht etwas mehr Zeit
⏱ 15 Min. + 1 Std. Ziehzeit

200 g Buchweizenmehl • ½ Päckchen Trockenhefe • 250 ml lauwarme Milch • 2 Eier • 2 EL Butter • 1 EL Zucker • 100 g Mehl • Salz • 2 EL Rapsöl

● Buchweizenmehl in eine Schüssel sieben. Hefe und Milch zufügen, untermischen und 30 Min. quellen lassen.
● Die Eier trennen. Eiweiß kalt stellen. Butter in einem kleinen Topf schmelzen.
● Zucker, Mehl, Eigelb, Butter und eine Prise Salz in den Teig geben. Alles zu einem zähflüssigen Teig verrühren. Den Teig etwa 30 Min. an einem warmen Ort ruhen lassen.
● Eiweiß steif schlagen und unter den Teig heben. Das Öl in einer beschichteten Pfanne erhitzen und den Teig esslöffelweise ins heiße Fett geben. Die kleinen Pfannkuchen von beiden Seiten goldgelb ausbacken.
● Mit Obstkompott, Apfelmus, Marmelade oder auch frischen Beerenfrüchten servieren.

Kinderportion 3–4 Stück

Einfach und beliebt!
Rührei

Für 4 Portionen • gelingt leicht
⏱ 7 Min.

8 Eier • 4 EL Milch • ½ TL Salz • weißer Pfeffer • 1 EL Rapsöl • 1 EL Butter

- Eier aufschlagen und in einer Schüssel mit einem Schneebesen kräftig verquirlen. Die Milch unterrühren und mit Salz und Pfeffer würzen.
- Öl und Butter in einer beschichteten Pfanne erhitzen, die Temperatur etwas reduzieren und das Rührei hineingießen. Die Masse ein wenig stocken lassen und dann immer wieder mit einem Pfannenwender hin und her schieben, bis sie komplett gestockt ist.
- Das Rührei auf vier Teller verteilen.

Kinderportion 2–3 EL Rührei (ca. ½–1 Ei)

Varianten Kräuterrührei: 2–4 EL frische Kräuter wie Schnittlauch/Petersilie oder auch Kerbel unter die Eimasse geben. • **Rührei mit Schinken:** 2–4 Scheiben gekochten Schinken klein würfeln und vor der Zugabe der Eier im Fett leicht anbraten. • **Rührei mit Pilzen:** 4–8 Champignons putzen und blättrig schneiden. Vor der Zugabe der Eier leicht anbraten. • **Rührei mit Räucherlachs oder Nordseekrabben:** 100–150 g Räucherlachs in Streifen schneiden oder die gleiche Menge Nordseekrabben ins halb gestockte Rührei geben. Vor dem Servieren mit Dill bestreuen.

Nicht nur in Italien heiß begehrt
Spinatfrittata

Für 4 Portionen • gelingt leicht
⏱ 20 Min.

250 g Spinat • 1 Zwiebel • 1 Knoblauchzehe • 3–4 EL Olivenöl • 5 Eier • 5 EL Milch • Salz • schwarzer Pfeffer • 1 Prise Muskat

- Spinat waschen, verlesen, trocken schleudern, harte Stiele entfernen und die Blätter in Streifen hacken. Zwiebel und Knoblauch schälen und fein hacken.
- 2 EL Olivenöl in einer Pfanne mit ca. 24 cm Durchmesser erhitzen und den Spinat tropfnass bei geschlossenem Deckel etwa 3 Min. bei niedriger Temperatur dünsten. Wenn der Spinat zusammengefallen ist, Zwiebel und Knoblauch hinzufügen und mitdünsten.
- Die Eier in einer Schüssel aufschlagen, die Milch unterrühren und mit Salz, Pfeffer und Muskat kräftig würzen. Die Masse über den Spinat geben und in Ruhe stocken lassen.
- Nach 3–4 Min. bildet sich am Boden eine Kruste und die Frittata muss gewendet werden. Hierfür einen ausreichend großen Teller über die Pfanne legen, gut festhalten und wenden. So die Frittata auf den Teller stürzen. Die Pfanne wieder auf den Herd stellen, 1 EL Olivenöl hineingeben und erhitzen. Die Frittata nun vorsichtig mit der noch nicht gebratenen Seite vom Teller in die Pfanne gleiten lassen. Eventuell mit dem Pfannenwender vorsichtig nachschieben.
- Die Fritatta nochmals 3–4 Min. braten, bis sie wirklich gar ist.

Kinderportion eine Handfläche des Kindes

Eierspeisen : Rezepte für die ganze Familie

Wenn sie ganz dünn sind, schmecken sie am besten
Pfannkuchen

Für 4 Portionen • gut vorzubereiten
15 Min.+ 20 Min. Ziehzeit

250 g Mehl • 300 ml Milch • 4 Eier • Salz • 2 EL Rapsöl

● Das Mehl in eine Schüssel sieben, eine Prise Salz zugeben. Milch und Eier nach und nach dazugeben und mit den Schneebesen eines Handrührgerätes zu einem glatten, zähflüssigen Teig verrühren. Den Teig mindestens 20 Min. quellen lassen.
● In eine beschichtete Pfanne möglichst wenig Fett geben. Mit einer Kelle eine Portion Teig hineingeben. Die Pfanne schwenken, damit sich der Teig gleichmäßig verteilt. Den Pfannkuchen bei mittlerer Hitze von beiden Seiten 2 Min. backen.
● Danach wieder ein wenig Fett in die Pfanne geben und die nächste Portion Teig backen usw.

Kinderportion ½–1 Pfannkuchen

Varianten **Mit Kräutern:** Rühren Sie 4 EL frisch gehackte Kräuter unter den Teig. Hier darf es etwas mehr Salz sein. • **Mit Buchweizenmehl und Schinkenspeckwürfeln:** Die Hälfte des Weizenmehls durch Buchweizenmehl ersetzen und 50 g fein gehackte Schinkenspeckwürfel unter den Teig mischen. • **Mit Pilzen:** Pilze blättrig schneiden, auf dem Pfannenboden verteilen und mit Pfannkuchenteig umgießen. • **Mit Apfel oder Blaubeeren:** Wenn der Teig in der Pfanne gerade fest wird, legen Sie ein paar Apfelspalten oder auch Blaubeeren darauf. Das Wenden ist jetzt schwieriger, aber mit der beim Frittata-Rezept (Seite 107) beschriebenen Methode lässt es sich bewerkstelligen.

◂ Pfannkuchen

Spaniens liebstes Eiergericht
Tortilla

Für 4 Portionen • gut vorzubereiten
20 Min.

4 große Kartoffeln • 1 Zwiebel • 3–4 EL Olivenöl • 5 Eier • Salz • schwarzer Pfeffer • ½ TL Paprikapulver, edelsüß • 1 Prise Muskatnuss

● Kartoffeln schälen und in kleine Würfel schneiden. Die Zwiebel abziehen und sehr fein hacken.
● 2 EL Olivenöl in einer Pfanne mit ca. 24 cm Durchmesser erhitzen und die Kartoffeln auf kleiner Flamme von allen Seiten ca. 10–15 Min. braten. Dabei regelmäßig umrühren, damit sie keine Kruste bilden. Nun die Zwiebel hinzufügen und glasig dünsten.
● Inzwischen die Eier aufschlagen, mit Salz, Pfeffer, Paprikapulver und Muskatnuss kräftig würzen. Die Eier über die Kartoffeln geben und langsam stocken lassen.
● Nach 3–4 Min. bildet sich eine Kruste und die Tortilla muss gewendet werden. Hierfür einen großen Teller über die Pfanne legen. Die Pfanne umdrehen, dabei den Teller gut festhalten, sodass die Tortilla auf dem Teller zu liegen kommt. Die Pfanne abheben und wieder auf den Herd stellen. 1 EL Olivenöl hineingeben und erhitzen. Die Tortilla nun vorsichtig mit der noch nicht gebratenen Seite vom Teller in die Pfanne gleiten lassen. Eventuell mit dem Pfannenwender vorsichtig nachschieben. Die Tortilla nochmals 3–4 Min. braten, bis sie gar ist.

Kinderportion 1-mal die Handfläche des Kindes

Variante Tauschen Sie die Hälfte der Kartoffeln gegen die gleiche Menge Brokkoliröschen oder Paprikawürfel aus. Das Gemüse geben Sie mit den Zwiebeln zu den Kartoffeln und fahren dann wie im Rezept beschrieben fort.

Kartoffeln

Kartoffeln sind alles andere als langweilig. Die braune Knolle gehört zu den wichtigsten Grundnahrungsmitteln weltweit. Obwohl es mehr als 2000 Sorten gibt, haben sich nur wenige durchgesetzt. Doch Bio-Bauern sorgen dafür, dass auch seltene Sorten wieder auf dem Wochenmarkt zu bekommen sind.

Auf den Typ kommt es an!

Für das Gelingen der verschiedenen Kartoffelgerichte ist die richtige Wahl des Kochtyps entscheidend. Davon gibt es drei: festkochend, vorwiegend festkochend und mehligkochend.

Die festkochenden Kartoffelsorten behalten beim Kochen, Braten und Backen ihre Form. Sie sind daher für Salz-, Pell- und Bratkartoffeln, Kartoffelsalate sowie Gratins und Aufläufe bestens geeignet. Ihre Kocheigenschaft lässt sich mit dem geringen Stärkegehalt erklären. Zu den bekanntesten Sorten dieses Kochtyps gehören Goldmarie, Linda, Nicola, Princess und Selma.

Das Spektrum der vorwiegend festkochenden Kartoffeln reicht je nach Sorte und Stärkegehalt von eher festkochenden bis zu eher mehligkochenden Vertretern. Sie sind die Beliebtesten im Reigen der drei Kocheigenschaften, da sie universell einsetzbar sind. Aus Kartoffeln dieses Kochtyps lassen sich sowohl Salz- und Pellkartoffeln, Aufläufe und Gratins als auch Eintöpfe, Rösti und Pommes frites kreieren. Die Namen dieser Kartoffelsorten lauten Agria, Arkula, Berber, Christa, Gala, Laura, Leyla, Marabel, Quarta, Rosara, Satina, Secura und Solara.

Typisch für die mehligkochenden Sorten ist der durch den hohen Stärkegehalt eher trockene Charakter. Sie brechen beim Garen auf und verbinden sich gerne mit allen Arten von Flüssigkeiten. Für Saucenfans sind mehligkochende Kartoffeln zum Sonntagsbraten daher unumgänglich. Sie eignen sich hervorragend für Suppen, Eintöpfe, Pürees und Klöße.

Auch für Folienkartoffeln sind die mehligkochenden Sorten ein Muss! Adretta, Afra und Likaria sind die Bekanntesten.

Kartoffeln richtig lagern

Unter optimalen Bedingungen lassen sich Kartoffeln sogar über Wochen und Monate »einkellern«. Die Lagertemperatur liegt im Optimalfall zwischen 4 und 6 °C. Bei Temperaturen unter 4 °C baut die Knolle die Stärke zu Zucker ab und es entwickelt sich ein unangenehm süßlicher Geschmack. Kartoffeln sollten deshalb nicht im Kühlschrank lagern! Bei zu hohen Temperaturen neigen die Kartoffeln zum Auskeimen. Da den meisten Haushalten der Kartoffelkeller fehlt, ist es sinnvoll, Kartoffeln in kleinen Mengen einzukaufen und sie innerhalb von zwei bis drei Wochen zu verbrauchen.

⬆ Kartoffelpüree (Seite 112)

⬆ Bouillonkartoffeln (Seite 114)

⬆ Pellkartoffeln

Nach dem Einkauf sollten Sie die Kartoffeln aus der Folienverpackung nehmen, denn so verhindern Sie das Schwitzen und frühzeitige Faulen. Füllen Sie die Knollen in einen Leinenbeutel oder Jutesack um, so ist für eine gute Belüftung und Dunkelheit gesorgt. Unter Lichteinfluss werden sie grün und keimen schneller. Lagern Sie Kartoffeln nicht zusammen mit Äpfeln oder Birnen. Diese Früchte geben das Reifungsgas Ethylen ab, das die Kartoffeln schneller verderben lässt.

Typisch deutsch
Salzkartoffeln

Für 4 Portionen • gelingt leicht
⏱ 20 Min.

800 g Kartoffeln • ½ TL Salz

● Die Kartoffeln waschen und schälen. Erneut waschen und in gleich große Stücke schneiden, damit sie gleichzeitig gar werden. Die Kartoffeln in einen Topf geben und so viel Wasser zufügen, dass die Kartoffeln gerade bedeckt sind. Das Salz hinzufügen.
● Das Wasser zugedeckt aufkochen lassen. Dann die Temperatur auf mittlere Hitze zurückschalten und etwa 20 Min. – je nach Sorte und Größe – zugedeckt kochen.
● Am Ende der Garzeit eine Garprobe machen, dafür mit einer Gabel oder einem Messer in eine Kartoffel stechen. Geht dies einfach, dann sind die Kartoffeln gar. Spüren Sie jedoch einen Widerstand, dann müssen die Kartoffeln noch etwas länger garen.
● Für das Abgießen des Wassers den Deckel schräg auf den Topf setzen. Dann das Wasser durch die Spalte abgießen. Den Topf noch einmal kurz auf den Herd stellen und das restliche Wasser abdampfen lassen.

Kinderportion 1–2 kleine Kartoffeln

Gesund und immer beliebter
Pellkartoffeln

Für 4 Portionen • gelingt leicht
⏱ 20 Min.

800 g Kartoffeln • ½ TL Salz

● Zuvor darauf achten, dass die Kartoffeln ähnliche Größe haben. Dann die Kartoffeln gründlich waschen und in einem Topf wie die Salzkartoffeln etwa 20 Min. garen.
● Abgießen und heiß pellen.

Kinderportion 1–2 kleine Kartoffeln

Tipp Dazu passen verschiedenste Dips oder auch nur ein Stück Kräuterbutter. Kurzgebratener Fisch oder Fleisch machen daraus eine komplette Mahlzeit.

Rezepte für die ganze Familie : Kartoffelspeisen

Das Warten lohnt sich!
Ofenkartoffeln

Für 4 Portionen • braucht etwas mehr Zeit
⏲ 5 Min. + 1 Std. Backzeit

8 mittlere, gleichgroße Kartoffeln

● Den Backofen auf 200 °C (Umluft 180 °C) vorheizen.
● Kartoffeln gründlich waschen und trocken reiben. Mit einer Gabel mehrmals einstechen.
● Die Kartoffeln auf einen Gitterrost legen und im Backofen auf der mittleren Schiene etwa 1 Std. backen.
● Die Kartoffeln herausnehmen, oben über Kreuz einschneiden und die Öffnung etwas auseinanderdrücken.
● Schmeckt mit Möhren-Quark-Dip (Seite 76) oder Zaziki (Seite 75).

Kinderportion 1 Kartoffel

Variante Sie können die Kartoffeln auch 10 Min. vorkochen, dann verkürzt sich die Backzeit um die Hälfte. Wenn Sie die Kartoffeln auf dem Grill zubereiten, sollten Sie sie mit Alufolie umwickeln und in die Glut legen. Nach etwa 20 Min. stechen Sie mit einem Messer durch die Folie: Fühlt sich die Kartoffel weich an, so ist sie gar.

Das schmeckt allen!
Kartoffelpüree

Für 4 Portionen • gut vorzubereiten
⏲ 25 Min.

800 g Kartoffeln • 250 ml Milch • 2 EL Butter • 1 gestrichener TL Salz • 1 Msp. Muskat

● Die Kartoffeln wie Salz- oder Pellkartoffeln kochen. Dann die Kartoffeln noch heiß in eine Schüssel geben und mit dem Kartoffelstampfer zerdrücken.
● Die Milch etwas erwärmen und zum Kartoffelstampf geben. Butter, Salz und Muskat zufügen und alles zu einem Püree verrühren.

Kinderportion 4–5 EL

Variante Kartoffelpüree kann man nicht nur mit Kräutern verfeinern, sondern auch mit Majoran und frisch gehobeltem Parmesan oder mit Tomatenstückchen.

Eltern-Extra Mischen Sie Zwiebelringe in den Kartoffelbrei, die Sie vorher in etwas Butter angebraten haben.

Tipp Zum Kartoffelbrei passen Rahmspinat und Spiegelei. Auch Kartoffelbrei mit Pesto findet seine Fangemeinde.

Wie kleine Goldtaler
Kartoffeltaler

Für 4 Portionen • gelingt leicht
⏲ 15. Min.

Kartoffelpüree (siehe nebenstehendes Rezept) • 3 Eigelbe • 100 g Mehl • Salz • 4 EL Rapsöl

● Das Kartoffelpüree frisch zubereiten und auskühlen lassen.
● Die Eigelbe und das Mehl zufügen und zu einem Teig verkneten. Aus dem Teig flache, etwa 8 cm große Taler formen.
● Das Öl in einer großen beschichteten Pfanne erhitzen und die Taler bei mittlerer Hitze von beiden Seiten goldbraun braten.

Kinderportion 1 Taler

Variante Unter den Kartoffelteig können Sie Kräuter, aber auch Frischkäse mengen. Oder Sie geben fein gehackten Feta und einen kleinen Spinatrest unter den Kartoffelteig. Auch mit Parmesan und Paprikawürfelchen oder mit fein gehackten getrockneten Tomaten lassen sich die Taler verfeinern. Falls Taler übrig bleiben: Sie schmecken auch kalt und sind am nächsten Tag ein leckerer Snack im Kindergarten.

❯❯ Kartoffeltaler

Denen kann keiner widerstehen
Blechkartoffeln

Für 4 Portionen • braucht etwas mehr Zeit
⊘ 10 Min. + 30 Min. Backzeit

800 g Kartoffeln • ½ TL Rapsöl • Salz

- Den Backofen auf 200 °C (Umluft 180 °C) vorheizen.
- Die Kartoffeln gründlich waschen und trocken reiben, dann längs halbieren.
- Ein Backblech mit dem Öl einpinseln und salzen, die Kartoffeln mit der Schnittseite auf das Blech legen. Auf der mittleren Schiene etwa 30 Min. backen.

Kinderportion 2–3 Kartoffelhälften (Schale entfernen!)

Variante Sie können zusätzlich zum Salz auch Sesam, Mohn oder Kümmel auf das Blech streuen.

Lassen sich super vorbereiten
Rosmarinkartoffeln

Für 4 Portionen • gut vorzubereiten
⊘ 10 Min. + 30 Min. Backzeit

800 g Kartoffeln • 2–3 Zweige Rosmarin • 4 EL Olivenöl • Salz

- Den Backofen auf 200 °C (Umluft 180 °C) vorheizen.
- Kartoffeln schälen, waschen, in 1–1,5 cm große Würfel schneiden und in eine Schüssel geben.
- Rosmarin waschen, trocken schütteln und die Nadeln von den Zweigen zupfen, dann grob hacken. Rosmarin, Olivenöl und Salz zu den Kartoffeln geben und gut mischen. dann auf einem Backblech verteilen und im Backofen auf der mittleren Schiene etwa 30 Min. backen.

Kinderportion 4 EL

Variante Sie können auch Thymian oder Zitronenthymian mit Rosmarin kombinieren. Oder ihn pur verwenden.

Die »Gute-Besserung«-Suppe
Bouillonkartoffeln

Für 4 Portionen • gelingt leicht
⊘ 30 Min.

1 Möhre • 100 g Sellerie • ½ Stange Lauch • 800 g Kartoffeln • 2 EL Rapsöl • 1 l Fleischbrühe (Seite 94) • 1 Lorbeerblatt

- Möhre und Sellerie waschen, putzen, schälen und sehr fein würfeln. Lauch waschen, putzen und in feine Streifen schneiden.
- Kartoffeln schälen, waschen und in 1 cm große Würfel schneiden.
- Das Öl in einem Topf erhitzen, Möhre, Sellerie und die Kartoffeln darin andünsten und mit der Brühe ablöschen. Ein Lorbeerblatt hinzufügen und das Ganze 15–20 Min. bei mittlerer Hitze garen. Das Lorbeerblatt entfernen und die Bouillonkartoffeln servieren.

Kinderportion 1 Suppenteller

Variante Verfeinern Sie die Bouillon mit etwas Frischkäse oder bestreuen Sie die Bouillonkartoffeln mit Parmesan oder frischen Kräutern. Auch fein gewürfelte Fleischwurst schmeckt in den Bouillonkartoffeln sehr lecker.

Das schmeckt nach mehr!
Brühkartoffeln mediterran

Für 4 Portionen • gut vorzubereiten
⏱ 30 Min.

400 g frischer Blattspinat • 6 Tomaten • 1 Knoblauchzehe • 800 g Kartoffeln • 2 EL Olivenöl • 2 TL getrockneter Oregano • 1 l Hühnerbrühe (Instant) • Salz • schwarzer Pfeffer • 2 EL Zitronensaft

● Den Spinat gründlich waschen, putzen und in etwas Salzwasser etwa 2 Min. blanchieren, bis die Blätter zusammengefallen sind. Den Spinat gut ausdrücken und grob hacken.
● Die Tomaten mit kochendem Wasser überbrühen, abschrecken und häuten. Dann vierteln, entkernen, die Stielansätze entfernen und würfeln. Knoblauch schälen und würfeln. Die Kartoffeln gründlich waschen, schälen und in 1 cm große Würfel schneiden.
● Das Öl in einem Topf erhitzen. Den Knoblauch darin andünsten. Dann die Kartoffeln und die Brühe dazugeben und mit Oregano würzen. Alles etwa 15 Min. kochen lassen, bis die Kartoffeln bissfest sind.
● Spinat und Tomaten zugeben und 3 Min. mitkochen lassen. Zum Schluss alles mit Salz, Pfeffer und Zitronensaft abschmecken.

Kinderportion 1 Suppenteller

Variante Wenn alle großen Hunger haben, können Sie zusätzlich 200 g gewürfelten Feta unterheben.

Eltern-Extra Gratinieren Sie die Brühkartoffeln: In feuerfeste Suppentassen geben, mit einer Scheibe Emmentaler belegen und im Backofen auf höchster Grillstufe 3–5 Min. überbacken.

Das leckerste Hauptgericht aller Zeiten
Kartoffelgratin

Für 6 Portionen • braucht etwas mehr Zeit
⏱ 15 Min. + 50 Min. Backzeit

1 kg mehligkochende Kartoffeln • 1 Zwiebel • 1 Knoblauchzehe • 150 g Appenzeller • 1 EL Butter • Salz • schwarzer Pfeffer • 200 ml Milch • 200 g Sahne

● Kartoffeln waschen, schälen und in ganz feine Scheiben hobeln.
● Zwiebel abziehen und in ganz dünne Ringe schneiden. Knoblauch schälen und fein hacken. Käse reiben.
● Den Backofen auf 180 °C vorheizen und eine flache Gratinform (etwa 30 cm Ø) mit der Butter einfetten.
● Etwa die Hälfte der Kartoffelscheiben in die Gratinform legen. Salzen und pfeffern. Knoblauch auf die Kartoffelscheiben geben. Mit der Hälfte des Käses bestreuen.
● Die restlichen Kartoffeln ebenfalls in die Gratinform schichten, nochmals würzen und die Zwiebelringe auf dem Gratin verteilen.
● Milch und Sahne miteinander verrühren, mit Salz und Pfeffer würzen und über das Kartoffelgratin gießen. Auf mittlerer Schiene etwa 50 Min. backen.
● Den Kartoffelgratin etwa 10 Min. vor Ende der Backzeit mit dem restlichen Käse bestreuen und goldgelb überbacken.

Kinderportion 4 EL

Tipp Je feiner die Kartoffelscheiben, umso kürzer die Backzeit des Gratins. 1–2 mm sind optimal. Am besten Sie schichten die Kartoffeln nicht höher als 3 cm.

Am besten mit Wiener Würstchen!
Kartoffelsalat mit Mayonnaise

Für 4 Portionen • braucht etwas mehr Zeit
◷ 1 Std. + 1 Std. Ziehzeit

800 g festkochende Kartoffeln • Salz • 4 Eier • 1 Glas Cornichons (330 g Abtropfgewicht) • 250 ml Salatmayonnaise • 150 g Joghurt • 2 TL Senf • schwarzer Pfeffer

● Kartoffeln wie im Rezept Pellkartoffeln (Seite 111) zubereiten und dann in Scheiben schneiden. Eier hart kochen. Nach dem Abschrecken pellen und in Scheiben schneiden.
● Die Cornichons abgießen, dabei das Gurkenwasser auffangen. Die Cornichons in Scheiben schneiden.
● Kartoffeln, Eier und Cornichons in eine große Schüssel geben.
● Die Mayonnaise in einen Becher geben. Joghurt und Senf zufügen und verrühren. Mit Salz und Pfeffer würzen. Die verfeinerte Mayonnaise zu den Kartoffeln geben und unterheben.
● Den Salat mindestens 1 Std. durchziehen lassen.
● Vor dem Servieren erneut mit Salz und Pfeffer abschmecken und mit Gurkenwasser angießen, damit der Salat nicht zu trocken ist.

Kinderportion 4 EL

Eltern-Extra Mit Kapern oder fein gehackten roten Zwiebeln kann man den Salat prima erweitern. Auch gewürfelter gekochter Schinken lässt sich unterheben – dann können Sie auf die Würstchen verzichten.

Mit italienischer Note
Kartoffel-Tomaten-Salat mit Pesto

Für 4 Portionen • braucht etwas mehr Zeit
◷ 50 Min.

800 g kleine neue Kartoffeln • 1 Zwiebel • 1 Knoblauchzehe • 50 g schwarze Oliven (entsteint) • 5 EL Kräuteressig • 2 EL Pesto • Salz • schwarzer Pfeffer • 4 EL Olivenöl • 300 g Cocktailtomaten • ½ Bund Basilikum • 100 g Joghurt • 50 g Quark

● Die Kartoffeln wie im Rezept Pellkartoffeln (Seite 111) zubereiten und dann halbieren. Zwiebel und Knoblauch schälen und fein hacken. Die Oliven in feine Scheiben schneiden.
● Essig mit 4 EL Wasser, Pesto, Salz, Pfeffer und Olivenöl zu einer Marinade aufschlagen. Die Kartoffeln noch warm mit den Oliven und der Pestomarinade vermengen. Alles etwa 1 Std. durchziehen lassen.
● Die Tomaten waschen, halbieren und die Stielansätze entfernen. Das Basilikum waschen und trocken schütteln. Die Blätter von den Stielen zupfen, einige schöne zur Dekoration zurücklegen, den Rest fein hacken.
● Den Joghurt mit dem Quark glatt rühren und zusammen mit den Tomaten und dem fein gehackten Basilikum unter den Kartoffelsalat mengen. Eventuell nochmals abschmecken und mit den zurückgelegten Basilikumblättchen garnieren.

Kinderportion 4 EL

Eltern-Extra Geben Sie in Streifen geschnittene junge Spinatblätter unter den Salat.

▸ Kartoffel-Tomaten-Salat mit Pesto

Nudeln

Die Vielfalt der Nudeln kennt keine Grenzen. Es gibt sie in allen möglichen Formen, Farben und Varianten. Auf der Beliebtheitsskala nehmen sie die vorderen Plätze ein, denn sie lassen sich schnell zubereiten und es gibt kaum ein Kind, das sie nicht mag.

Nudelvielfalt

Spaghetti, Rigatoni, Fusilli oder Fettuccine – alles Nudeltypen, deren Namen sich auf die Form beziehen. Diese entscheidet darüber, wie viel Sauce die jeweilige Nudel aufnehmen kann.
- Röhrennudeln wie Makkaroni und Penne nehmen besonders gut dicke Saucen auf.
- Lange und flache Nudeln wie Spaghetti und Fettuccine sind die idealen Partner von dünnen und glatten Saucen.

Die Endung »-ine« bedeutet übrigens, dass es sich um kleinere oder dünnere Vertreter der großen Schwester handelt: z. B. Spaghettini bei Spaghetti. In Feinschmecker-Restaurants voll im Trend, doch ich habe die Erfahrung gemacht, dass Kids lieber »dicke« Nudeln essen.

1 × 1 des Nudelkochens

So gelingen Ihre Nudeln garantiert:
- In einem großen Topf viel Wasser zum Kochen bringen, dabei den Deckel auf dem Topf lassen. Das spart Energie und geht schneller.
- Wenn das Wasser kocht, den Deckel abnehmen und die Temperatur herunterregeln. So spart man sich das mühsame Putzen des Herdes nach dem Überkochen von Nudeln!
- Die Nudeln in das kochende Wasser geben, dabei das Salzen nicht vergessen.
- Manche Köche geben 1 EL Öl oder etwas Butter ins Kochwasser, damit die Nudeln nicht zusammenkleben.
- Perfekte Nudeln sind »al dente«, also bissfest gekocht. Wer weiche Nudeln lieber mag, lässt sie länger als in der Packungsanweisung angegeben im Topf.
- Die Nudeln in einem Sieb abgießen und abtropfen lassen.
- Sofort auf den Tisch bringen. Sind die Nudeln eher fertig als die Sauce, dann kann durch das Unterrühren von 1 EL Olivenöl oder Butter das Zusammenkleben der Nudeln verhindert werden.

Was steckt in Nudeln?

Wasser, Weizenmehl und Salz – daraus werden italienische Nudeln hergestellt. Deutsche Nudeln enthalten bei traditioneller Herstellung zusätzlich noch Ei. Wer es gesünder mag, sollte anstelle der hellen Nudeln nach den dunkleren aus Weizenvollkornmehl greifen. Nudeln aus Dinkelmehl findet man in der Bioecke des Supermarkts; asiatische Nudeln haben als Grundlage Reis-

▲ Penne mit Pilz-Erbsen-Ragout (Seite 120)

▲ Fusilli mit italienischer Tomatensauce (Seite 120)

▲ Tortellini-Thunfisch-Salat (Seite 127)

mehl oder Mehl von Hülsenfrüchten wie Sojabohne oder Mungbohne.

Suppennudeln, Woknudeln und Co. sind Spezialnudeln: Suppennudeln behalten Biss, auch wenn sie lange in der Suppe schwimmen. Woknudeln haben eine ideale Länge zum Rühren in der Pfanne und behalten beim Braten ihre Konsistenz.

Nudeln – selbst gemacht

Genauso ein Spaß wie Plätzchenbacken: Zum Nudeln-Selbermachen für 4–6 Personen benötigen Sie 300 g Mehl, 3 Eier, ½ TL Salz und 2 EL Olivenöl. Geben Sie alle Zutaten in eine Schüssel und arbeiten Sie den Teig mit den Knethaken des Handrührgeräts oder der Küchenmaschine gut durch. Kneten Sie dann den Teig etwa 10 Min. mit den Händen durch, bis er sich leicht von der Arbeitsfläche löst und glänzt. Formen Sie den Teig zu einer Kugel, die Sie in Frischhaltefolie wickeln und etwa 30 Min. ruhen lassen. Rollen Sie den Teig auf einer bemehlten Arbeitsfläche dünn aus und schneiden Sie die Nudeln mit einem Messer. Jetzt ab damit ins gesalzene Kochwasser und schon in 3–5 Min. sind sie al dente gekocht! Übrigens: Selbst gemachte Nudeln kann man auch trocknen und aufbewahren.

So macht Pilzesuchen Spaß!
Penne mit Pilz-Erbsen-Ragout

Für 4 Portionen • gelingt leicht
⏱ 25 Min.

1 Zwiebel • 200 g Champignons • 150 g gekochter Schinken in Scheiben • 2 EL Olivenöl • Salz • Pfeffer • 1 EL Mehl • 100 ml Brühe • 200 g Sahne • 200 g TK-Erbsen • ½ Bund Petersilie • 350 g Penne

● Zwiebel abziehen und fein hacken. Champignons putzen und in Scheiben schneiden. Schinken würfeln.
● Das Öl in einer großen Pfanne erhitzen. Zwiebel und Champignons darin dünsten. Mit Salz und Pfeffer würzen. Mit Mehl bestäuben, die Brühe und Sahne angießen, dann aufkochen.
● Erbsen zugeben und in der Sauce etwa 5 Min. köcheln lassen.
● Die Schinkenwürfel in die Sauce geben und kurz erwärmen.
● Die Petersilie waschen und trocken tupfen. Die Blättchen von den Stielen zupfen und fein hacken.
● Inzwischen die Penne nach dem Rezept »Nudeln kochen« (Seite 118) zubereiten und mit dem Ragout mischen. Vor dem Servieren die Petersilie darübergeben.

Kinderportion 3 Kinderhände voll Penne mit Ragout

Das ist Pinocchios Lieblingssauce
Fusilli mit Tomatensauce

Für 4 Portionen • gelingt leicht
⏱ 25 Min.

1 Zwiebel • 1 Knoblauchzehe • 2 Möhren • 1 Stange Staudensellerie • 2 EL Olivenöl • 400 g Tomatenstückchen aus der Dose • Salz • Pfeffer • Zucker • 80 g schwarze Oliven (entsteint) • 350 g Fusilli • 4 EL geriebener Parmesan

● Zwiebel und Knoblauch schälen und fein hacken. Die Möhren schälen und fein würfeln. Den Sellerie putzen und in Streifen schneiden.
● Das Öl in einer tiefen Pfanne erhitzen, Zwiebel, Knoblauch, Möhre und Sellerie darin andünsten. Tomaten hinzufügen und mit Salz, Pfeffer und Zucker würzen. In etwa 10 Min. weich kochen.
● Die Oliven abtropfen lassen und in Ringe schneiden.
● Inzwischen die Fusilli zubereiten und sofort mit der Tomatensauce und den Oliven mischen. Mit Parmesan bestreuen.

Kinderportion 3 Kinderhände voll Fusilli mit Tomatensauce

Eltern-Extra Geben Sie statt der Oliven 3 EL Kapern und 3 fein gehackte Anchovis in die Sauce.

Für kleine Piraten
Penne mit milder Tomatensauce

Für 4 Portionen • gelingt leicht
⏱ 20 Min.

1 Zwiebel • 2 EL Rapsöl • 600 g Tomatenstückchen aus der Dose • Salz • Pfeffer • Zucker • 150 g Frischkäse • 4 Zweige Basilikum • 350 g Penne

● Die Zwiebel abziehen und fein hacken.
● Das Öl in einer tiefen Pfanne erhitzen, die Zwiebel darin glasig dünsten. Tomatenstücke hinzufügen und 10 Min. köcheln lassen. Mit Salz, Pfeffer und Zucker würzen und anschließend den Frischkäse unterrühren.
● Basilikum waschen, trocken tupfen, die Blätter von den Stielen zupfen und streifig schneiden.
● Die Penne nach dem Rezept »Nudeln kochen« (Seite 118) zubereiten und sofort mit der Tomatensauce mischen. Zum Schluss die Basilikumstreifen untermengen.

Kinderportion 3 Kinderhände voll Penne mit Tomatensauce

Eltern-Extra Geben Sie unter die Sauce ein paar Garnelen, die Sie zuvor in Olivenöl und Knoblauch angebraten haben.

❯❯ Penne mit Pilz-Erbsen-Ragout

Da sind die Teller schnell leer gegessen

Spaghetti in Paprikasauce mit Hähnchenstreifen

Für 4 Portionen • gelingt leicht
⏱ 30 Min.

1 gelbe Paprikaschote • 1 rote Paprikaschote • 1 Zwiebel • 400 g Hähnchenbrust • 1 EL Rapsöl • 2 EL Currypulver • ⅛ l Hühnerbrühe • 200 g süße Sahne • 2 EL Zitronensaft • 2 EL helle Sojasauce • etwas Salz • weißer Pfeffer • 350 g Spaghetti

● Die Paprikaschoten waschen, entkernen und die Stielansätze sowie die Trennwände herausschneiden. Das Fruchtfleisch in kleine Würfel schneiden. Die Zwiebel abziehen und fein hacken.
● Die Hähnchenbrust unter kaltem Wasser waschen, gründlich trocken tupfen und in feine Streifen schneiden.
● Das Öl in einer Pfanne erhitzen. Zwiebel darin glasig dünsten. Die Hähnchenbruststreifen und die Paprikawürfel zugeben und unter Rühren kurz braten. Das Currypulver hinzufügen und umrühren.
● Hühnerbrühe und Sahne zur Paprika-Fleisch-Mischung geben und 8–10 Min. zugedeckt köcheln lassen. Die Sauce mit Zitronensaft, Sojasauce, Salz und Pfeffer abschmecken und weitere 5 Min. köcheln lassen.
● Inzwischen die Spaghetti nach dem Rezept »Nudeln kochen« (Seite 118) zubereiten und sofort mit der Sauce mischen.

Kinderportion 3 Kinderhände voll Spaghetti mit Sauce, etwa 4 Streifen Hähnchenbrust

Variante Anstelle von Sahne schmeckt die Paprika-Putensauce auch sehr lecker mit Kokosmilch bzw. Kokoscreme.

Die vegetarische Variante der klassischen Bolognese

Rigatoni mit Linsen-Bolognese

Für 4 Portionen • gelingt leicht
⏱ 30 Min.

1 Zwiebel • 1 Knoblauchzehe • 1 Möhre • 100 g Sellerie • 1 Stange Lauch • 2 EL Olivenöl • 200 g rote Linsen • 400 ml Gemüsebrühe • 1 Dose geschälte Tomaten (400 g) • 3 EL Tomatenmark • 1 TL italienische Kräuter • Salz • Pfeffer • 400 g Rigatoni

● Zwiebel und Knoblauch abziehen und fein hacken. Die Möhre und den Sellerie waschen, schälen und fein würfeln. Den Lauch waschen, putzen und in feine Ringe schneiden.
● Das Öl erhitzen und Zwiebel, Knoblauch, Möhre und Sellerie darin anbraten. Die Linsen hinzufügen und kurz anbraten. Dann mit Brühe ablöschen und etwa 10 Min. köcheln lassen. Die Tomaten mit dem Saft hinzufügen, dabei die Tomaten leicht zerdrücken. Tomatenmark zufügen und unterrühren. Die Sauce mit italienischen Kräutern, Salz und Pfeffer würzen und bei schwacher Hitze etwas einköcheln lassen.
● Inzwischen die Rigatoni nach dem Rezept »Nudeln kochen« (Seite 118) zubereiten und sofort mit der Bolognese vermischen.

Kinderportion 3 Kinderhände voll

Eltern-Extra Die Sauce mit Kreuzkümmel und Curry abschmecken – das gibt dem Gericht einen indischen Touch!

▸ Rigatoni mit Linsen-Bolognese

Lässt sich wunderbar vorbereiten
Lasagne

Für 6 Portionen • braucht etwas mehr Zeit
⏱ 45 Min. + 45 Min. Backzeit

1 Zwiebel • 1 Knoblauchzehe • 100 g Knollensellerie • 1 Möhre • 50 g durchwachsener Speck • 2 EL Olivenöl • 500 g Hackfleisch (halb und halb) • 600 ml Gemüsebrühe • 2 EL Tomatenmark • 1 TL gerebelter Oregano • Salz • schwarzer Pfeffer aus der Mühle • 1 Msp. Paprikapulver (rosenscharf) • 4 EL Butter • 4 EL Mehl • ½ l Milch • 1 Msp. Muskat • 250 g grüne Lasagneblätter (ohne Vorkochen) • 100 g geriebener Parmesan

● Die Zwiebel und die Knoblauchzehe schälen. Den Sellerie und die Möhre schälen. Alles sehr fein würfeln. Den Speck ebenfalls in kleine Würfel schneiden.
● Etwa 1 EL Olivenöl in einer beschichteten Pfanne erhitzen. Speckwürfel kross braten und das Gemüse dünsten. Hackfleisch zugeben und unter Rühren krümelig braten. 100 ml Brühe angießen und mit Tomatenmark, Oregano, Salz, Pfeffer und Paprika würzen.
● Für die Béchamelsauce die Butter in einem Topf zerlassen. Das Mehl darin anschwitzen und unter Rühren Milch und Brühe dazugießen. Aufkochen und mit Salz, Pfeffer und Muskat würzen.
● Den Backofen auf 200 °C vorheizen.
● Eine Auflaufform (etwa 30 cm lang) mit Olivenöl einfetten. Den Boden der Form mit etwas Béchamelsauce bedecken. Danach die Lasagneblätter und etwas Hackfleischmasse daraufschichten, mit etwas Parmesan bestreuen. Die Schichten wiederholen, mit Béchamelsauce und Parmesan abschließen.
● Lasagne auf mittlerer Schiene etwa 45 Min. backen.

Kinderportion 1 Stück Lasagne (so groß wie zwei Kinderhände)

Beliebt bei den drei Bärchen
Bandnudeln mit Tomaten und Lachs

Für 4 Portionen • gelingt leicht
⏱ 30 Min.

400 g Bandnudeln • 2 Zweige Petersilie • 20 g Parmesan • 80 g Rucola • 400 g Cocktailtomaten • 3 Schalotten • 2 Knoblauchzehen • 400 g Lachsfilet • 4 EL Olivenöl • Salz • schwarzer Pfeffer aus der Mühle

● Die Bandnudeln nach Packungsanleitung in reichlich gesalzenem Wasser garen.
● Petersilie fein hacken. Parmesan reiben.
● Rucola waschen, verlesen, in Stückchen zupfen und auf 4 Teller verteilen.
● Die Tomaten waschen, trocken tupfen und vierteln. Die Schalotten und den Knoblauch abziehen und fein hacken. Den Lachs mit kaltem Wasser abspülen, trocken tupfen und in 1–2 cm große Würfel schneiden.
● Das Öl in einer beschichteten Pfanne erhitzen. Schalotten und Knoblauch darin glasig dünsten. Die Fischwürfel zufügen und von allen Seiten etwa 5 Min. braten. Tomatenviertel zufügen und erwärmen. Das Ganze mit Salz, Pfeffer und Petersilie würzen.
● Zum Schluss die Nudeln unterheben und alles auf die 4 Teller mit Rucola verteilen. Mit Parmesan bestreuen.

Kinderportion Kinderhände mit 3–4 Würfeln Lachs

Überzeugt die ganze Familie

Rigatoni mit Gemüsesauce

Für 4 Portionen • gelingt leicht
⊘ 25 Min.

1 Zwiebel • 1 Knoblauchzehe • 1 Zucchini • 1 Aubergine • 4 EL Olivenöl • 400 g Tomatenstückchen aus der Dose • Salz • Pfeffer • Zucker • 150 g Feta • 350 g Rigatoni

• Zwiebel und Knoblauch abziehen und fein hacken. Zucchini und Aubergine waschen, Stiel- und Blütenansätze abschneiden und Fruchtfleisch würfeln.
• Das Öl in einer tiefen Pfanne erhitzen. Zwiebel, Knoblauch, Zucchini und Aubergine darin andünsten. Tomaten hinzufügen und mit Salz, Pfeffer und Zucker würzen. 10 Min. köcheln lassen.
• Den Feta würfeln.
• Inzwischen die Rigatoni nach dem Rezept »Nudeln kochen« (Seite 118) zubereiten und sofort mit der Gemüsesauce und dem Feta vermischen.

Kinderportion 3 Kinderhände voll Rigatoni mit Sauce

Eltern-Extra Anstelle von Schafskäse können Sie auch eine Dose Thunfisch unter die Sauce mischen.

Gruß aus dem Schwabenland

Spätzle mit Champignons

Für 4 Portionen • gelingt leicht
⊘ 25 Min. + 10 Min. Backzeit

500 g Champignons • 4 Zwiebeln • 1 Bund Petersilie • 100 g Emmentaler • 2 EL Butter • Salz • Pfeffer • 600 g Spätzle (aus dem Kühlregal)

• Die Champignons putzen und blättrig schneiden. Die Zwiebeln abziehen, eine fein hacken, die anderen in Ringe schneiden. Petersilie waschen, trocken tupfen, die Blättchen von den Stielen zupfen und fein hacken. Käse reiben.
• Backofen auf 200 °C vorheizen.
• Einen EL Butter in einer Pfanne erhitzen, Zwiebel und Champignons darin anbraten. Salzen und pfeffern. Mit Spätzle, Käse und Petersilie in eine Auflaufform geben, verrühren und das Ganze 10 Min. im Backofen gratinieren.
• Inzwischen die restliche Butter zerlassen und darin die Zwiebelringe braten. Mit Salz und Pfeffer würzen.
• Die Röstzwiebeln über die Spätzle verteilen und sofort servieren.

Kinderportion 2 Kinderhände Spätzle mit Champignons

Ein echter Klassiker

Spaghetti bolognese

Für 4 Portionen • gelingt leicht
⊘ 30 Min.

1 Zwiebel • 1 Knoblauchzehe • 1 Möhre • 100 g Sellerie • 2 EL Olivenöl • 400 g Hackfleisch • 1 Dose geschälte Tomaten (400 g) • 3 EL Tomatenmark • 1 TL italienische Kräuter • Salz • Pfeffer • 400 g Spaghetti

• Zwiebeln und Knoblauch abziehen und fein hacken. Möhre und Sellerie waschen, schälen und fein würfeln.
• Das Öl in einer Pfanne erhitzen. Zwiebel, Knoblauch, Möhre und Sellerie darin anbraten.
• Das Hackfleisch zufügen und krümelig braten. Die Tomaten mit dem Saft hinzufügen, dabei die Tomaten leicht zerdrücken. Tomatenmark zufügen und unterrühren. Die Sauce mit italienischen Kräutern, Salz und Pfeffer würzen und bei schwacher Hitze etwas einköcheln lassen.
• Inzwischen die Spaghetti nach dem Rezept »Nudeln kochen« (Seite 118) zubereiten und sofort mit der Bolognese vermischen.

Kinderportion 3 Kinderhände voll

Super Salat für ein Picknick im Freien
Tortellini-Thunfisch-Salat

Für 6 Portionen • braucht etwas mehr Zeit
⏱ 25 Min. + 1 Std. Ziehzeit

500 g Tortellini (aus dem Kühlregal) • Salz • 1 kleine Zwiebel • ½ Bund Basilikum • 4 Fleischtomaten • 2 gelbe Paprikaschoten • 2 Dosen Thunfisch im eigenen Saft (à 150 g) • 4 EL Rotweinessig • 4 EL Olivenöl • schwarzer Pfeffer • Salz

- Tortellini nach Packungsanweisung in reichlich gesalzenem Wasser garen, abgießen, abschrecken und auskühlen lassen.
- Zwiebel schälen und fein hacken. Basilikum waschen, trocken schütteln, die Blätter von den Stielen zupfen und in feine Streifen schneiden.
- Tomaten waschen, über Kreuz einritzen, kurz überbrühen und enthäuten, dann in Würfel schneiden. Die Paprikaschoten waschen, putzen und in feine Ringe schneiden.
- Den Thunfisch abtropfen lassen und mit einer Gabel zerpflücken. Tortellini, Tomaten, Paprika, Zwiebeln und Basilikum mit dem Thunfisch in eine Schüssel geben und gut vermengen.
- Essig, Öl, Pfeffer und Salz in einen Becher geben und zu einem Dressing verrühren.
- Das Dressing über die Salatzutaten geben.
- Den Tortellinisalat etwa 1 Std. im Kühlschrank durchziehen lassen und dann servieren.

Kinderportion 2 Kinderhände voll Salat

Variante Anstelle von Thunfisch passt auch fein gewürfelter Mozzarella oder Feta.

◂ Tortellini-Thunfisch-Salat

Dieser Salat findet reißenden Absatz
Italienischer Nudelsalat

Für 6 Portionen • braucht etwas mehr Zeit
⏱ 30 Min. + 1 Std. Ziehzeit

400 g Spaghetti • 4 EL Olivenöl • 2 Zwiebeln • 2 Knoblauchzehen • 2 mittelgroße Zucchini • 100 g getrocknete, in Öl eingelegte Tomaten • 50 g Parmesan • 1 Bund glatte Petersilie • ½ Bund Basilikum • 4 EL Olivenöl • 8 EL Tomatenketchup • 4 EL Tomatenmark • 4 EL Weißweinessig • Salz • schwarzer Pfeffer

- Spaghetti gemäß Packungsanweisung zubereiten und mit 2 EL Olivenöl beträufeln, damit sie nicht aneinanderkleben. Auf 5–6 cm Länge kürzen.
- Zwiebeln und Knoblauch schälen und fein hacken. Zucchini putzen und in Scheiben schneiden. Die getrockneten Tomaten mit Küchenkrepp abtupfen und in feine Würfel schneiden. Den Parmesan in große Späne hobeln.
- 2 EL Olivenöl erhitzen. Zwiebeln und Knoblauch darin andünsten, Zucchinischeiben hinzufügen und goldgelb braten. Mit Salz und Pfeffer würzen.
- Für das Dressing Petersilie und Basilikum waschen, trocken schütteln, die Blätter von den Stielen zupfen und fein hacken. 2 EL Olivenöl, Ketchup, Tomatenmark, Weißweinessig, Salz und Pfeffer zu einer Marinade verrühren. Die Kräuter hinzufügen.
- Nudeln, Zwiebeln, Knoblauch, Zucchini und Tomaten in eine Schüssel geben, mit dem Dressing vermengen.
- Den Salat etwa 1 Std. durchziehen lassen. Vor dem Servieren mit den Parmesanspänen garnieren.

Kinderportion 2 Kinderhände voll Salat

Eltern-Extra Geben Sie noch zwei Handvoll Rucola in den Salat.

Reis & Getreide

Reis zählt nicht nur zu den ältesten Kulturgütern der Erde, sondern es ist auch das meistverzehrte Lebensmittel auf der Welt. Auch wenn wir in Deutschland nur einen winzigen Bruchteil der 150 000 Reissorten kaufen können, so haben wir doch eine relativ große Auswahl.

Lang oder rund?

Bei Reis unterscheiden wir Lang- korn- und Rundkornreis. Rundkornreis kann eine Alternative sein, wenn Kleinkinder den Langkornreis verweigern. Da er weicher ist, lässt er sich einfacher schlucken.

Die meistverkaufte Langkornreissorte in Deutschland ist der Patnareis. Die langen, schlanken Körner haben einen trockenen, glasigen Kern. Nach dem Garen sind die Körner schneeweiß und locker. Seine Kochzeit beträgt in der Regel 20 Min.

Wegen der Ballaststoffe und B-Vitamine sollte Vollkornreis dem weißen Reis vorgezogen werden. Er ist im Geschmack kräftiger und hat eine längere Garzeit als weißer Reis. Vor dem Kochen sollte der Reis gewaschen werden.

Bezogen auf den Gesundheitswert liegt der Parboiled-Reis zwischen weißem und Vollkornreis. Er wird im Parboiling-Verfahren gewonnen. Unter Einsatz von Druckveränderungen und Wasserdampf werden Vitamine und Mineralstoffe aus dem Silberhäutchen direkt unter der Schale in den Reiskörper gepresst. Nach dem Schälen hat dieser Reis einen höheren Gehalt an B-Vitaminen als herkömmlicher weißer Reis. Er wird beim Kochen weniger schnell klebrig.

Jasmin- und Basmatireis enthalten weniger Stärke als Patnareis. Sie verströmen beim Kochen einen leichten Duft, sind zartkörnig und haben eine Garzeit von nur 12–15 Min.

Der bekannteste Rundkornreis ist bei uns der Milchreis. Der andere Vertreter dieser Gruppe ist der Risottoreis. Rundkornreis gibt beim Garen viel Stärke ab, dadurch entsteht eine breiige bzw. cremige Konsistenz.

Alternativen zum Reis

Auch heimisches Getreide wie die Körner von Weizen, Roggen, Gerste, Hafer und Dinkel lassen sich im Ganzen kochen und quellen und als Beilage verzehren. Ebenso eignen sie sich für Suppen oder Bratlinge.

Hirse war im Mittelalter das meistgegessene Getreide in Europa. Hirse ist ein besonders mineralstoffreiches Getreide und zeichnet sich durch einen hohen Gehalt an Eisen und Magnesium aus. Hirse lässt sich wie Reis zubereiten, ihre Garzeit liegt je nach Sorte zwischen 30 und 40 Min.

Bulgur und Couscous sind geschälte, vorgekochte und wieder

⬆ Brokkoli-Reis-Pfanne (Seite 130)

⬆ Vegetarisches Wokgericht (Seite 133)

⬆ Gefüllte Tomaten (Seite 132)

getrocknete Weizenkörner. Sie unterscheiden sich in der Körnung. Bulgur ist in der Regel grob und Couscous ist fein zerstoßen.

Mais als Getreide wird in Form von Grieß und Mehl angeboten. Aus ihm wird ein Brei gekocht, der dann erkaltet in Scheiben geschnitten und angebraten wird.

Grünkern hat es inzwischen geschafft, auch über den Kreis der Körnerfreaks hinaus wahrgenommen zu werden. Botanisch gesehen handelt es sich bei Grünkern um Dinkel, der halbreif geerntet wurde. Sein leicht nussiges Aroma macht ihn geschmacklich attraktiv. Gesundheitlich kann er mit seinem Gehalt an Ballaststoffen, B-Vitaminen und Magnesium punkten.

Quinoa wird auch das Gold der Inka genannt. Die runden Körner stammen aus den Anden, sie dienen dort seit 6000 Jahren als Grundnahrungsmittel. Quinoa ist botanisch kein Getreide, es gehört in die Gruppe der Gänsefußgewächse und ist glutenfrei.

Amaranth zählt zu den ältesten vom Menschen kultivierten Pflanzen in Mittel- und Südamerika. Es ist eine getreideähnliche Pflanze, die zu den Fuchsschwanzgewächsen gehört. Die Samenkörner enthalten mehr Eiweiß als unsere heimischen Getreidekörner und sind reich an Eisen. Viele Vegetarier essen die kleinen gelben Körner regelmäßig, um so die fehlenden tierischen Eisenquellen auszugleichen.

Richtig lagern

Damit Reis und Getreideprodukte bis zum Mindesthaltbarkeitsdatum ihre Spitzenqualität behalten, sollten sie dunkel, trocken und bei Zimmertemperatur lagern, am besten luftdicht verschlossen in der Originalpackung. Nach dem Öffnen in einer gut verschließbaren Vorratsdose aufbewahren, sodass Lebensmittelmotten keine Chance haben.

Bei den Kleinen stets beliebt
Reispfanne Leipziger Art

Für 4 Portionen • gelingt leicht
⊘ 30 Min.

200 g Parboiled-Reis • 1 Zwiebel • 250 g Champignons • 250 g Möhren • ½ Bund Petersilie • 200 g TK-Erbsen • 3 EL Rapsöl • 2 EL Crème fraîche • 4 EL geriebener Parmesan • Salz • weißer Pfeffer

● Den Reis gemäß Packungsanweisung zubereiten.
● Die Zwiebel schälen und fein hacken. Champignons putzen und blättrig schneiden. Die Möhren waschen, schälen und fein würfeln. Die Petersilie waschen und trocken schütteln, die Blättchen von den Stielen zupfen und fein hacken. Die Erbsen antauen lassen.
● Das Öl in einer Pfanne erhitzen, die Zwiebeln zusammen mit den Möhrenwürfeln etwa 10 Min. dünsten, dann die Pilze hinzufügen und anbraten. Zum Schluss die Erbsen und den Reis zugeben und unter Rühren 4 Min. braten. Crème fraîche, Parmesan und Petersilie unterrühren und mit Salz und Pfeffer abschmecken.

Kinderportion 1 Kaffeetasse voll

Eltern-Extra 300 g geschälte Garnelen mitbraten

Da kann niemand widerstehen
Brokkoli-Reis-Pfanne

Für 4 Portionen • gelingt leicht
⊘ 25 Min.

200 g Parboiled-Reis • 440 g Brokkoli • 1 Zwiebel • 150 g Möhren • ½ Bund Petersilie • 3 EL Rapsöl • 100 g gekochter Schinken • 4 EL Sahne • 1 EL Senf • Salz • weißer Pfeffer

● Den Reis gemäß Packungsanweisung zubereiten.
● Brokkoli waschen, putzen und in kleine Röschen zerteilen. 5 Min. in leicht gesalzenem Wasser garen, dann auf ein Sieb geben und abtropfen lassen.
● Zwiebel schälen und fein hacken. Möhren schälen und fein reiben. Petersilie waschen und trocken schütteln, die Blättchen von den Stielen zupfen und fein hacken.
● Das Öl in einer Pfanne erhitzen, die Zwiebeln glasig dünsten. Möhrenraspel und Brokkoli zugeben und 10 Min. braten. Inzwischen den Schinken fein würfeln oder in Streifen schneiden.
● Den Reis zum Gemüse geben und anbraten. Schinkenwürfel und Petersilie unterheben. Mit Sahne und Senf verfeinern und mit Salz und Pfeffer abschmecken.

Kinderportion 1 Kaffeetasse voll

Im Winter ein Hochgenuss
Bratreis mit Wintergemüse

Für 4 Portionen • gelingt leicht
⊘ 30 Min.

200 g Parboiled-Reis • 2 Möhren • 1 Lauchstange • 300 g Wirsing • 1 Stück Ingwer • 1 Knoblauchzehe • 3 EL Rapsöl • 2 EL Sojasauce • Salz • weißer Pfeffer

● Den Reis gemäß Packungsanweisung zubereiten.
● Möhren schälen und in dünne Scheiben schneiden. Lauch in Ringe schneiden. Wirsingblätter vom Strunk entfernen, waschen, putzen und in feine Streifen schneiden. Ingwer und Knoblauch schälen und fein hacken.
● Das Öl in einer Pfanne erhitzen. Möhren und Lauch 5 Min. darin anbraten. Wirsing, Ingwer und Knoblauch unterrühren und weitere 5 Min. garen.
● Den Reis unter das Gemüse heben. Mit Sojasauce, Salz und Pfeffer abschmecken.

Kinderportion 1 Kaffeetasse voll

Eltern-Extra Anstelle von Sojasauce 2 EL Kapern und den Saft einer halben Zitrone unter das Gericht rühren.

❯❯ Reispfanne Leipziger Art

Ein sommerliches Dream-Team
Sommergemüse-Quinoa-Pfanne

Für 4 Portionen • gelingt leicht
⏱ 25 Min.

200 g Quinoa • 1 Zucchini • 1 rote Paprikaschote • 1 gelbe Paprikaschote • 2 Knoblauchzehen • ¼ Bund Basilikum • 3 EL Rapsöl • 200 g passierte Tomaten • 1 Kugel Mozzarella • 2 EL Tomatenmark • Salz • weißer Pfeffer

● Quinoa nach Packungsanweisung zubereiten.
● Zucchini waschen, putzen und in Würfel schneiden. Paprikaschoten halbieren, waschen, putzen und ebenfalls in Würfel schneiden. Knoblauch schälen und fein hacken. Dann das Basilikum waschen und trocken schütteln. Die Blätter von den Stielen zupfen und in Streifen schneiden.
● Das Rapsöl in einer Pfanne erhitzen. Zucchini- und Paprikawürfel bei geschlossenem Deckel etwa 5 Min. darin dünsten. Knoblauch zufügen und mitbraten. Quinoa unterheben und die passierten Tomaten dazugeben. Das Ganze weitere 5 Min. braten.
● Inzwischen den Mozzarella würfeln. Die Würfel zusammen mit dem Tomatenmark und dem Basilikum untermengen. Mit Salz und Pfeffer abschmecken.

Kinderportion 1 Kaffeetasse voll

Eltern-Extra Geben Sie 250 g Meeresfrüchte (evtl. aus der Tiefkühltruhe) in das Gericht und verleihen Sie ihm mit Sambal Oelek etwas Schärfe.

Füllungen sorgen immer für Überraschungen
Gefüllte Tomaten

Für 4 Portionen • braucht etwas mehr Zeit
⏱ 20 Min. + 20 Min. Backzeit

200 g TK-Blattspinat • 1 Zwiebel • 1 Knoblauchzehe • 1 EL Butter • 100 g Bulgur • 200 ml Gemüsebrühe • 8 Fleischtomaten (à 250 g) • 100 g Schafskäse • Salz • schwarzer Pfeffer aus der Mühle

● Spinat auftauen lassen. Zwiebel und Knoblauch schälen und fein hacken. Die Butter in einem Topf erhitzen. Zwiebel und Knoblauch darin andünsten. Den Bulgur dazugeben und mit der Brühe ablöschen. Das Ganze bei reduzierter Hitze etwa 10 Min. quellen lassen.
● Tomaten waschen. Von jeder Tomate einen Deckel abschneiden. Den Stielansatz aus dem Deckel schneiden. Die Tomaten mit einem EL aushöhlen. Das Fruchtfleisch fein würfeln.
● Den Backofen auf 200 °C vorheizen.
● Spinat ausdrücken und fein hacken. Schafskäse zerbröseln und 4 TL davon beiseitestellen.
● Spinat, Schafskäse und Fruchtfleisch der Tomaten zum Bulgur geben. Mit Salz und Pfeffer abschmecken und in die Fleischtomaten füllen.
● Tomaten in eine Auflaufform setzen. Den Tomatendeckel auf die Tomaten setzen und den restlichen Schafskäse in die Löcher der Stielansätze füllen.
● Die Tomaten auf mittlerer Schiene etwa 20 Min. backen. Dann aus dem Ofen nehmen und heiß servieren.

Kinderportion ½ Tomate

Tipp Achten Sie beim Einkauf des Schafskäses darauf, dass er einen hohen Fettgehalt hat. Bei einer Fettgehaltsstufe von 70 % Fett in der Trockenmasse (i. Tr.) ist er auch nach dem Backen noch cremig.

Knackiges Gemüse für viel Vitamine
Vegetarisches Wokgericht

Für 4 Portionen • gut vorzubereiten
⊘ 25 Min.

200 g Basmatireis • 1 rote Paprikaschote • 1 grüne Paprikaschote • 4 Stangen Staudensellerie • 2 Chicorée • 1 Stück Ingwer (etwa 4 cm) • 2 EL Rapsöl • 1 TL Currypulver • Salz • schwarzer Pfeffer aus der Mühle • 4 EL Sojasauce

● Den Reis gemäß Packungsanweisung zubereiten.
● Paprikaschoten waschen, putzen, Kerne und Trennwände entfernen und in Streifen schneiden. Staudensellerie waschen, putzen. Die Stangen in feine Würfel schneiden, das Selleriegrün fein hacken und beiseitestellen.
● Chicorée waschen, den Strunk kegelförmig herausschneiden und die Kolben in ½ cm breite Ringe schneiden. Den Ingwer schälen und fein hacken oder raspeln.
● Das Öl in einem Wok erhitzen. Das Gemüse ins heiße Öl geben und unter Rühren anbraten. Mit Ingwer, Curry, Salz und Pfeffer würzen. Den Reis unterheben. Mit der Sojasauce abschmecken und eventuell noch einmal würzen.

Kinderportion 1 Kaffeetasse voll

Tipp Kinder lassen sich noch einfach begeistern. Wenn Sie das Gericht im Wok auf einem Rechaud am Tisch servieren, entsteht eine ganz andere Atmosphäre und das Gericht schmeckt noch mal so gut.

Vegetarisch und eisenreich
Herbstgemüse-Amaranth-Pfanne

Für 4 Portionen • gelingt leicht
⊘ 30 Min.

120 g Amaranth • 450 ml Gemüsebrühe • 3 Stangen Lauch • 400 g Möhren • 40 g Walnusskerne • 3 Zweige frische Kräuter (4 TL tiefgefrorene) • 2 EL Olivenöl • ½ TL Salz • Pfeffer • 4 TL Zitronensaft

● Amaranth in der Gemüsebrühe aufkochen und bei reduzierter Hitze etwa 20 Min. köcheln lassen.
● Lauch waschen, putzen und in Ringe schneiden. Möhren waschen, putzen schälen und in Scheiben schneiden. Nüsse grob hacken. Kräuter waschen, Blätter von den Zweigen zupfen und grob hacken.
● Das Olivenöl in einem Topf erhitzen. Lauch zugeben und andünsten. Erst die Möhren und schließlich den gegarten Amaranth zufügen. Etwas Wasser hinzufügen und etwa 5 Min. kochen lassen. Die Nüsse und Kräuter zur Amaranth-Pfanne geben. Das Gericht mit Zitronensaft, Salz und Pfeffer abschmecken.

Kinderportion 1 Kaffeetasse voll

Die schmecken auch kalt
Haferflockenfrikadellen

Für 4 Portionen • braucht etwas mehr Zeit
⊘ 30 Min. + 1 Std. Quellzeit

1 Möhre • ½ Bund Dill • 50 g gekochter Schinken • 150 g Haferflocken • 150 g Quark • 2 Eier • Salz • weißer Pfeffer • 50 g Paniermehl • 4 EL Rapsöl

● Möhre waschen, putzen und raspeln. Dill waschen, trocken tupfen und fein hacken. Schinken in ganz feine Würfel schneiden. Diese Zutaten mit den Haferflocken und dem Quark in eine Schüssel geben. Die Eier zufügen. Mit Salz und Pfeffer würzen. Alles zu einem Teig verkneten. Diesen etwa 1 Std. quellen lassen.

● Paniermehl auf einen Teller geben.

● Aus dem Teig kleine Taler formen und im Paniermehl wenden.

● Das Öl in einer Pfanne erhitzen und die Haferflockenfrikadellen bei reduzierter Hitze von beiden Seiten goldgelb braten.

Kinderportion 2 Frikadellen

Eltern-Extra Statt mit Schinken schmecken Haferflockenfrikadellen auch mit Räucherlachs.

Reis und Getreide : Rezepte für die ganze Familie

Für alle, die (noch) nicht so gut kauen können
Salbei-Tomaten-Risotto

Für 4 Portionen • gelingt leicht
25 Min.

1 Zwiebel • 1 Knoblauchzehe • ½ Bund Salbei • 4 EL Olivenöl • 250 g Risottoreis • 150 ml Apfelsaft • 700 ml heiße Gemüsebrühe • 250 g Kirschtomaten • 50 g geriebener Parmesan • Salz • Pfeffer

- Zwiebel und Knoblauch schälen und fein hacken. Salbei waschen und trocken tupfen, die Blättchen von den Stielen zupfen und quer in ½ cm dicke Streifen schneiden.
- 2 EL Öl in einem breiten Topf erhitzen. Zwiebel, Knoblauch und Salbeistreifen darin glasig dünsten. Reis zugeben und unterrühren, bis alle Körner mit Fett überzogen sind. Mit Apfelsaft ablöschen, Flüssigkeit verdampfen lassen. Reis mit heißer Brühe auffüllen, bis er knapp bedeckt ist. Bei mittlerer Hitze 25 Min. garen, dabei nach und nach die übrige Brühe zugießen und immer wieder umrühren. Die Hälfte des Parmesans unter das Risotto heben, salzen und pfeffern.
- Tomaten waschen und halbieren.
- 2 EL Öl in einer Pfanne erhitzen. Die Tomaten darin bei mittlerer Hitze 3 Min. braten.
- Das Risotto mit den Tomaten und dem restlichen Käse servieren.

Kinderportion 1 Kaffeetasse voll

Eltern-Extra Braten Sie mit den Tomaten noch zusätzlich grünen Spargel (in Stücke geschnitten) an.

So macht Fischessen Spaß
Spinat-Risotto mit Kabeljau

Für 4 Portionen • gelingt leicht
35 Min.

1 Zwiebel • 1 Knoblauchzehe • 300 g Blattspinat • 4 EL Olivenöl • 250 g Risottoreis • 800 ml heiße Gemüsebrühe • 300 g frischer Blattspinat • 400 g Kabeljaurückenfilet • 2 EL Sojasauce • Salz • weißer Pfeffer • 4 EL geriebener Parmesan

- Zwiebel und Knoblauch schälen und fein hacken. Spinat waschen, verlesen, feste Stiele entfernen und fein hacken.
- 2 EL Öl in einem breiten Topf erhitzen, Zwiebel und Knoblauch darin glasig dünsten. Reis zugeben und unterrühren, bis alle Körner mit Fett überzogen sind. Mit der heißen Brühe auffüllen, bis der Reis knapp bedeckt ist. Bei mittlerer Hitze 25 Min. garen, dabei nach und nach die restliche Brühe zugießen und immer wieder rühren. Den gehackten Spinat unter den Reis mischen und 5 Min. mitgaren.
- Das Kabeljaufilet waschen, trocken tupfen und in 2 cm breite Streifen schneiden. Mit Sojasauce beträufeln, salzen und pfeffern. Das restliche Öl in einer Pfanne erhitzen und die Kabeljaustreifen darin von beiden Seiten 2–3 Min. braten.
- Das Risotto mit Salz und Pfeffer würzen, dann auf Tellern anrichten, die Fischstreifen darauf verteilen und mit Parmesan bestreut servieren.

Kinderportion 1 Kaffeetasse voll Risotto, 1 Streifen Fisch

Eltern-Extra Geben Sie eine Handvoll Garnelen unter das Risotto.

Röschen und Möhrchen in einem Topf
Möhren-Blumenkohl-Auflauf

Für 4 Portionen • braucht etwas mehr Zeit
⊘ 30 Min. + 30 Min. Backzeit

2 Stangen Lauch • 3 große Möhren • 1 Kopf Blumenkohl • 1 EL Rapsöl • 250 g Vollkornreis • 2 TL Currypulver • 500 ml Gemüsebrühe • 1 EL Butter • 5 Eier • 200 g Sahne • Salz • schwarzer Pfeffer aus der Mühle • 150 g mittelalter Gouda

- Lauch waschen, putzen und in Ringe schneiden. Möhren schälen und in Scheiben schneiden. Blumenkohl putzen, in Röschen zerteilen und waschen.
- Blumenkohl und Möhren in etwas Wasser ca. 10 Min. garen. Nach 7 Min. den Lauch zugeben und mitdünsten. Gemüse auf ein Sieb geben und abtropfen lassen.
- Das Öl in einem Topf erhitzen, den Reis zusammen mit 1 TL Currypulver andünsten. Anschließend die Gemüsebrühe angießen. Zum Kochen bringen, die Hitze reduzieren und etwa 25 Min. köcheln lassen.
- Den Backofen auf 200 °C (Umluft 170 °C) vorheizen.
- Eine flache Auflaufform (etwa 30 cm lang) mit Butter einfetten. Die Eier in eine Schüssel schlagen, mit der Sahne verquirlen und kräftig mit Salz, Pfeffer und Curry abschmecken.
- Den Gouda grob reiben. Das Gemüse zum Reis geben und vermengen, dann alles in die Auflaufform geben. Die Eiersahne über dem Gemüse-Reis-Auflauf verteilen und mit dem Gouda bestreuen.
- Den Auflauf auf mittlerer Schiene etwa 30 Min. backen. Dann aus dem Ofen nehmen und heiß servieren.

Kinderportion 4–5 EL

Tipp Sie können diesen Auflauf auch bequem mit Reis vom Vortag und einer TK-Gemüsemischung zubereiten, dann haben Sie ihn innerhalb von 5 Min. im Ofen.

Bei Kindern genauso beliebt wie Fleischklößchen
Grünkernbratlinge

Für 4 Portionen • gelingt leicht
⊘ 30 Min.

600 ml Gemüsebrühe • 200 g Grünkernschrot • 5 EL Petersilie • 1 Knoblauchzehe • 50 g Bergkäse • 30 g Mandeln (gemahlen) • 2 Eier • 2 Eigelbe • Salz • schwarzer Pfeffer • 3 EL Rapsöl

- Gemüsebrühe in einem großen Topf aufkochen, Grünkernschrot untermischen und 10 Min. quellen lassen.
- Petersilie waschen, trocken schütteln und fein hacken. Knoblauch schälen und fein hacken. Bergkäse in Würfel schneiden.
- Petersilie, Ingwer und Mandelmehl unter den gequollenen Grünkern mischen, den Topf vom Herd nehmen und etwas auskühlen lassen.
- Eier und Eigelbe dazugeben, unterrühren und mit Salz und Pfeffer würzen. Aus der Masse kleine Bratlinge formen und diese mit je einem Käsewürfel füllen.
- Das Öl in einer Pfanne erhitzen und die Grünkernbratlinge langsam von beiden Seiten goldbraun braten. Servieren mit Dips (Seite 72) auf der Basis von Quark.

Kinderportion 1 Bratling

Variante Unter die Bratlinge können Sie 100 g geraspeltes Gemüse mischen.

▸ Grünkernbratlinge

Reis und Getreide : Rezepte für die ganze Familie 137

Hackfleisch

Hackfleisch ist ein echtes Multitalent in der Küche: Schnelle Fleischsaucen (Seite 125), Hackbällchen und Frikadellen, Aufläufe oder pikante Kuchen – was mag Ihre Familie am liebsten?

Aufgepasst in puncto Hygiene!

Aufgrund der stark vergrößerten Oberfläche ist Hackfleisch besonders anfällig für Verderb. In Fleischereien und im Lebensmitteleinzelhandel muss es daher frisch hergestellt werden und darf nur am Tag der Herstellung verkauft werden. Industriell produziertes und verpacktes Hackfleisch darf auch mit längeren Haltbarkeitsfristen angeboten werden.

Hack gehört auf dem schnellsten Weg vom Einkauf in den heimischen Kühlschrank, es verträgt keine langen Einkaufswege. An heißen Sommertagen nehmen Sie eine Kühltasche mit, damit sich Ihr Hackfleisch im heißen PKW beim Rücktransport nicht zu stark erwärmt. Am Tag des Einkaufs sollte es auch verarbeitet werden. Es ist darauf zu achten, dass es stets gut durchgebraten ist. Gegartes Hackfleisch hält sich ein bis zwei Tage im Kühlschrank.

Klöpschen schmecken immer

Grundrezept Frikadelle

Für 4 Portionen • gelingt leicht
⏱ 30 Min.

1 Brötchen vom Vortag • 1 Zwiebel • 1 Knoblauchzehe • 400 g gemischtes Hackfleisch • 1 Ei • ½ TL Salz • Pfeffer • 2 EL Olivenöl

- Das Brötchen in lauwarmem Wasser einweichen. Die Zwiebel und den Knoblauch abziehen und fein hacken.
- Das Hackfleisch mit dem gut ausgedrückten Brötchen, Zwiebel und Knoblauch sowie Ei, Salz und Pfeffer gründlich verkneten, bis eine gleichmäßige Fleischmasse entsteht. Daraus 6–8 flache Frikadellen formen und in heißem Öl bei mittlerer Hitze von jeder Seite etwa 5 Min. goldbraun braten.

Kinderportion ½–1 Frikadelle

Varianten Anstelle von Brötchen kann man auch Paniermehl, Haferflocken, gekochten Reis oder Bulgur sowie rohe oder gekochte geriebene Kartoffel unter das Hackfleisch geben. Anstelle von gemischtem Hackfleisch können Sie natürlich auch nur Rinder- oder Kalbshack verwenden. Wer es gerne kräftig mag, verwendet Lammhack. Frikadellen vertragen viele Gewürze: Paprika, Curry und Chili – aber auch Kreuzkümmel oder Ingwer sowie eine Prise Zimt schaffen neue Geschmacks-

⬆ Griechische Hackbällchen aus dem Ofen (Seite 140)

⬆ Lauch-Hack-Törtchen (Seite 142)

⬆ Hackbraten mit Oliven (Seite 140)

nuancen. Neben der Zwiebel können Sie auch fein gehackte frische Kräuter wie Petersilie, Rosmarin oder Thymian verwenden. Getrocknete Kräuter stellen auch kein Problem dar.

Hackfleischsorten

Hackfleisch unterscheidet sich je nach Fettgehalt und Fleischsorte im Geschmack.

Gemischtes Hack Die in Deutschland beliebteste Sorte besteht aus Rinder- und Schweinehackfleisch. Es wird in der Regel halb und halb gemischt und darf laut EU-Verordnung bis zu 30% Fett enthalten.

Rinderhackfleisch Wie der Name schon sagt, besteht es zu 100% aus Rindfleisch und darf laut EU-Vorgabe maximal 20% Fett enthalten. Hamburger werden klassisch aus Rinderhack zubereitet.

Tatar Mit maximal 6% Fettgehalt ist Tatar sehr mageres Hackfleisch vom Rind. In der Regel wird es aus Rinderfilet hergestellt und ist somit auch am teuersten.

Schweinehackfleisch Diese Variante war lange Zeit der Standard in der deutschen Küche, wurde vor mehr als 30 Jahren aber von gemischtem Hack abgelöst.

Lammhackfleisch Dieses fetthaltige Hack finden wir vor allem in türkischen Lebensmittelgeschäften. Es hat einen starken Eigengeschmack und ist ein Muss, wenn man orientalisch kocht.

Geflügelhackfleisch Diese Sorte Hack findet man immer häufiger, auch unter Folie in der Kühltruhe der Discounter. Selbst verwende ich – trotz des niedrigeren Fettgehaltes – Geflügelhack nicht. Denn Hackfleisch aus Huhn und Pute ist in puncto Hygiene und Bakterien, wie z. B. Salmonellen, ein Problem. Damit es frisch bleibt, muss die Kühlkette noch besser als bei anderen Lebensmitteln funktionieren. Die Temperaturen müssen bei unter 4 °C liegen, damit das Geflügelhack hygienisch einwandfrei bleibt. Die Rezepte sind daher auch alle nicht mit Geflügelhack zubereitet. Möglich wäre dies aber ohne weiteres!

Der Hit auf jedem Abendbrottisch
Griechische Hackbällchen aus dem Ofen

Für 4 Portionen • gut vorzubereiten
⏲ 20 Min. + 15 Min. Backzeit

1 Brötchen vom Vortag • 1 Zwiebel • 1 Knoblauchzehe • 100 g Feta • 3 Zweige Petersilie • 400 g gemischtes Hackfleisch • 1 Ei • ½ TL Salz • Pfeffer

- Den Backofen auf 180 °C vorheizen.
- Brötchen in lauwarmem Wasser einweichen. Zwiebel und Knoblauch abziehen und fein hacken. Feta fein würfeln, Petersilie waschen, trocken schütteln, fein hacken.
- Hackfleisch in eine Schüssel geben. Brötchen gut ausdrücken und dazugeben. Zwiebel, Knoblauch, Ei, Feta, Petersilie, Salz und Pfeffer zufügen und gründlich verkneten, bis eine gleichmäßige Fleischmasse entsteht.
- 12 kleine Hackbällchen formen.
- Papierförmchen in die Mulden eines Muffinblechs legen und die Hackbällchen hineingeben. Im Backofen auf der mittleren Schiene etwa 15 Min. backen. Mit Kartoffelpüree oder Brot servieren.

Kinderportion 1 Hackbällchen

Variante Als italienische Variation können Sie anstelle des Schafskäses Mais aus der Dose und fein geschnittene Paprikawürfel unter die Hackmasse geben und das Ganze mit Parmesan bestreuen.

Weich und würzig
Hackbraten mit Oliven

Für 6–8 Portionen • braucht etwas mehr Zeit
⏲ 30 Min. + 1 Std. Backzeit

2 Brötchen vom Vortag • 75 g mit Paprika gefüllte Oliven • 1 Zwiebel • 1 Knoblauchzehe • 1 TL Olivenöl • ½ Bund glatte Petersilie • 6 Zweige Basilikum • 1 Zweig Rosmarin • 3 Zweige Thymian • 750 g gemischtes Hackfleisch • 2 Eier • 1½ TL Salz • 1 TL Paprikapulver (edelsüß) • ¼ TL schwarzer Pfeffer • 1 EL Olivenöl

- Den Backofen auf 180 °C vorheizen.
- Brötchen grob zerteilen und in 125 ml Wasser einweichen. Oliven abtropfen lassen und quer halbieren. Zwiebel und Knoblauch abziehen und fein hacken.
- Olivenöl in einer beschichteten Pfanne erhitzen und die Zwiebel darin glasig dünsten. Kräuter waschen, Blättchen von den Stielen zupfen und fein hacken.
- Brötchen gut ausdrücken. Hackfleisch in eine Schüssel geben. Eier, Zwiebel und Knoblauch, Oliven und Kräuter zufügen. Mit Salz, Paprikapulver und Pfeffer würzen. Alles zu einer festen Masse verkneten und einen länglichen, brotähnlichen Laib formen.
- Ein Backblech mit Olivenöl einpinseln und den Hackbraten daraufsetzen. Im Ofen auf mittlerer Schiene etwa 1 Std. garen. Das Blech herausnehmen und den Hackbraten 5 Min. ruhen lassen, dann in 10–12 Scheiben schneiden und z.B. mit Salzkartoffeln servieren.

Kinderportion ½ Scheibe Hackbraten (1-mal die Handfläche des Kindes)

Variante Sie können fein gewürfelte Paprika oder geraspelte Möhren unter die Hackfleischmasse geben. Beim Backen können Sie den Hackbraten mit Frühstücksspeck belegen. So wird der Braten schön kross und sehr saftig.

Statt belegten Broten
Lauch-Hack-Törtchen

Für 12 Stück • braucht etwas mehr Zeit
◷ 25 Min. + 30 Min. Backzeit

250 g Mehl • 125 g Butter • 1 Ei • ½ TL Salz • 2 Stangen Lauch • 2 EL Olivenöl • 250 g gemischtes Hackfleisch • 100 g Mais aus der Dose • 150 ml Sahne • 2 Eier • 20 g geriebener Parmesan

● Mehl, Butter, Ei, Salz und 50 ml Wasser zu einem glatten Teig kneten und im Kühlschrank ruhen lassen. Die Mulden eines Muffinblechs einfetten.
● Inzwischen den Lauch waschen, putzen, längs halbieren und in Streifen schneiden.
● Das Öl in einer großen Pfanne erhitzen und das Hackfleisch darin krümelig braten. Mit Salz und Pfeffer würzen. Lauch hinzufügen und bei geschlossenem Deckel etwa 4 Min. dünsten. Dann den Mais unterrühren. Pfanne vom Herd nehmen und das Ganze abkühlen lassen.
● Den Backofen auf 200 °C vorheizen.
● Den Teig in 12 Portionen teilen, jede ausrollen und in die Mulden des Muffinblechs drücken.
● Sahne und Ei in die Hackmischung rühren und auf dem Teig verteilen. Mit Parmesan bestreuen. Die Törtchen etwa 30 Min. auf unterster Schiene backen. Dazu passt z. B. ein leichter Salat.

Kinderportion 1 Törtchen

Ab in die Kühltasche fürs Picknick
Orientalische Hackbällchen

Für 4 Portionen • gelingt leicht
◷ 35 Min.

2 Knoblauchzehe • 2 Zwiebeln • 1 Bund glatte Petersilie • 4 Stiele Pfefferminze • 50 g getrocknete Feigen • 350 g Rinderhack • 40 g Mandelstifte • 1 Ei • 4 EL Semmelbrösel • evtl. ½ TL Harissa (orientalische Würzpaste) • 2 EL Olivenöl • 1 große Dose geschälte Tomaten • Salz • 1 Prise Zucker • ½ TL Kreuzkümmel (gemahlen) • ½ TL Kurkuma (gemahlen)

● Knoblauchzehe abziehen und fein hacken. Zwiebeln in Ringe schneiden. Kräuter waschen, trocken schütteln, Blättchen abzupfen und fein hacken. Getrocknete Feigen fein würfeln.
● Rinderhack, Mandelstifte, Ei, Semmelbrösel, Knoblauch, Kräuter, Feigen, Salz und ¼ TL Harissa in eine Schüssel geben und verkneten. Aus der Masse 16 walnussgroße Hackbällchen formen.
● Das Olivenöl in einer Pfanne erhitzen und die Hackbällchen darin rundherum 5–6 Min. braten. Herausnehmen und warm stellen.
● Zwiebeln im Bratfett glasig dünsten. Die Dosentomaten hinzugeben und grob zerdrücken. Mit Salz, Zucker, Kreuzkümmel, Kurkuma und ¼ TL Harissa würzen. 10 Min. köcheln lassen.
● Hackbällchen zugeben und mit Fladenbrot und einem leichten Salat servieren.

Kinderportion 1–2 Bällchen

Schnitzel & Co

Viele junge Eltern trauen sich nicht an die Hausmannskost. Dabei sind paniertes Schnitzel, Sonntagsbraten & Co. kein Hexenwerk. Auch die Zubereitung von Saucen zum Fleisch ist mit ein wenig Übung und Selbstvertrauen ein Kinderspiel. Also, frisch ran an den Braten!

Mit allen Sinnen einkaufen!

- Fleisch sollte nahezu geruchlos sein, immer einen frischen Glanz haben und nicht matt wirken.
- Die Farbe des Fleisches entspricht dem Alter und der Art des Tieres: je jünger das Tier, desto heller das Fleisch. Schweinefleisch ist grundsätzlich heller als Rindfleisch.
- Auf die Fleischstruktur ist zu achten: Je feiner die Fasern sind, desto zarter ist das Fleisch und desto kürzer ist die Bratzeit. Rindfleisch aus Biohaltung kommt häufig aus der Schlachtung von Rinderrassen, die eine gröbere Faser haben. Dieses Fleisch braucht beim Schmoren und Braten im Ganzen länger.
- Marmorierung ist ein Qualitätszeichen: Zarte Fettadern stehen für Saftigkeit und volleren Fleischgeschmack.
- Im Sommer sollten Sie Frischfleisch und auch Fleisch- und Wurstwaren in der Kühltasche transportieren, da die Qualität und Haltbarkeit unter der Wärme stark leiden.

Aufbewahren, aber wie?

Fleisch ist ein empfindliches Lebensmittel und lässt sich nicht lange frisch halten. Wer Fleisch länger als drei Tage lagern will, muss es marinieren oder einfrieren.

Frisches Fleisch sollten Sie immer aus der Metzgertüte nehmen und auf einem Teller mit Frischhaltefolie abgedeckt oder in einem Kunststoffbehältnis in den Kühlschrank stellen. Die kälteste Stelle im Kühlschrank sollte für Frischfleisch reserviert sein. Das ist direkt über dem Gemüsefach.

Ideal für das Bratergebnis ist es, wenn das Fleisch eine halbe Stunde vor der Zubereitung aus dem Kühlschrank genommen wird. Fleisch sollte außerdem stets sein eigenes Brett zum Schneiden und Zwischenlagern haben.

Gegartes Fleisch kann im Kühlschrank zwei Tage aufbewahrt werden. Rohes Fleisch, das in Beize wie Essig liegt, kann etwa fünf Tage im Kühlschrank lagern. Es ist sozusagen doppelt konserviert.

Tiefgekühlt lassen sich große Rohfleischstücke etwa zehn bis zwölf Monate ohne Qualitätsverlust lagern, geschnittenes Fleisch jedoch nur sechs Monate. Gebratenes Fleisch hat nach dem Einfrieren höhere Qua-

⬆ Tomatengulasch (Seite 147)

⬆ Paniertes Schnitzel (Seite 146)

⬆ Schweinerückensteaks mit Kraut (Seite 147)

litätsverluste als geschmortes. Einem Gulasch mit ausreichend Sauce schadet das Einfrieren wenig. Allerdings sollte gegartes Fleisch nicht länger als drei bis sechs Monate im gefrorenen Zustand lagern.

Richtig braten

Kurzgebratenes, unpaniertes Fleisch sollte extrem heiß angebraten werden. Dadurch schließen sich die Poren an der Oberfläche des Fleisches. Ein Saftaustritt wird dabei verhindert und so bleibt das Fleischstück saftig. Paniertes Fleisch braucht weniger Hitze als ein Steak, aber dafür mehr Bratfett. Sonst ist die Kruste schnell schwarz und die Hitze dringt nicht zum Fleischkern vor.

Schmorgerichte brauchen eine gleichmäßige Temperatur beim Anbraten, daher sollte beim Gulasch nie mehr Fleisch in den Bräter gegeben werden, als den Boden bedeckt. Das Braten in Portionen zahlt sich bezogen auf die Zartheit des Fleisches aus. Die anschließend zugegebene Garflüssigkeit sollte nicht kalt, sondern heiß sein, damit der Garprozess nicht unterbrochen wird.

Wie gesund ist Fleisch?

Fleisch enthält neben Eiweiß auch viele Mikronährstoffe wie Eisen, Zink und Selen und ist reich an B-Vitaminen. Das Fleisch von Rind und Schwein ist nährstoffreicher als Geflügel. Auch wenn der Fleischkonsum in Deutschland abnimmt, hat 2020 jeder Deutsche im Schnitt 57,33 kg Fleisch verzehrt. Das ergibt einen wöchentlichen Schnitt von mehr als 1 kg Fleisch. Dabei würden schon 300 bis 600 g Fleisch pro Woche für eine gute Nährstoffversorgung ausreichen. Ein Zuviel an Fleisch hat gesundheitliche Folgen und erhöht unser Risiko, an Krebs – insbesondere Dickdarmkrebs – und Herzkreislauferkrankungen zu erkranken.

Schnitzel vom Schwein schonen den Geldbeutel
Paniertes Schnitzel

Für 4 Portionen • gelingt leicht
⏱ 25 Min.

4 Schweineschnitzel (à 120 g) • Salz • schwarzer Pfeffer • 2 EL Mehl • 2 Eier • 100 g Paniermehl • 4 EL Rapsöl • 2 EL Butter

● Die Schnitzel kalt abspülen und trocken tupfen, mit dem Fleischklopfer flach klopfen. Von beiden Seiten mit Salz und Pfeffer würzen.
● Mehl auf einen Teller geben. Eier auf einem zweiten Teller aufschlagen und verquirlen. Paniermehl auf einen dritten Teller geben. Die Schnitzel nacheinander zuerst im Mehl wenden und leicht abklopfen, danach durch die Eier ziehen und zum Schluss im Paniermehl wenden. Das Paniermehl dabei etwas andrücken.
● Das Öl in einer Pfanne erhitzen, die Butter darin schmelzen und die Schnitzel von beiden Seiten goldbraun anbraten. Je nach Dicke braucht das Fleisch 3–5 Min. pro Seite. Mit Kartoffelpüree oder Kartoffelsalat servieren.

Kinderportion 1-mal die Handfläche des Kindes

Variante Anstelle von Schweineschnitzel können Sie Kalbsschnitzel, Hähnchen- oder Putenbrust auf diese Weise braten. Bei größeren Kindern kommen anstelle von Paniermehl auch zerbröselte Cornflakes gut an. Und wenn Sie 2–3 EL geriebenen Parmesan unter das Paniermehl mischen, bekommt das Schnitzel eine italienische Note.

Ganz schön sättigend
Parmesanschnitzel aus dem Ofen

Für 4 Portionen • braucht etwas mehr Zeit
⏱ 30 Min. + 20 Min. Backzeit

4 Putenschnitzel à 150 g • Salz • Pfeffer • 2 EL Mehl • 2 Eier • 80 g geriebener Parmesan • ½ TL getrockneter Thymian • 1 Zwiebel • 1 Knoblauchzehe • 2 EL Olivenöl • 1 Dose stückige Tomaten (à 400 g) • 1 TL getrocknetes Pizzagewürz • 2 EL Tomatenmark • 1 TL Zucker

● Den Backofen auf 200 °C vorheizen.
● Die Schnitzel kalt abspülen und trocken tupfen, mit dem Fleischklopfer flach klopfen. Dann von beiden Seiten mit Salz und Pfeffer würzen.
● Mehl auf einen Teller geben. Eier, Parmesan und Thymian auf einen anderen Teller geben und verquirlen.
● Schnitzel erst im Mehl wenden und dann durch die Eier-Parmesan-Mischung ziehen. Eine Auflaufform einfetten, die Schnitzel hineinlegen und 20 Min. backen.
● Inzwischen Zwiebel und Knoblauch abziehen und fein hacken. Das Olivenöl in einem Topf erhitzen, Zwiebel und Knoblauch darin andünsten. Die Tomaten zugeben. Mit Pizzagewürz und Tomatenmark würzen und etwas einkochen lassen. Zum Schluss mit Zucker, Salz und Pfeffer würzen. Die Sauce zu den Parmesanschnitzeln reichen.

Kinderportion ½ Putenschnitzel (1-mal die Handfläche des Kindes), 2–3 EL Tomatensauce

Tipp Legen Sie unter die Parmesanschnitzel eine Schicht Zucchinischeiben, die Sie mit Salz und Thymian würzen. So haben Sie gleich eine Gemüsebeilage.

Schmeckt immer
Tomatengulasch

Für 4–6 Portionen • braucht etwas mehr Zeit
⏱ 1 ¾ Std.

4 Zwiebeln • 2 Knoblauchzehen • 4 EL Olivenöl • 800 g gemischtes Gulaschfleisch • Salz • schwarzer Pfeffer • 2–3 TL Paprikapulver (edelsüß) • 1 Dose Tomatenstückchen (400 g) • 150 ml roter Traubensaft oder Brühe • 2 EL Mehl • 2 EL Tomatenmark • 1 TL Zucker

● Zwiebeln und Knoblauch abziehen und sehr fein hacken.
● Das Öl in einem großen Topf erhitzen und das Fleisch in Portionen von allen Seiten anbraten, mit Salz, Pfeffer und Paprikapulver würzen, dann herausnehmen und beiseitestellen.
● Zwiebeln und Knoblauch im Bratfett glasig dünsten, dann das Fleisch wieder zufügen. Die Tomatenstückchen und den Traubensaft oder die Brühe hinzufügen und das Ganze 1 ½ Std. bei reduzierter Hitze schmoren lassen.
● Das Mehl mit etwas kaltem Wasser anrühren und in das Gulasch rühren. Noch einmal aufkochen lassen. Mit Tomatenmark, Zucker, Salz und Pfeffer abschmecken und servieren. Dazu passen Kartoffeln, Makkaroni oder Spätzle.

Kinderportion 4–5 EL

Variante Mit drei Gemüsepaprikaschoten und einer Fleischtomate lässt sich daraus ein ungarisches Gulasch zubereiten.

Ananas und Möhren machen das Sauerkraut süß
Schweinerückensteaks mit Kraut

Für 4 Personen • gut vorzubereiten
⏱ 40 Min.

1 kleine Dose Ananasstückchen (260 g) • 2 Zwiebeln • 2 Möhren • 4 EL Rapsöl • 1 Dose Sauerkraut (580 g) • 100 ml Gemüsebrühe • 1 Lorbeerblatt • 1–2 TL Currypulver • 4 Schweinerückensteaks (á 125 g) • Salz • schwarzer Pfeffer

● Ananas auf einem Sieb abtropfen und den Saft dabei auffangen. Zwiebeln abziehen und fein hacken. Möhren schälen, putzen und mit einer Reibe grob raspeln.
● 2 EL Öl in einem Topf erhitzen. Zwiebeln und Möhren darin andünsten. Ananasstücke hinzugeben, kurz dünsten und dann das Sauerkraut zufügen. Die Brühe und die Hälfte des Ananassaftes zugießen. Lorbeerblatt und Currypulver zugeben. Das Ganze etwa 20 Min. köcheln lassen.
● Schweinerückensteaks abbrausen, trocken tupfen, von beiden Seiten salzen und pfeffern.
● Das restliche Öl in einer Pfanne erhitzen und die Steaks von beiden Seiten etwa 2 Min. anbraten. Dann bei reduzierter Hitze weitere 5 Min. schmoren.
● Das Kraut noch einmal abschmecken und zusammen mit den Steaks auf Tellern anrichten. Dazu passen Kartoffelbrei oder Stampfkartoffeln.

Kinderportion ¼–½ Portion Fleisch und 2 gehäufte EL Kraut

Handlich! Begeistert Groß und Klein
Lamm-Gemüse-Spieße

Für 4 Portionen • gelingt leicht
⏲ 25 Min.

500 g Lammlachse • 2 kleine Zucchini • 16 Kirschtomaten • 2 rote Zwiebeln • 2 EL Olivenöl • Salz • schwarzer Pfeffer • 1 EL italienische Kräutermischung

● Das Fleisch kalt abspülen und trocken tupfen, dann in Streifen schneiden. Zucchini waschen und in 2 cm dicke Scheiben schneiden. Tomaten waschen. Zwiebeln abziehen und in Achtel schneiden.
● Abwechselnd Fleisch, Zucchini, Tomaten und Zwiebel auf Spieße stecken.
● Aus 1 EL Öl, Salz, Pfeffer und den italienischen Kräutern eine Marinade herstellen. Die Spieße mit der Marinade bepinseln und eine halbe Stunde durchziehen lassen.
● 1 EL Öl in eine beschichtete Grillpfanne geben und die Spieße etwa 10–15 Min. von allen Seiten braten. Mit Brot oder Kartoffelpüree servieren.

Kinderportion ½–1 Spieß (den Spieß vor dem Essen entfernen)

Variante Zusätzlich kann man auch Geflügelleber aufspießen und mitbraten.

Schneller Festtagsbraten
Hüftsteak mit Pilzgemüse

Für 4 Portionen • braucht etwas mehr Zeit
⏲ 40 Min.

400 g Pilze • 2 Möhren • 150 g Knollensellerie • 2 Frühlingszwiebeln • 1 rote Zwiebel • 2 Knoblauchzehen • 3 Zweige Petersilie • 4 Rinderhüftsteaks (à 120 g) • Salz • schwarzer Pfeffer • 2 EL Mehl • 2 EL Olivenöl

● Pilze putzen. Möhren und Sellerie schälen, waschen und in dünne Streifen schneiden. Frühlingszwiebeln putzen, waschen und schräg in Ringe schneiden. Zwiebel und Knoblauch abziehen und fein hacken. Petersilie waschen, trocken schütteln, fein hacken.
● Den Backofen auf 80 °C vorheizen.
● Hüftsteaks salzen und pfeffern, in Mehl wenden und das überschüssige Mehl abklopfen.
● Das Öl in einer Pfanne erhitzen und die Hüftsteaks von beiden Seiten 3 Min. braten. Steaks aus der Pfanne nehmen, in Alufolie wickeln und im Backofen weitergaren lassen, bis das Gemüse fertig ist.
● Möhren, Sellerie und Zwiebeln in derselben Pfanne anbraten. Pilze und Knoblauch zugeben und anbraten. Mit Salz und Pfeffer abschmecken.
● Pilzgemüse auf vier Teller verteilen, Hüftsteaks dazulegen und mit Petersilie bestreut servieren. Dazu passt Reis.

Kinderportion 2–3 Streifen Hüftsteak und 2–3 gehäufte EL Pilze

▶ Lamm-Gemüse-Spieße

Geflügel

Hähnchen und Pute kommen nicht nur als Nuggets bei Kindern gut an. Die Zubereitung ist heute einfacher denn je. Geflügel wird küchenfertig angeboten und muss weder gerupft noch ausgenommen werden. Sie können wählen zwischen dem ganzen Vogel und Teilstücken mit und ohne Haut.

Huhn oder Hähnchen?

Als Hähnchen werden sowohl weibliche als auch männliche Tiere bezeichnet, die vor der Geschlechtsreife in einem Alter von fünf bis sechs Wochen geschlachtet werden und in der Regel 700 g bis 1,4 kg wiegen. Unter die Verkehrsbezeichnung »Suppenhuhn« fallen Legehennen, die üblicherweise nach 12–15 Legemonaten geschlachtet werden. Sie wiegen durchschnittlich zwischen 1 kg und 1,2 kg und eignen sich vortrefflich zum Kochen von Suppen und für Ragouts.

Pute oder Truthahn?

Zwei Bezeichnungen für das gleiche Geflügel – egal, ob männlich oder weiblich. Das Besondere an diesem Geflügel ist, dass es helles und dunkleres Fleisch besitzt. Entsprechend unterscheiden sich auch die einzelnen Fleischteile im Geschmack. Das Brustfleisch sowie das Fleisch der Flügel sind hell und besonders zart. Die Brust ist das edelste Stück der Pute und erinnert im Geschmack an Kalbfleisch. Aus ihr lassen sich Schnitzel, Steaks, Rouladen und Rollbraten herstellen. Das dunklere Putenfleisch, das sich vorwiegend an den Unter- und Oberkeulen befindet, besitzt einen deftigeren, kräftigen Geschmack, der in Richtung Wild tendiert. Hähnchen und Putenbrust gelten als besonders fettarm und aufgrund des feinen Fleischgeschmacks stehen sie bei den Kleinen hoch im Kurs.

Ente und Gans

Auch diese beiden Tiere gehören zum Geflügel. Im Gegensatz zum Huhn und zur Pute haben sie dunkles Fleisch und sind in unserem Kulturkreis das klassische Essen an kalten und dunklen Wintertagen. Viele Eltern meinen, dass ihre Kinder dies ganz bestimmt nicht mögen. Doch weit gefehlt, denn wenn es zu Weihnachten bei Oma Gänsebraten gibt, will kein Kind Chickenwings essen.

Geben Sie dem Nachwuchs etwas Fleisch von der Brust in kleine Stückchen geschnitten erst mal zum Probieren, so lässt sich manch kleiner Feinschmecker von Omas Kochkunst verführen. Falls sie es nicht mögen, ist das auch okay. Dann bleibt für sie die Weihnacht eben fleischlos.

Im Buch habe ich darauf verzichtet, Rezepte mit Ente und Gans anzubieten. Wenn Sie sie vermissen, schauen Sie auf meine Homepage oder Facebook-Seite. Sie werden fündig.

⌃ Brathähnchen klassisch (Seite 152)

⌃ Hähnchenschlegel mit Möhren-Fenchel-Gemüse (Seite 152)

⌃ Schnelles Putenrahmgeschnetzeltes (Seite 154)

Der richtige Umgang mit Geflügel

Geflügel kann mit Salmonellen behaftet sein, daher sind einige Grundregeln zu beachten. Besonderes Augenmerk verdienen die richtige Kühlung, die Hygiene bei der Zubereitung und das ausreichende Garen.

- Bringen Sie frisches Geflügelfleisch möglichst schnell und kühl nach Hause. Tiefgefrorenes Geflügel sollte auf keinen Fall antauen. Eine Kühltasche mit gekühlten Kühlakkus ist sinnvoll.
- Frisches Geflügel legen Sie im Kühlschrank an die kälteste Stelle: unten, direkt über dem Gemüsefach oder im speziell vorgesehenen 1–3-°C-Fach.
- Entfernen Sie die Verpackung vollständig und werfen Sie sie gleich in den Müll.
- Tiefgefrorenes Geflügel legen Sie in ein großes Gefäß mit Gittereinsatz in den Kühlschrank, damit die beim Auftauen austretende Flüssigkeit abtropfen kann und das Fleisch langsam auftaut.
- Frisches und aufgetautes Geflügel spülen Sie unter fließend kaltem Wasser ab und tupfen es anschließend mit Küchenkrepp ab.
- Nach der Zubereitung waschen Sie gründlich alle benutzten Küchenutensilien ab und selbstverständlich Ihre Hände, um eine Übertragung von Salmonellen zu vermeiden.
- Legen Sie gegartes Geflügel und andere Lebensmittel nie auf das Brett, auf dem zuvor frisches Geflügel lag. Das Brett muss gründlich mit heißem Wasser abgewaschen werden.
- Essen Sie Geflügelfleisch niemals roh. Verzichten Sie auf Geflügelhackfleisch.

Das hat Papa schon als Kind geliebt
Brathähnchen klassisch

Für 4 Portionen • braucht etwas mehr Zeit
⏱ 10 Min. + 50 Min. Backzeit

2 küchenfertige Brathähnchen (à 1,2 kg) • 2 TL Salz • 2 TL Paprikapulver (edelsüß) • 1 EL Currypulver • ½ TL weißer Pfeffer

- Den Backofen auf 200 °C vorheizen.
- Die Hähnchen gründlich mit kaltem Wasser abbrausen. Mit Küchenkrepp innen und außen trocken tupfen. Überstehende Haut an der Hals- und Schwanzöffnung mit einem Küchenmesser abschneiden.
- Das Salz mit Paprika- und Currypulver und Pfeffer mischen. Die Hähnchen innen und außen kräftig mit der Gewürzmischung einreiben. Die Haut zwischen Brust und Schenkeln mit einem Zahnstocher mehrfach einstechen.
- Die Hähnchen mit der Brustseite nach unten auf ein Backblech setzen und 50 Min. auf der zweiten Schiene von unten garen. Nach der Hälfte der Garzeit umdrehen und mit dem Bratensaft bestreichen. Das Hähnchen ist fertig, wenn nach dem Einstechen ins Fleisch klarer Fleischsaft austritt.
- Dann 10 Min. im ausgeschalteten Backofen ruhen lassen. So kann sich der Bratensaft im Fleisch gleichmäßig verteilen. Dann die Hähnchen auf den Rücken auf ein Brett legen. Flügel und Keulen mit einem großen Küchenmesser an den Gelenken abtrennen. Für das Brustfilet links und rechts am Brustbein entlangschneiden und die Bruststücke herauslösen. Mit Brot oder Kartoffelpüree servieren.

Kinderportion So viel ausgelöstes Hähnchenfleisch, wie auf die Handfläche des Kindes passen würde.

Für kleine Feinschmecker
Hähnchenschlegel mit Möhren-Fenchel-Gemüse

Für 4 Portionen • braucht etwas mehr Zeit
⏱ 25 Min. + 45 Min. Backzeit

4 Hähnchenkeulen (à 250 g) • 2 Knoblauchzehen • 2 EL Zitronensaft • Salz • Pfeffer • 4 EL Rapsöl • 1 Bio-Zitrone • 5 Möhren • 1 Fenchelknolle • 2 Zwiebeln • 150 ml Brühe

- Hähnchenkeulen abbrausen, trocken tupfen, am Gelenk entlang halbieren.
- Knoblauch abziehen und fein hacken.
- Zitronensaft in einen Becher geben. Knoblauch, Salz, Pfeffer und 1 Teelöffel Rapsöl dazugeben und verrühren. Hähnchenkeulen damit würzen.
- Backofen auf 180 °C vorheizen.
- Zitrone waschen und in dünne Scheiben schneiden. Möhren putzen, schälen, längs halbieren und dann vierteln. Fenchel (Seite 92) putzen und in Streifen schneiden. Zwiebeln abziehen und achteln.
- Die halbierten Hähnchenkeulen in eine eingefettete Fettpfanne setzen. Möhren, Fenchel, Zwiebeln und Zitronenscheiben dazugeben. Mit dem restlichen Öl beträufeln, salzen und pfeffern und mit Brühe angießen. Im Backofen auf mittlerer Schiene etwa 45 Min. garen.

Kinderportion 1 halber Hähnchenschlegel (Fleisch vom Knochen lösen!), 2 gehäufte EL Gemüse

Eltern-Extra Geben Sie in den letzten 15 Min. schwarze, entsteinte Oliven in das Gemüse.

▸ Brathähnchen klassisch

Fast schon in Vergessenheit geraten
Hühnerfrikassee

Für 4 Portionen • braucht etwas mehr Zeit
⏱ 1 ½ Std.

1 Suppenhuhn (à 1,5 kg) • 2 Zwiebeln • 1 Möhre • 2 TL Salz • 1 TL Pfefferkörner • 1 Lorbeerblatt • 1 EL Butter • 1 EL Mehl • 150 g kleine Champignons (aus dem Glas) • 4 EL Sahne • weißer Pfeffer • 1 EL Zitronensaft

● Das Huhn abbrausen, in einen Topf geben und mit kaltem Wasser bedecken.
● Eine Zwiebel abziehen und achteln. Möhre waschen, putzen und in grobe Stücke schneiden.
● Salz, Pfefferkörner, Lorbeerblatt, Zwiebel- und Möhrenstücke zum Huhn geben. Das Ganze zum Kochen bringen und in etwa 1 Std. gar kochen. Topf vom Herd nehmen und auskühlen lassen.
● Das Huhn aus dem Topf nehmen und die Brühe durch ein Sieb passieren.
● Das Fleisch von den Knochen lösen und in mundgerechte Stücke schneiden.
● Die zweite Zwiebel pellen und fein hacken.
● Butter in einem Topf erhitzen, die Zwiebel darin anschwitzen, Mehl hinzugeben und kurz anrösten. Mit ½ l der Geflügelbrühe aufgießen und 10 Min. köcheln lassen. Champignons und das Hühnerfleisch zugeben und erwärmen, nicht mehr kochen lassen. Dann mit Sahne, Salz, Pfeffer und Zitronensaft abschmecken.

Kinderportion 4–5 EL

Tipp Mit frischer Petersilie bekommt das Hühnerfrikassee ein bisschen Farbe – das erhöht das Interesse an dem Gericht.

Mit schön viel Sauce
Schnelles Putenrahmgeschnetzeltes

Für 4 Portionen • gelingt leicht
⏱ 20 Min.

400 g Putenbrust • 250 g Champignons • 2 Zwiebeln • 2 Zweige Thymian • 2 EL Rapsöl • Salz • Pfeffer • 250 ml Fleischbrühe • 2 EL Crème fraîche

● Die Putenbrust abbrausen, trocken tupfen und in feine Streifen schneiden. Pilze putzen und blättrig schneiden. Zwiebeln abziehen und fein würfeln. Thymian waschen, trocken schütteln, fein hacken.
● Öl in einer Pfanne erhitzen. Zwiebeln darin glasig dünsten. Pilze und Putenbruststreifen hinzufügen, salzen und pfeffern und 10 Min. braten.
● Dann alles herausnehmen. Den Bratensatz mit Brühe ablöschen und einkochen lassen. Mit Salz und Pfeffer abschmecken. Das Geschnetzelte wieder hineingeben. Crème fraîche unterrühren und kurz erwärmen.
● Zum Schluss Thymian über das Rahmgeschnetzelte geben und mit Reis servieren.

Kinderportion 4–5 EL

Variante Geben Sie wenige Minuten vor Ende der Garzeit aufgetaute TK-Erbsen in das Geschnetzelte.

▸ Schnelles Putenrahmgeschnetzeltes

Aus Meer und See

Fisch ist gesund und in »Stäbchenform« auch schon bei den ganz Kleinen äußerst beliebt. Und auch mit grätenfreiem Fischfilet lassen sich schon ganz kleine Fischfans angeln. Was »normalen« Fisch anbetrifft, sind meist wir Erwachsenen die Zögernden und das überträgt sich auf die Kleinen.

Vom Fischer oder Farmer?

Fisch wird heute nicht nur im Meer gefangen und in Seen und Bächen geangelt, sondern kommt zu einem Drittel aus Aquakultur. Dass Fisch aus der freien Natur besser schmeckt, ist ein hartnäckiges Gerücht. Denn die Aquakultur hat sich weiterentwickelt und in vielen Fischfarmen hat sich die Qualität der Fischzucht verbessert, sodass selbst Feinschmecker die Unterschiede nicht mehr schmecken können. Fisch aus Aquakultur ist deutlich preiswerter und kann bei der Überfischung der Meere auch als ein Beitrag zum aktiven Umweltschutz verstanden werden.

Achten Sie auf das MSC-Siegel!

Wenn Sie sich für eine nachhaltige Befischung einsetzen möchten, dann achten Sie beim Kauf von Seefisch aus Wildfängen auf das ovale blaue Siegel mit den Buchstaben »MSC«. Sie sind die Abkürzung für »Marine Stewardship Council«, zu Deutsch »Rat zur Bewahrung der Meere«. Ziel dieser weltweit tätigen, unabhängigen Einrichtung ist es, die Zukunft der Fischbestände und eine gesunde Meeresumwelt, von der die Fischerei abhängig ist, langfristig zu sichern. Fischereien können die Umweltverträglichkeit ihrer Arbeit prüfen lassen. Werden die ökologischen und nachhaltigen Anforderungen der MSC-Kriterien erfüllt, erhalten sie ein Zertifikat und dürfen ihre Ware mit dem MSC-Siegel kennzeichnen.

Frischekriterien

Frisches Fischfilet erkennen Sie am leicht glänzenden Fleisch und an einer klaren Farbe. Außerdem besitzt das Fischfilet glatte Schnittflächen. Frisches Fischfilet riecht nicht etwa typisch »fischig«, sondern angenehm nach Meer.

Ganzer Fisch ist frisch, wenn seine Haut feucht und silbrig glänzt. Je verblasster die Farbe der Fischhaut, umso älter ist der Fisch. Die Augen sind klar und prall gewölbt. Leuchtend rote Kiemen und eine feuchte und glänzende Bauchhöhle sind Zeichen von Frische. Im Gegensatz dazu sind trübe, eingefallene Augen, verschleimte, gräuliche oder gelbliche Kiemen sowie eine fehlende Festigkeit des ganzes Fisches klare Hinweise, den Fisch dort zu lassen, wo er ist.

⬆ Fischfrikadellen mit Kerbel (Seite 160)

⬆ Curry-Fisch-Pfanne (Seite 158)

⬆ Spinatauflauf mit Kabeljaurückenfilet (Seite 161)

Normalerweise ist Tiefkühlfisch eine gute Wahl, weil er fangfrisch eingefroren wird. Wenn er aber nach dem Auftauen stark und unangenehm riecht, dann ist möglicherweise die Kühlkette unterbrochen worden oder der Fisch war schon vor dem Einfrieren nicht mehr gut. Sie sollten ihn daher auf keinen Fall mehr zubereiten und essen.

Nehmen Sie für den Einkauf von frischem Fisch immer eine Kühltasche mit. So unterbrechen Sie die Kühlkette nicht. Zuhause angekommen packen Sie den Fisch aus und legen Sie ihn wortwörtlich auf Eis! Stellen Sie dafür ein größeres Gefäß mit Eiswürfeln unter ein kleineres Gefäß mit dem Fisch und packen Sie das Ganze in den kältesten Bereich des Kühlschranks. Bei normalen Kühlschränken ist das die Glasplatte über dem Gemüsefach.

Richtiger Umgang mit Fisch

- Frischfisch noch am Einkaufstag oder spätestens am Folgetag zubereiten.
- Das Salzen von Fisch ist vor dem Garen ein Muss, das Säuern mit Zitronensaft ist heute nur noch ein Kann.
- Fischfilet sollten Sie immer ganz bewusst auf Gräten überprüfen.
- Sicher ist sicher: Rückenfilet von Kabeljau und Seelachs oder auch Seeteufel ist frei von Gräten. Auch beim Schollenfilet lassen sich keine Gräten finden.
- Fisch darf auch einmal aufgewärmt werden. Doch Fisch sollte nicht lange warm gehalten werden.

Info Seefisch!

Seefisch ist das einzige Lebensmittel mit einem natürlich hohen Jodgehalt. Daher wird empfohlen, mindestens einmal in der Woche Seefisch zu essen. Um gut mit Jod versorgt zu sein, reicht die Verwendung von Jodsalz alleine nicht aus. Außerdem haben die fettigen Seefische wie Lachs, Hering und Makrele einen hohen Gehalt an Omega-3-Fettsäuren. Und davon kann man gar nicht genug bekommen. Für Ihre Gesundheit: Die Fischrezepte nicht überblättern, sondern auch mal ausprobieren!

Statt Fischstäbchen …

Paniertes Fischfilet

Für 4 Portionen • gelingt leicht
⏱ 20 Min.

4 Fischfilets à 150 g (Rotbarsch, Seelachs, Kabeljau) • 2 EL Zitronensaft • Salz • weißer Pfeffer • 4 EL Mehl • 8 EL Semmelbrösel • 2 Eier • 5 EL Rapsöl

- Die Fischfilets kalt abspülen und trocken tupfen. Mit Zitronensaft beträufeln, salzen und pfeffern.
- Auf einen flachen Teller Mehl, auf einen anderen Semmelbrösel geben. Eier in einem tiefen Teller aufschlagen.
- Fischfilets nacheinander zuerst im Mehl wenden, überschüssiges Mehl abschütteln, dann durch die verquirlten Eier ziehen und anschließend in den Semmelbröseln wenden. Panade etwas andrücken.
- Das Öl in einer Pfanne erhitzen, die Fischfilets darin von beiden Seiten bei mittlerer Hitze etwa 3–4 Min. braten.

Kinderportion 1 Stück Fisch (so groß wie die Handfläche des Kindes)

Tipp Geben Sie mit den Fischfilets etwas Butter zum Öl, damit der Fisch eine leichte Butternote bekommt.

Für Fischfans ein absolutes Muss

Seelachsfilet unter Kräutern

Für 4 Portionen • gelingt leicht
⏱ 25 Min. + 7 Min. Backzeit

1 Bund Schnittlauch • 2 Eiweiße • Salz • 3 EL körniger Senf • 4 Seelachsfilets (à 150 g) • weißer Pfeffer • 2 EL Olivenöl

- Den Backofen auf 200 °C (evtl. Grillfunktion) vorheizen.
- Schnittlauch abbrausen und in feine Ringe schneiden. Eiweiß mit einer Prise Salz steif schlagen. Schnittlauch und Senf unterheben.
- Die Fischfilets kalt abspülen und trocken tupfen. Salzen und pfeffern.
- Olivenöl in einer Pfanne erhitzen und die Fischfilets von beiden Seiten etwa 2 Min. anbraten.
- Fischfilets auf ein mit Backpapier ausgelegtes Blech legen. Eischnee auf die Fischfilets verteilen und 5–7 Min. grillen.

Kinderportion 1 Stück Fisch (so groß wie die Handfläche des Kindes)

Eltern-Extra 4 Scheiben Frühstücksspeck auslassen. Speck zerbröseln und über die Schnittlauchhaube geben.

Mit dem Aroma des Orients

Curry-Fisch-Pfanne

Für 4 Portionen • gelingt leicht
⏱ 25 Min.

4 Pangasiusfilets (à 150 g) • 4 EL Rapsöl • 4 EL Sojasauce • weißer Pfeffer • 3 Möhren • 1 Stange Lauch • 300 g Brokkoli • 100 g Mungbohnensprossen • 1 EL mildes Currypulver • 100 ml Sahne

- Die Fischfilets kalt abspülen, trocken tupfen und in 3 cm breite Streifen schneiden.
- 2 EL Öl in eine kleine Schüssel geben. 2 EL Sojasauce und Pfeffer zugeben und alles verrühren. Die Fischfilets darin marinieren.
- Möhren in Streifen schneiden. Lauch in Ringe schneiden. Brokkoli zerteilen und in kochendem Wasser etwa 2 Min. blanchieren. Sprossen abbrausen.
- Das restliche Öl in einer Pfanne erhitzen. Möhren, Lauch und Brokkoli darin bei milder Hitze anbraten. Mit Curry und Sojasauce würzen. Mit Sahne angießen und bei geschlossenem Deckel 5 Min. dünsten. Fisch und Sprossen zufügen und alles 5 Min. dünsten.

Kinderportion 2–3 Streifen Fisch und 3 EL Gemüse

▸ Seelachsfilet unter Kräutern

Fast noch leckerer als Frikadellen aus Fleisch
Fischfrikadellen mit Kerbel

Für 4 Portionen • braucht etwas mehr Zeit
⏱ 35 Min. + 1 Std. Ziehzeit

1 Bund Kerbel • 1 Zwiebel • 500 g Fischfilet (z. B. Kabeljau) • 2 Eier • 100 g Semmelbrösel • Salz • weißer Pfeffer • 4 EL Rapsöl

● Kerbel waschen, trocken tupfen, die Blättchen von den Stielen zupfen und fein hacken. Zwiebel abziehen und fein hacken. Den Fisch kalt abspülen, trocken tupfen und in feine Würfel hacken.
● Fischgehacktes, Zwiebel und Kerbel in eine Schüssel geben. Eier und 50 g Semmelbrösel zufügen und alles zu einer homogenen Masse verkneten, mit Salz und Pfeffer abschmecken und im Kühlschrank etwa 1 Std. ruhen lassen. Dann 8 Frikadellen formen.
● Restliche Semmelbrösel auf einen Teller geben und die Frikadellen darin wenden.
● Das Öl in einer beschichteten Pfanne erhitzen und die Frikadellen bei mittlerer Hitze von beiden Seiten in etwa 5 Min. goldgelb braten.

Kinderportion ½–1 Frikadelle

Variante Mit anderen Kräutern wie Dill, Schnittlauch oder Petersilie schmecken die Frikadellen ebenfalls. Wer das Fischaroma reduzieren möchte, gibt fein gehackte getrocknete Tomate oder geraspelten Käse in die Frikadellenmasse.

Jeder bekommt sein eigenes Päckchen
Heilbuttfilet in Alupäckchen

Für 4 Portionen • gut vorzubereiten
⏱ 10 Min. + 25 Min. Backzeit

500 g Heilbuttfilet • 2 EL Zitronensaft • Salz • weißer Pfeffer • 250 g Cocktailtomaten • ½ Bund glatte Petersilie • 4 TL Butter • 4 EL geriebener Parmesan

● Die Heilbuttfilets kalt abspülen und trocken tupfen. Mit Zitronensaft beträufeln, salzen und pfeffern.
● Tomaten waschen, abtrocknen und halbieren. Petersilie waschen, trocken schütteln, Blättchen von den Stielen zupfen und fein hacken.
● Den Backofen auf 200 °C vorheizen.
● Vier Stücke Alufolie auf der Arbeitsfläche ausbreiten, den Fisch daraufgeben. Tomatenhälften und Petersilie darauf verteilen. Jeweils 1 TL Butter und 1 EL Parmesan auf den Fisch geben. Alufolie zusammenfalten und die Ränder gut verschließen.
● Die Päckchen auf einem Rost auf der mittleren Schiene etwa 25 Min. garen.

Kinderportion 1 Stück Fisch (so groß wie die Handfläche des Kindes)

Variante Sie können auch Möhren mit einem Sparschäler in dünne Streifen schälen und das Fischfilet damit umwickeln. Den Fisch dann auf die gleiche Weise verpackt im Ofen garen.

Fischgerichte : Rezepte für die ganze Familie

Da schwimmt der Fisch durchs Spinatbett
Spinatauflauf mit Kabeljaurückenfilet

Für 4 Portionen • braucht etwas mehr Zeit
⏲ 25 Min. + 20 Min. Backzeit

500 g Kabeljaurückenfilet • 1 Zitrone • 2 rote Zwiebeln • 1 Knoblauchzehe • 800 g Pellkartoffeln (vom Vortag) • 500 g Blattspinat • 1 EL Butter • 1 EL Mehl • 300 ml Gemüsebrühe • 200 g Doppelrahmfrischkäse • Salz • weißer Pfeffer • 1 Prise Muskat

● Kabeljaurückenfilet unter kaltem Wasser abspülen, trocken tupfen und in 3 cm breite Streifen schneiden. Zitrone halbieren und auspressen. Den Zitronensaft über die Fischstreifen geben.
● Den Backofen auf 200 °C vorheizen.
● Zwiebeln abziehen und in Streifen schneiden. Knoblauch abziehen und fein hacken. Kartoffeln pellen und je nach Größe halbieren oder vierteln.
● Spinat waschen, putzen, grob hacken und in wenig Wasser etwa 1 Min. blanchieren. Durch ein Sieb geben und abtropfen lassen.
● Butter in einem Topf erhitzen. Knoblauch darin andünsten, mit Mehl bestäuben. Unter Rühren die heiße Gemüsebrühe zugeben, sodass eine Sauce entsteht. Mit Frischkäse, Salz, Pfeffer und Muskat abschmecken.
● Spinat in einer gefetteten Auflaufform verteilen. Fisch, Kartoffeln und Zwiebeln daraufgeben und mit der Frischkäsesauce übergießen. Mit Salz, Pfeffer und Muskat würzen, dann auf der mittleren Schiene etwa 20 Min. backen.

Kinderportion 1 Stück Fisch (so groß wie die Handfläche des Kindes), 5 gehäufte EL Spinat-Kartoffeln

Eltern-Extra Gorgonzola anstelle von Frischkäse gibt dem Auflauf eine würzige Note.

Schmeckt immer wieder
Kräuterlachs aus dem Ofen

Für 4 Portionen • gut vorzubereiten
⏲ 10 Min. + 30 Min. Backzeit

500 g Lachsfilet • ½ Bund Dill • 3 Frühlingszwiebeln • 100 ml Sahne • 200 g Doppelrahmfrischkäse mit Kräutern • Salz • weißer Pfeffer

● Den Backofen auf 200 °C vorheizen.
● Die Lachsfilets unter kaltem Wasser abbrausen und trocken tupfen.
● Dill waschen, trocken tupfen und fein hacken. Frühlingszwiebeln waschen, putzen und in feine Ringe schneiden. Dill und Frühlingszwiebeln mit Sahne und Frischkäse verrühren.
● Den Fisch portionieren und in eine gefettete Auflaufform setzen. Mit Salz und Pfeffer würzen und die Kräuter-Frischkäse-Masse darübergeben. Auf mittlerer Schiene etwa 30 Min. backen.

Kinderportion 1 Stück Fisch (so groß wie die Handfläche des Kindes), 1–2 EL Sauce

Variante Erweitern Sie das Gericht um 200 g blättrig geschnittene Pilze.

Hein Blöd kriegt davon eine Extraportion
Käpt'n-Iglu-Spieße

Für 4 Portionen • gelingt leicht
⏲ 30 Min.

400 g TK-Fischstäbchen • 4 Ananasringe (aus der Dose) • 1 rote Paprikaschote • 1 rote Zwiebel • Salz • schwarzer Pfeffer • ½ TL Paprikapulver • 4 EL Rapsöl

● Fischstäbchen auftauen lassen. Ananasringe über einem Sieb abtropfen lassen, dann jeweils in 4–5 gleich große Stücke scheiden. Paprika waschen, putzen und in Stücke schneiden. Zwiebel schälen, vierteln und die Schichten voneinander trennen.
● Fischstäbchen halbieren. Abwechselnd mit den Ananas- und Paprikastücken sowie den Zwiebelvierteln auf 8 Spieße stecken. Mit Salz, Pfeffer und Paprika würzen.
● Das Öl in einer großen beschichteten Pfanne erhitzen. Die Spieße darin 10 Min. von allen Seiten braten. Nach der Hälfte der Bratzeit zugedeckt weitergaren.

Kinderportion ½–1 Spieß (Spieß vor dem Essen entfernen)

Eltern-Extra Wer es exotisch mag, streut über die Käpt'n-Iglu-Spieße während des Bratens 2 EL Kokosflocken.

Schlicht, köstlich und schnell gemacht
Lachs aus dem Backofen

Für 4 Portionen • gut vorzubereiten
⏲ 5 Min. + 30 Min. Backzeit

600 g Lachsfilet mit Haut • 1–2 EL grobes Salz • 1 EL Chiliflocken • 1 TL getrockneter Thymian • schwarzer Pfeffer • ½ TL Paprikapulver • 2 EL Olivenöl

● Das Lachsfilet kalt abspülen, auf Gräten überprüfen und diese entfernen. Trocken tupfen und mit der Haut nach unten in eine Auflaufform legen.
● Den Backofen auf 200 °C vorheizen.
● Den Fisch gleichmäßig mit Salz einreiben.
● Chiliflocken, Thymian, Pfeffer und Paprikapulver in einen Becher geben, Öl zufügen und alles zu einer Marinade verrühren. Den Lachs damit bestreichen und das Ganze 25–30 Min. im Backofen garen. Mit Baguette oder einem grünen Salat servieren.

Kinderportion 1 Stück Fisch (so groß wie die Handfläche des Kindes)

➔ Käpt'n-Iglu-Spieße

Hefeteig

Egal ob süß oder pikant – für einen Hefeteig braucht man vor allem Geduld: Zuerst heißt es Kneten, dann Warten (und hoffen, dass er auch tatsächlich aufgeht …). Aber am Ende hat man ein tolles Allroundtalent, mit dem sich allerhand zaubern lässt.

Basis vieler Leckereien
Grundrezept pikanter Hefeteig

Dick ausgerollt für ein Backblech, sehr dünn ausgerollt für zwei • braucht etwas mehr Zeit
⊙ 10 Min. + 40 Min. Gehzeit

450 g Mehl • 1 Päckchen Trockenhefe (7 g) • 1 Prise Zucker • ½ TL Salz • 5 EL Olivenöl • ¼ l lauwarmes Wasser

● Mehl in eine Schüssel sieben und eine Mulde hineindrücken. Hefe hineingeben. Zucker darüberstreuen.
● Salz und Öl an den Rand der Schüssel geben.
● Das lauwarme Wasser in und um die Mulde gießen. Wenn Sie den Teig mit Vollkornmehl herstellen möchten, geben Sie etwa 5 EL mehr Wasser zu den Teigzutaten. Mit den Knethacken eines Handrührgerätes zu einem glatten Teig verarbeiten.
● Den Teig mit einem Tuch abgedeckt an einem warmen Ort gehen lassen, bis er sein Volumen fast verdoppelt hat.
● Den gegangenen Teig aus der Schüssel nehmen und auf einer bemehlten Arbeitsfläche kräftig durchkneten. Mit einer Teigrolle ausrollen und vor dem Belegen und Abbacken mit einem Tuch abgedeckt etwa 10 Min. gehen lassen.
● Die angegebene Teigmenge reicht für ein Backblech. Wenn Sie den Teig halbieren, reicht er für eine Spring-, Pie- oder Quicheform (⌀ 24 oder 26 cm). Denken Sie daran, ein bisschen Zucker in die Hefe zu geben. Der Zucker sorgt nämlich für einen guten Start in der Teigführung.

Grundrezept süßer Hefeteig

Für ein Backblech
⊙ 10 Min. + 40 Min. Gehzeit

500 g Mehl • 1 Päckchen Trockenhefe (7 g) • 50 g Zucker • 1 Prise Salz • 2 Eier • 50 g Butter • 250 ml lauwarme Milch

● Mehl in eine Schüssel sieben und eine Mulde hineindrücken. Hefe hineingeben. Zucker darüberstreuen. Salz, Eier und Butter als Flöckchen an den Rand der Schüssel geben.
● Die lauwarme Milch hinzugießen und mit den Knethaken eines Handrührgerätes zu einem glatten Teig verarbeiten.
● Den Teig mit einem Tuch abgedeckt an einem warmen Ort gehen lassen, bis er sein Volumen fast verdoppelt hat.

▲ Pizza Margherita (Seite 166)

▲ Pizzaschnecken (Seite 168)

▲ Butterkuchen (Seite 201)

Tipp Beim Backen mit Vollkornmehl reduzieren Sie die Mehlmenge um 10 % (50 g). So ist der Vollkornhefeteig ausreichend mit Wasser zum Quellen versorgt und wird ähnlich locker wie heller Hefeteig.

Frische oder Trockenhefe?

Das Backen mit Trockenhefe ist etwas einfacher: Sie müssen keinen Vorteig herstellen und sparen somit die Zeit. Trockenhefe wird in Päckchen mit 7 g Inhalt verkauft. Diese Menge reicht in der Regel für 500 g Mehl. Trockenhefe lässt sich bei Zimmertemperatur etwa ein Jahr lagern, auf dem Päckchen befindet sich ein Mindesthaltbarkeitsdatum.

Frische Backhefe finden Sie im Kühlregal. Bei sachgemäßer Lagerung im Kühlschrank hält sie etwa zwölf Tage die volle Triebkraft. Frische Backhefe ist ockerfarben, hat eine feste, homogene Konsistenz, und riecht angenehm. Im Gegensatz dazu ist überlagerte Bäckerhefe rissig, bröckelig und riecht unangenehm. Ein halbes Päckchen (20 g) reicht für 500 g Mehl. Frische Hefe lässt sich übrigens auch im Gefrierschrank etwa vier Monate lagern. Sie wird durch das Tieffrieren flüssig, verliert aber nicht an Qualität. Doch wer selten Hefeteig zubereitet, sollte die Vorteile des Trockenproduktes nutzen.

Tipps & Tricks

Hefe entwickelt ihre volle Triebkraft durch die Zufuhr von Zucker, Feuchtigkeit, Luft und Wärme. Es kommt zu guten Backergebnissen,
- wenn alle Zutaten Zimmertemperatur haben,
- wenn die Backhefe mit etwas Zucker in Berührung kommt,
- wenn das Salz nicht direkt auf die Hefe gegeben wird,
- wenn die zuzugebende Flüssigkeit lauwarm ist,
- wenn der Teig kräftig geknetet wird,
- wenn der Teig ausreichend lange bei gleichbleibend hoher Temperatur (35 °C) gehen kann,
- wenn er auf dem Blech ein weiteres Mal gehen kann.

Die Basis für viele Variationen!
Pizza Margherita

Für 1 Blech • braucht etwas mehr Zeit
⏱ 25 Min. + 40 Min. Gehzeit + 25 Min. Backzeit

Pikanter Hefeteig (Seite 164) • 1 Zwiebel • 1 Knoblauchzehe • 1 EL Butter • 1 Dose geschälte Tomaten (400 g) • Salz • schwarzer Pfeffer • 1 EL getrockneter Oregano • 1 Lorbeerblatt • 400 g Tomaten • 250 g Mozzarella • etwas Olivenöl • etwas Mehl • 4–6 Zweige Basilikum

● Den Hefeteig nach Anleitung zubereiten und etwa 30 Min. gehen lassen. Inzwischen Zwiebel und Knoblauch schälen und fein hacken.
● Butter in einer beschichteten Pfanne zerlassen. Zwiebeln und Knoblauch andünsten. Mit dem Tomatensaft aus der Dose ablöschen, die Tomaten ebenfalls dazugeben und etwas zerkleinern. Mit Salz, Pfeffer und Oregano würzen. Das Lorbeerblatt dazugeben und alles einkochen lassen. Das Lorbeerblatt wieder herausnehmen.
● Tomaten waschen, von den Stielansätzen befreien und in dünne Scheiben schneiden. Mozzarella in dünne Scheiben schneiden.
● Den Backofen auf 200 °C vorheizen.
● Ein Backblech einfetten und mit etwas Mehl bestäuben. Den Teig ausrollen und aufs Blech legen. Abgedeckt etwa 10 Min. gehen lassen.
● Die Tomatensauce auf dem Pizzateig verteilen. Die Tomatenscheiben darauflegen. Mit Salz und Pfeffer würzen. Die Mozzarellascheiben darauflegen.
● Die Pizza auf der mittleren Schiene etwa 25 Min. backen. Inzwischen das Basilikum waschen und die Blätter von den Stielen zupfen. Die Pizza aus dem Ofen nehmen und mit Basilikum garnieren.

Kinderportion 1 Stück (2-mal die Handflächen des Kindes)

Da isst sogar der Teddy mit
Pizzamuffins

Für 12 Stück • braucht etwas mehr Zeit
⏱ 20 Min. + 40 Min. Gehzeit + 35 Min. Backzeit

400 g Mehl (Type 550 oder 1050) • 1 Päckchen Trockenhefe (7 g) • 1 Prise Zucker • ½ TL Salz • 3 EL getrockneter Oregano • 6 EL Olivenöl • 220 ml lauwarmes Wasser • 1 Zwiebel • 1 grüne Paprikaschote • 2 Tomaten • 100 g Gouda

● Mehl in eine Schüssel sieben und eine Mulde hineindrücken. Hefe hineingeben. Zucker darüberstreuen. Salz, Oregano und Öl an den Rand der Schüssel geben. Das Wasser in und um die Mulde gießen. Zu einem glatten Teig verarbeiten.
● Den Teig mit einem Tuch abgedeckt an einem warmen Ort 30 Min. gehen lassen, bis er sein Volumen fast verdoppelt hat.
● Zwiebel schälen und fein würfeln. Paprika waschen und in kleine Würfel schneiden. Tomaten waschen und in 12 Scheiben schneiden. Gouda reiben.
● Den Backofen auf 200 °C vorheizen. Die Muffinform mit Öl einfetten.
● Den Teig aus der Schüssel nehmen und auf einer bemehlten Arbeitsfläche kräftig durchkneten. Die Zwiebel- und Paprikawürfel darunterkneten. Den Teig in 12 Kugeln teilen. Diese in je eine Vertiefung der Muffinform setzen. Mit einem Tuch abgedeckt etwa 10 Min. gehen lassen.
● Dann eine Tomatenscheibe auf jeden Muffin legen und mit Käse bestreuen. Auf der mittleren Schiene etwa 35 Min. backen. Die Muffins vor dem Verzehr etwa 5 Min. abkühlen lassen.

Kinderportion 1 Muffin

❧ Pizzamuffins

Pizza und pikante Kuchen : Rezepte für die ganze Familie 167

Nennen Sie sie Seetang-Pizza!

Pizza mit Spinat und Gorgonzola

Für 1 Blech • gut vorzubereiten
⏱ 20 Min. + 40 Min. Gehzeit + 30 Min. Backzeit

Pikanter Hefeteig (Seite 164) • 450 g TK-Spinat • 2 Zwiebeln • 2 Knoblauchzehen • 1 Msp. Muskat • Salz • schwarzer Pfeffer • 150 g Gorgonzola • 150 g Gouda (mittelalt) • etwas Öl • etwas Mehl

● Den Hefeteig nach Anleitung zubereiten und etwa 30 Min. gehen lassen.
● Spinat in einer großen Schüssel auftauen lassen, gut ausdrücken und eventuell auseinanderpflücken. Zwiebeln und Knoblauch schälen. Zwiebeln in hauchdünne Ringe schneiden. Knoblauch durch eine Presse drücken und zum Spinat geben. Den Spinat mit Muskat, Salz und Pfeffer abschmecken.
● Gorgonzola in Würfel schneiden. Gouda eventuell entrinden und dann reiben.
● Den Backofen auf 200 °C vorheizen.
● Ein Backblech einfetten und mit etwas Mehl bestäuben. Den Teig zu einem Rechteck in Blechgröße ausrollen und auf das Blech legen. Mit einem Küchentuch abgedeckt etwa 10 Min. gehen lassen.
● Den Spinat auf dem Pizzateig verteilen. Die Zwiebelringe gleichmäßig auf den Spinat legen. Die Gorgonzolawürfel und den geriebenen Gouda darüberstreuen. Die Pizza auf der mittleren Schiene etwa 30 Min. backen.

Kinderportion 1 Stück (2-mal die Handflächen des Kindes)

Muss man mit den Händen essen

Pizzaschnecken

Für 16 Stück • gelingt leicht
⏱ 30 Min. + 40 Min. Gehzeit + 20 Min. Backzeit

Pikanter Hefeteig (Seite 164) • 1 Zwiebel • 1 Zucchini • 50 g roher Schinken in Scheiben • 150 g Mais aus der Dose • 200 g Gouda • etwas Butter • etwas Mehl • 5 EL Tomatenmark • 5 EL Tomatenketchup • Salz • schwarzer Pfeffer • 1 EL Thymian

● Den Hefeteig nach Anleitung zubereiten und etwa 30 Min. gehen lassen.
● Inzwischen die Zwiebel schälen und fein hacken. Zucchini waschen, putzen und fein würfeln. Den Schinken in feine Streifen schneiden. Mais auf einem Sieb abtropfen lassen. Den Gouda eventuell entrinden und fein reiben.
● Backofen auf 200 °C vorheizen. Zwei Backbleche mit etwas Butter einfetten und mit etwas Mehl bestäuben.
● Den Teig auf einer bemehlten Arbeitsfläche zu einem Rechteck von 20 × 30 cm ausrollen. Tomatenmark und -ketchup auf den Teig streichen, dabei einen 1 cm breiten Rand frei lassen.
● Zwiebel- und Zucchiniwürfel, Mais und Schinkenstreifen gleichmäßig darauf verteilen. Mit Salz, Pfeffer und Thymian würzen. Den Gouda darüberstreuen.
● Den Pizzateig von der langen Seite her aufrollen und den Rand fest andrücken. Mit einem Messer in 16 Scheiben schneiden. Die Scheiben auf die Bleche legen. Nochmals etwa 10 Min. gehen lassen und auf der mittleren Schiene etwa 20 Min. backen.

Kinderportion 1 Schnecke

▸ Pizza mit Spinat und Gorgonzola

Pikanter Mürbeteig

Lust auf Quiche und Tarte? Dann brauchen Sie einen Mürbeteig. Das Wichtigste beim Zubereiten: Alle Zutaten müssen schön kühl sein. Wer den Teig knusprig und locker haben möchte, gibt ihn in den vorgeheizten Backofen.

Grundrezept pikanter Mürbeteig

Für 1 Springform • gut vorzubereiten
⏱ 10 Min. + 30 Min. Ruhezeit

250 g Mehl • ½ TL Salz • 1 frisches Ei • 125 g Butter

- Mehl, Salz und Ei in eine Schüssel geben. Die Butter in Flöckchen geschnitten dazugeben. Das Ganze mit den Knethaken eines Handrührgerätes oder einer Küchenmaschine zu einem geschmeidigen Teig verarbeiten.
- Dann den Teig mit den Händen zu einer Kugel formen. Die Teigkugel in Klarsichtfolie einschlagen und etwa 30 Min. im Kühlschrank ruhen lassen.
- Der Teig reicht für jeweils eine Spring-, Pie- oder Quicheform (mit 24 oder 26 cm ⌀).

So gelingt Mürbeteig bestimmt!

- Mehl und Fett stets im richtigen Verhältnis abwiegen. Ein Mürbeteig braucht doppelt so viel Mehl wie Fett.
- Nicht nur die Zutaten, auch Ihre Hände, die Arbeitsplatte und die Küchengeräte sollten so kühl wie möglich sein.
- Verkneten Sie die Zutaten zügig, schneiden Sie Butter oder Margarine dafür in Flöckchen zum Mehl.
- Mürbeteig sollte mindestens 30 Min. im Kühlschrank ruhen, so verbinden sich die Zutaten besser und der Teig lässt sich einfacher ausrollen.
- Beim Ausrollen des Teiges sollten die Arbeitsfläche und das Nudelholz möglichst kühl sein und leicht mit Mehl bestäubt werden.
- Das Blindbacken, also das Backen ohne Belag, macht den Teig knuspriger. Dafür den Teig mit einer Gabel einstechen, mit Backpapier belegen, getrocknete Hülsenfrüchte darauf verteilen und 10 Min. vorbacken. Dann wie in den Rezepten angegeben weiter verfahren.

Mürbeteig aufbewahren

Ein frisch zubereiteter Mürbeteig kann in Folie eingewickelt bis zu fünf Tage im Kühlschrank lagern. Im Gefrierschrank kann er bis zu drei Monate aufbewahrt werden.

Die pikanten Quiches, die aus dem Mürbeteig gebacken werden, können zwei Tage im Kühlschrank lagern. Einfrieren lassen sich die salzigen Kuchen ebenfalls. Am besten vorher portionieren, so kann man nach

⌃ Zucchini-Tomaten-Quiche

⌃ Lauch-Schinken-Quiche (Seite 172)

⌃ Paprika-Feta-Quiche (Seite 172)

Bedarf einzelne Stücke entnehmen und auftauen.

Einstieg in die Vollkornküche!

Mit salzigem Mürbeteig aus Vollkornmehl lassen sich auch Körnermuffel von dunklem Mehl überzeugen. Der Teiganteil ist bei diesen Gerichten klein, und der Teig schmeckt nur ein bisschen kräftiger, aber er ist weder härter noch fester. Beschwerden von Kaufaulen sind also nicht zu befürchten.

Kleine Leckereien

Aus Mürbeteig lassen sich auch ganz einfach pikante Kekse oder süße Plätzchen backen. Für das pikante Gebäck kneten Sie in den Grundteig z. B. 5 EL frisch geriebenen Parmesan und 2–3 EL Mohn, Sesam oder Leinsamen unter den Teig. Den Teig dünn ausrollen und mit Ausstechern Kekse ausstechen. Diese mit einer Mischung aus 1 Eigelb und etwas Milch bestreichen, eventuell mit Saaten bestreuen und etwa 10 Min. auf der mittleren Schiene bei 200 °C backen.

Für süße Plätzchen gibt man in den Grundteig 125 g Zucker und ½ TL Vanille oder Zimt. Den Teig genauso wie für pikante Kekse zubereiten. Die süßen Kekse können Sie mit Hagelzucker oder bunten Zuckerstreuseln dekorieren. Auch grob gehackte Nüsse wie Pistazien, Hasel-, Walnuss- sowie Pinienkerne und Mandeln lassen sich auf die Kekse streuen oder unter den Teig kneten. Auch fein gehackte Trockenfrüchte wie Rosinen, Aprikosen oder Cranberrys lassen sich unterarbeiten. Achten Sie darauf, dass Sie nur kleine Mengen zufügen, da der Teig sonst seinen Zusammenhalt verliert.

Farbenfrohes Vergnügen
Paprika-Feta-Quiche

Für 12 Stücke • braucht etwas mehr Zeit
⏱ 40 Min. + 30 Min. Ruhezeit + 40 Min. Backzeit

Mürbeteig (Seite 170) • 800 g Paprikaschoten (rot, grün und gelb) • 200 g Feta • 2 EL Rapsöl • 3 Eier • 200 g Schmand • Salz • schwarzer Pfeffer • 1 TL Paprikapulver (edelsüß) • etwas Butter • 100 g Hülsenfrüchte (z. B. Erbsen)

- Den Mürbeteig nach Anleitung zubereiten und kalt stellen.
- Die Paprikaschoten waschen, vierteln, Stielansätze und Trennwände herausschneiden und das Fruchtfleisch in feine Streifen schneiden. Feta würfeln.
- Das Öl in einer beschichteten Pfanne erhitzen und die Paprikastreifen darin etwa 10 Min. dünsten.
- Die Eier in einem Becher verquirlen. Schmand unterrühren. Kräftig mit Salz, Pfeffer und Paprikapulver würzen.
- Den Backofen auf 200 °C vorheizen.
- Den Boden einer Quicheform (⌀ 26 cm) mit Backpapier auslegen und den Rand mit etwas Butter einfetten.
- Den Teig dünn ausrollen und so in die Quicheform legen, dass Boden und Rand bedeckt sind. Den Teig am Rand etwas andrücken. Backpapier auf den Teig legen, Hülsenfrüchte darauf verteilen und den Teig auf mittlerer Schiene etwa 10 Min. vorbacken. Backpapier und Hülsenfrüchte danach entfernen.
- Paprika und Feta auf dem vorgebackenen Quicheteig verteilen. Die Ei-Schmand-Mischung darübergießen. Die Quiche auf mittlerer Schiene etwa 30 Min. backen. Dann aus dem Ofen nehmen, etwas ruhen lassen, aus der Form lösen und in 12 Stücke schneiden.

Kinderportion 1 Stück

So schmeckt auch Kindern Lauch!
Lauch-Schinken-Quiche

Für 12 Stücke • braucht etwas mehr Zeit
⏱ 40 Min. + 30 Min. Ruhezeit + 45 Min. Backzeit

Mürbeteig (Seite 170) • 750 g Lauch • 100 g Frühstücksspeck in Scheiben • 100 g Gouda • 2 EL Rapsöl • 2 Eier • 200 ml Sahne • Salz • schwarzer Pfeffer • ¼ TL Kümmel (gemahlen) • 1 Msp. Muskat • etwas Butter

- Den Mürbeteig nach Anleitung zubereiten und kalt stellen.
- Lauch putzen, waschen und in feine Ringe schneiden. Frühstücksspeck in feine Streifen schneiden. Gouda eventuell entrinden und fein reiben.
- Das Öl in einer beschichteten Pfanne erhitzen und die Lauchringe darin etwa 10 Min. dünsten.
- Den Backofen auf 200 °C vorheizen.
- Den Boden einer Quicheform (⌀ etwa 26 cm) mit Backpapier auslegen und den Rand mit etwas Butter einfetten.
- Den Teig dünn ausrollen und so in die Quicheform legen, dass Boden und Rand bedeckt sind. Den Teig am Rand etwas andrücken.
- Die Speckstreifen mit dem Lauch mischen und auf den Quicheteig verteilen. Die Sahnesauce darübergießen. Mit dem geriebenen Gouda bestreuen.
- Die Quiche auf der mittleren Schiene etwa 45 Min. backen. Dann aus dem Ofen nehmen, etwas ruhen lassen, aus der Form lösen und in 12 Stücke schneiden.

Kinderportion 1 Stück

Variante Mit gekochtem Schinken anstelle von Frühstücksspeck kann man etwas Fett einsparen.

▸ Lauch-Schinken-Quiche

Kuchen mit Lieblingsgemüse
Zucchini-Tomaten-Quiche

Für 12 Stücke • braucht etwas mehr Zeit
⊙ 40 Min. + 30 Min. Ruhezeit + 35 Min. Backzeit

- Mürbeteig (Seite 170)
- 3 mittelgroße Zucchini
- 3 Fleischtomaten
- 150 g Mozzarella
- ½ Bund Basilikum
- 1 Knoblauchzehe
- 1 EL Speisestärke
- Salz
- schwarzer Pfeffer
- 2 EL Aceto balsamico
- 2 Eier
- 150 g Joghurt
- 50 g geriebener Parmesan
- etwas Butter

● Den Mürbeteig nach Anleitung zubereiten und kalt stellen.
● Zucchini waschen, putzen und längs in 3 mm dünne Scheiben schneiden. In kochendem Salzwasser etwa 2 Min. blanchieren, mit kaltem Wasser abschrecken und trocken tupfen.
● Die Tomaten über Kreuz einritzen, kurz überbrühen, abschrecken und enthäuten. Die Stielansätze und Kerne entfernen. Das Fruchtfleisch würfeln und in eine Schüssel geben.
● Mozzarella sehr fein hacken. Basilikum waschen, trocken schütteln, die Blätter von den Stielen zupfen und fein hacken. Knoblauchzehe schälen und durch die Presse zu den Tomatenwürfeln drücken.
● Die Hälfte des Basilikums, den Mozzarella und die Speisestärke zu den Tomaten geben und mischen. Mit Salz, Pfeffer und Aceto balsamico abschmecken.
● Die Eier in einem Becher verquirlen. Joghurt unterrühren. Kräftig mit Salz, Pfeffer und dem restlichen Basilikum würzen.
● Den Backofen auf 200 °C (Umluft 180 °C) vorheizen.
● Den Boden einer Quicheform (Ø etwa 26 cm) mit Backpapier auslegen und den Rand mit etwas Butter einfetten.

● Den Teig dünn ausrollen und so in die Quicheform legen, dass Boden und Rand bedeckt sind. Den Teig am Rand etwas andrücken.
● Zucchinischeiben auf die Arbeitsfläche legen. Jeweils 1 EL Tomaten-Mozzarella-Masse daraufgeben und aufrollen.
● Zucchinirollen senkrecht dicht nebeneinander auf den Quicheteig setzen. Die Eier-Joghurt-Masse darübergießen. Mit dem Parmesan bestreuen.
● Die Quiche auf mittlerer Schiene etwa 35 Min. backen. Dann aus dem Ofen nehmen, etwas ruhen lassen, aus der Form lösen und in 12 Stücke schneiden.

Kinderportion 1 Stück

Eltern-Extra Fleischtomaten weglassen und die Zucchiniröllchen stattdessen mit einer Mischung aus schwarzen Oliven, Kapern und getrockneten Tomaten – alles fein gehackt – füllen.

Das Beste zum Schluss

Ein süßes Finale nach einem leckeren Hauptgericht kommt immer gut an. Wenn Sie große Schleckermäuler am Familientisch haben, darf es einmal pro Woche auch ein süßes Hauptgericht geben.

Heimisches Obst im Sommer

Die beliebteste Obstsorte ist und bleibt der Apfel: 40 kg essen wir davon im Schnitt pro Jahr. Fast das ganze Jahr über können wir heimische Äpfel von nahezu gleichbleibender Qualität kaufen. Das macht den Apfel so erfolgreich. Andere heimische Obstsorten haben einen stärkeren saisonalen Bezug. So beginnt im Frühjahr die Obstsaison mit Rhabarber, gefolgt von Erdbeeren, Kirschen und anderem Beerenobst. In dieser Zeit sollten Sie heimisches Obst bevorzugt frisch kaufen. Es bringt Abwechslung in Ihre Küche und ist jetzt besonders saftig.

Im Spätsommer bieten Birnen und Pflaumen Abwechslung zum Apfel. Außerhalb der Obstsaison ist tiefgekühltem Obst oder Dosenware der Vorzug zu geben und man liebäugelt dann vielleicht mit den Überseefrüchten.

Exoten im Winter

Die unumstrittene Nummer 1 unter den exotischen Früchten ist bei uns und weltweit die Banane. Den zweiten Platz teilen sich Orange, Mandarine, Clementine und Zitrone. Achten Sie beim Einkauf von Zitrusfrüchten darauf, dass sie frei von Schimmel sind. Die Schalen sollten leuchtende Farben haben und nicht matt wirken. Letzteres ist ein Zeichen von alter oder beim Transport falsch gelagerter Ware.

Bananen sollten möglichst grün eingekauft werden, denn sie reifen noch nach. Doch wer sofort eine verzehren möchte, sieht das vielleicht anders und bevorzugt sie in Gelb. Beim Kauf von Ananas, Mango und Kiwi achten Sie darauf, dass die Früchte frei von Druckstellen sind. Der grüne Schopf der Ananas sollte frisch aussehen. Runzelige oder weiche Kiwis sollten Sie nicht kaufen. Eine frische Mango hat eine glänzende und straffe Haut. Diese Früchte können zu Hause ein paar Tage nachreifen. Übrigens: Wenn das möglichst schnell gehen soll, legen sie einen Apfel zu den Exoten. Er verströmt einen Botenstoff (Ethylen), der den Reifeprozess beschleunigt.

Wassereis – konkurrenzlos schnell hergestellt

Das Selbermachen von Wassereis am Stiel ist kinderleicht. Einfach Förmchen mit dem Lieblingssaft befüllen und für einige Stunden in den Gefrierschrank stellen – fertig. Um das Eis aus dem Förmchen zu lösen,

⬆ Kirschmichel (Seite 178)

⬆ Grießflammeri mit Aprikosenpüree (Seite 182)

⬆ Wackelpuddingberg (Seite 184)

taucht man es für einige Sekunden in heißes Wasser.

Neben Orangen- und Multivitaminsaft als Basis für Wassereis kommen auch Bananen- und Pfirsichnektar sowie Kirsch- und Ananassaft gut an. Wer verhindern möchte, dass sich Aroma und gefrorenes Wasser beim Lutschen trennen, kocht den Saft mit etwas Stärke auf.

Milcheis braucht Geduld

Vom Vanille- bis zum Schokoeis haben sie alle gemeinsam, dass ihre Basis Milchprodukte sind. Mithilfe von Eigelb und Zucker erhält das Eis seine Struktur und Festigkeit. Damit keine Eiskristalle entstehen und das Eis cremig wird, muss es immer wieder umgerührt werden. Wer die härtere Konsistenz von selbst gemachtem Eis nicht mag, wird bei Verwendung einer Eismaschine begeistert von der Cremigkeit sein.

Tricks und Tipps:
- Mit steigendem Fettgehalt der verwendeten Milchprodukte nimmt die Cremigkeit des Eises zu. Vollmilch und viel Sahne machen das Eis weicher.
- Feiner Kristallzucker, Raffinade und Puderzucker lösen sich besser auf als grobkörniger Zucker und geben ein vollmundigeres Aroma.
- Honig oder Sirup können Sie auch verwenden. Wichtig ist, dass das Süßungsmittel gut unter die Grundmasse gerührt wird. Wird Eigelb verwendet, sollte eine fast weiße Masse aus Zucker und Eigelb geschlagen werden.

Der Klassiker schlechthin
Grundrezept Vanilleeis

Für 6 Portionen • braucht etwas mehr Zeit
⏱ 15 Min. + mehrere Std. Gefrierzeit

½ Vanilleschote • 200 ml Milch • 3 Eigelbe • 80 g Puderzucker • 200 g süße Sahne

- Die Vanilleschote längs aufschlitzen, das Mark herauskratzen. Beides in die Milch geben und einmal aufkochen lassen. Schote herausnehmen und abkühlen lassen.
- Die Eigelbe mit dem Puderzucker über einem Wasserbad cremig schlagen, dann die lauwarme Vanillemilch hinzugeben und zu einer cremigen Masse schlagen. Abkühlen lassen. Im Kühlschrank 1 Std. kühl stellen. Die Sahne steif schlagen und unter die Eismasse heben. Die Eismasse in ein Tiefkühlbehältnis füllen und im Gefrierschrank mindestens 5 Std. gefrieren lassen.

Varianten Schokoeis: Anstelle von Vanille 100 g Vollmilchschokolade im Wasserbad schmelzen und zusammen mit der lauwarmen Milch unter die Eigelbmasse rühren. Ansonsten wie oben beschrieben fortfahren.
Erdbeereis: Es braucht keine Milch. Die Erdbeeren werden püriert und das Erdbeerpüree kommt zum Schluss nach der geschlagenen Sahne unter die Eimasse.

Auch eine Idee fürs Frühstück
Obstsalat unter Quark

Für 6 Portionen • gelingt leicht
⊘ 20 Min.

2 Orangen • 1 Birne • 1 Nektarine • 300 g Joghurt (1,5 % Fett) • 250 g Quark (20 % Fett) • 2 EL brauner Zucker • 1 Msp. Zimt

● Die Orangen filetieren (Seite 65), den Saft dabei auffangen. 6 Orangenspalten beiseitelegen. Die Birne schälen, Stiel- und Blütenansatz sowie Kerngehäuse entfernen und das Fruchtfleisch fein würfeln. Die Nektarine waschen, trocken tupfen, halbieren, entkernen und ebenfalls fein würfeln. Das Obst in eine Schüssel geben und mischen.
● Joghurt und Quark in eine andere Schüssel geben, Zucker und Zimt zufügen und verrühren.
● Das Obst auf 6 Gläser verteilen, dann die Quark-Joghurt-Masse darübergeben und kalt stellen. Die Crème vor dem Servieren mit einer Orangenspalte garnieren.

Kinderportion ½ Portion reicht aus

Eltern-Extra Bevor Sie die Quark-Joghurt-Masse aufs Obst geben, können Sie noch 1 TL Cointreau in die Gläser der Erwachsenen geben.

Direkt aus Lönneberga
Kirschmichel

Für 4 Portionen • gut vorzubereiten
⊘ 25 Min. + 30 Min. Backzeit

4 Brötchen vom Vortag • 1 Glas Schattenmorellen (350 g Abtropfgewicht) • 400 ml Milch • 2 Eier • 4 EL Zucker • ½ TL Zimt • 30 g Butter

● Den Backofen auf 200 °C (Umluft 180 °C; Gas Stufe 3) vorheizen.
● Brötchen in etwa 1 cm dicke Scheiben schneiden und in eine Schüssel geben.
● Kirschen in ein Sieb geben und abtropfen lassen. Den Saft anderweitig verwenden.
● Milch in einem Becher mit den Eiern verquirlen und über die Brötchenscheiben gießen.
● Eine Auflaufform (etwa 25 cm lang) mit etwas Butter einfetten. Die Brötchenscheiben aus der Schüssel nehmen und abwechselnd mit den Kirschen in die Form schichten.
● Zucker und Zimt vermischen und über den Auflauf streuen. Die Butter als Flöckchen daraufsetzen. Das Ganze auf mittlerer Schiene etwa 30 Min. backen.

Kinderportion ½ Portion bzw. 3 EL

Eltern-Extra Geben Sie noch 4 EL Mandelstifte zum Auflauf.

Man gönnt sich ja sonst nichts
Himbeer-Pfirsich-Traum

Für 4 Portionen • geht schnell
⊘ 15 Min.

300 g Himbeeren • 30 g brauner Zucker • 2–3 Pfirsiche • 200 ml Sahne • 1 Päckchen Vanillezucker • 1 Päckchen Sahnesteif • 150 g Joghurt • 250 g Magerquark

● Die Himbeeren verlesen, in eine Schüssel geben und Zucker bestreuen. Die Pfirsiche waschen, halbieren, entsteinen und in dünne Spalten schneiden.
● Die Sahne mit dem Vanillezucker und dem Sahnesteif steif schlagen. Joghurt und Quark in einer Schüssel miteinander verrühren und die Sahne unterheben.
● Die Himbeeren auf vier Dessertschälchen verteilen. Die Quark-Sahne-Creme darüber verteilen und die Pfirsichspalten dachziegelartig in Kreisform darauf verteilen.

Kinderportion ½ Portion oder 3 EL

Eltern-Extra Für die Erwachsenen 4 EL Baileys unter die Quark-Sahne-Creme rühren.

❯ Obstsalat unter Quark

Bei allen beliebt
Gebratene Bananenhälften

Für 4 Personen • gelingt leicht
⏱ 15 Min.

4 reife Bananen • 1 EL Zucker • 1 Msp. Zimt • 20 g Butter

- Bananen schälen und längs halbieren. Zucker mit Zimt mischen.
- Butter in einer beschichteten Pfanne zerlassen, die Bananen darin von beiden Seiten leicht anbraten.
- Die gebratenen Bananen auf vier Dessertteller geben und mit dem Zimtzucker bestreuen.

Kinderportion ½ Banane

Eltern-Extra Geben Sie noch 2 EL Kokosflocken zu den Bananen in die Pfanne.

Desserts und Eis : Rezepte für die ganze Familie

Immer wieder gern genommen
Apfelkompott mit Zimtsahne

Für 4 Portionen • braucht etwas mehr Zeit
⏱ 15 Min. + 30 Min. Kühlzeit

1 Zitrone • 3 Äpfel (etwa 500 g) • 100 ml Apfelsaft • 100 ml Sahne • 1 Päckchen Vanillezucker • 1 Msp. Zimt

● Zitrone halbieren und auspressen. Äpfel schälen, vierteln, entkernen und in Spalten schneiden.
● Apfelsaft in einen Topf geben, Zitronensaft zufügen und aufkochen. Apfelspalten zufügen und etwa 5 Min. bei geringer Hitze weich dünsten. Dann abkühlen lassen.
● Die Sahne mit den Schneebesen eines Handrührgerätes steif schlagen, zum Schluss den Vanillezucker und den Zimt unterrühren.
● Das Apfelkompott auf vier Schälchen verteilen und je einen großen EL Zimtsahne darauf verteilen.

Kinderportion 4–5 EL Kompott, 1 TL Sahne

Eltern-Extra Wenn keine Kinder mitessen, können Sie die Äpfel in Weißwein dünsten.

Im Mai ein Muss
Rhabarber auf Mascarpone

Für 4–6 Portionen • gut vorzubereiten
⏱ 15 Min. + 30 Min. Kühlzeit

500 g Rhabarber • 200 ml Johannisbeersaft • 1 EL Speisestärke • 3 EL Zucker • ½ TL Zimt • 150 g Mascarpone • 300 g Joghurt • 2 Päckchen Vanillezucker

● Rhabarber waschen, putzen, in Stücke schneiden und mit der Hälfte des Johannisbeersafts in einen Topf geben und erhitzen.
● Die Stärke mit dem restlichen Saft verrühren. Rhabarber etwa 10 Min. dünsten, dann die angerührte Stärke einrühren und nochmals aufkochen. Mit Zucker und Zimt abschmecken und auskühlen lassen.
● Mascarpone und Joghurt miteinander verrühren. Mit dem Vanillezucker abschmecken.
● Die Mascarponecreme auf Dessertschälchen verteilen und den Rhabarber daraufgeben.

Kinderportion 3 EL Kompott, 2 EL Creme

Eltern-Extra Wenn keine Kinder mitessen, können Sie das Rhabarberkompott auch halb und halb mit Wein zubereiten.

Der Hit im Kindergarten
Milchreis mit Apfelstückchen

Für 4 Portionen • braucht etwas mehr Zeit
⏱ 25 Min. + 30 Min. Quellzeit

500 ml Milch • 100 g Milchreis • 1 Prise Salz • 30 g Honig • 2 Äpfel • 2 EL Zitronensaft • 2 EL Rosinen

● Die Milch in einem kleinen Topf zum Kochen bringen. Den Reis einstreuen, Salz zufügen. Etwa 30 Min. bei geringster Hitze quellen lassen. Zum Schluss mit Honig süßen.
● Inzwischen die Äpfel schälen, vierteln und Kerngehäuse entfernen. Dann in dünne Scheiben schneiden und mit dem Zitronensaft und 2 EL Wasser in einem kleinen Topf etwa 2 Min. dünsten. Zusammen mit den Rosinen unter den Milchreis rühren.

Kinderportion 3 EL reichen völlig.

Eltern-Extra Geben Sie 50 g geröstete Mandelsplitter über den Milchreis.

Als warmes Abendessen eine tolle Überraschung!

Milchreissoufflé mit Aprikosen

Für 4 Portionen • braucht etwas mehr Zeit
⏲ 25 Min. + 30 Min. Quellzeit + 30 Min. Backzeit

500 ml Milch • 100 g Milchreis • 1 TL abgeriebene Zitronenschale • 1 Prise Salz • 2 frische Eier • 6 EL Aprikosenmarmelade • 1 TL Butter • 500 g Aprikosen

● Die Milch in einem kleinen Topf zum Kochen bringen. Den Reis einstreuen, Zitronenschale und Salz zufügen. Etwa 30 Min. bei geringster Hitze quellen lassen. Dann etwas abkühlen lassen.
● Die Eier trennen. Eigelbe zusammen mit der Aprikosenmarmelade unter den Reis rühren.
● Den Backofen auf 180 °C (Umluft 160 °C) vorheizen.
● Vier feuerfeste Förmchen (Ø etwa 9 cm) mit Butter einfetten.
● Aprikosen waschen, halbieren und die Steine entfernen. 8 Hälften in dünne Spalten schneiden und beiseitelegen. Restliche Aprikosen sehr fein würfeln und unter den Milchreis mischen.
● Eiweiße steif schlagen und auf den Reis geben. Mit einem Kochlöffel vorsichtig unterheben, bis sich alle Zutaten miteinander verbunden haben, und auf die Förmchen verteilen. Das Milchreissoufflé etwa 30 Min. auf mittlerer Schiene backen.
● Soufflé mit fächerförmig mit den Aprikosenspalten dekorieren und heiß servieren.

Kinderportion 3 EL sind okay

Tipp Wenn Sie keine Souffléförmchen haben, können Sie auch eine große Auflaufform (Ø etwa 25 cm) verwenden. Dann braucht das Soufflé allerdings 40–50 Min. Backzeit.

Heute Lust auf Grieß, Baby?

Grießflammeri mit Aprikosenpüree

Für 4 Portionen • gelingt leicht
⏲ 25 Min.

500 ml Milch • 3 EL Zucker • 1 Prise Zimt • 80 g Grieß • 2 Eier • 500 g Aprikosen • 2 EL Birnendicksaft

● Die Milch in einem kleinen Topf aufkochen. Zucker und Zimt darin auflösen. Den Grieß einrühren und bei milder Hitze unter ständigem Rühren köcheln lassen, bis der Grieß eindickt. Topf vom Herd nehmen und den Grießbrei etwas abkühlen lassen.
● Eier trennen. Die Eigelbe in den Grieß rühren. Das Eiweiß steif schlagen und unter den Grieß heben.
● 4 Portionsförmchen mit kaltem Wasser ausspülen und die Grießmasse hineinfüllen.
● Aprikosen waschen, halbieren, entsteinen, klein schneiden und in einen Topf geben. Birnendicksaft und 2 EL Wasser zufügen und alles erhitzen. Etwa 2–3 Min. köcheln lassen. Topf vom Herd nehmen und das Kompott mit dem Stabmixer pürieren. Das Aprikosenpüree auskühlen lassen.
● Das Aprikosenpüree auf 4 Teller verteilen. Mit einem Messer am Innenrand der Förmchen entlangfahren. Flammeri stürzen, auf dem Aprikosenpüree anrichten.

Kinderportion ½ Portion Grießflammeri und 2–3 EL Püree

Variante Anstelle von Aprikosen können Sie auch Pfirsiche oder Pflaumen verwenden.

Kommt bei Kleinen ganz groß an
Apfel-Zwieback-Joghurt

Für 4 Portionen • geht schnell
⊙ 15 Min.

50 g Zwieback • 100 ml Apfelsaft • 500 g Joghurt • 2 EL Zucker • 200 g Apfelmus • 1 Zweig Zitronenmelisse

- Den Zwieback in einen Gefrierbeutel geben und mit einem Nudelholz grob zerkleinern. Dann auf vier Dessertschalen verteilen und mit dem Apfelsaft beträufeln.
- Joghurt mit Zucker verrühren und darübergeben. Apfelmus darauf verteilen.
- Blättchen der Zitronenmelisse abzupfen und das Dessert damit garnieren.

Kinderportion 3 EL

Variante Dieses Dessert schmeckt auch mit zerdrückter Banane, Aprikosenwürfeln oder pürierten Himbeeren.

Mit einer Extraportion Vitamine
Trauben-Apfel-Salat

Für 4 Portionen • geht schnell
⊙ 15 Min.

150 g helle Weintrauben • 150 g blaue Weintrauben • 2 Äpfel • 2 EL Zitronensaft • 1 TL Honig

- Weintrauben waschen, halbieren und eventuell entkernen. Äpfel schälen, vierteln, von Stielansatz und Kerngehäuse befreien, dann in kleine Scheiben schneiden.
- Das Obst in eine Schüssel geben und mit Zitronensaft und Honig abschmecken.

Kinderportion ½ Portion reicht aus.

Variante Sie können die Apfelspalten und Weintrauben auch auf Schaschlikspieße stechen. Das finden größere Kinder toll!

Macht gute Laune
Erdbeerquark

Für 6 Portionen • gelingt leicht
⊙ 15 Min. + 20 Min. Kühlzeit

½ l Milch • 1 Päckchen Puddingpulver Vanillegeschmack • 30 g Zucker • 250 g Magerquark • 500 g Erdbeeren (evtl. TK)

- Vanillepudding in der Milch nach Packungsanweisung zubereiten.
- Etwas Zucker auf den Pudding streuen, so bildet sich beim Abkühlen keine Haut.
- Den Quark in den ausgekühlten Pudding rühren.
- Die Erdbeeren waschen, putzen und pürieren.
- Den Quarkpudding und die pürierten Erdbeeren abwechselnd in eine Glasschale schichten.

Kinderportion ½ Portion reicht aus.

Variante Anstelle von Erdbeeren können Sie auch andere Früchte wie Pfirsiche, Aprikosen, Pflaumen oder Mango pürieren und als Fruchtsauce unter den Quark heben.

Mal ein ganz anderes Mundgefühl erleben!
Wackelpuddingberg mit Vanillesauce

Für 8 Portionen • braucht etwas mehr Zeit
⏲ 20 Min. + 6 Std. Kühlzeit

je 1 Beutel rote, gelbe und grüne Götterspeise • 300 g Zucker • 800 ml Milch • 1 Päckchen Puddingpulver mit Vanillegeschmack

● Die rote, gelbe und grüne Götterspeise nach Packungsanweisung zubereiten. Dazu jeweils das Götterspeise-Pulver in einem kleinen Topf mit 250 ml kaltem Wasser anrühren und etwa 5 Min. quellen lassen. Das Ganze erhitzen (nicht aufkochen!), 80 g Zucker und 150 ml Wasser hinzugeben. Rühren, bis sich der Zucker aufgelöst hat.
● Jeweils eine flache Schale mit kaltem Wasser ausspülen und die Götterspeise hineingeben (etwa 1 cm hoch). Für etwa 6 Std. in den Kühlschrank stellen, bis die Götterspeise fest ist.
● Die Schalen aus dem Kühlschrank nehmen und kurz in heißes Wasser halten, damit sich die Götterspeise vom Rand löst. Eventuell mit einem spitzen Messer nachhelfen. Götterspeise jeweils auf einen Teller stürzen und in Würfel schneiden.
● 4 EL Milch in einen Becher geben, das Puddingpulver und den restlichen Zucker darin verrühren. Restliche Milch aufkochen, Puddingpulver zugeben und kurz aufkochen lassen. Vanillesauce in eine Kanne umfüllen und erkalten lassen.
● Die verschiedenfarbigen Götterspeisewürfel zu jeweils einem Berg auf 4 Teller häufen und mit der Vanillesauce übergießen.

Kinderportion 2 EL gewürfelter Wackelpudding und 6 EL Vanillesauce

Die Tropen auf den Tisch geholt
Karibischer Obst-Reis-Salat

Für 6 Portionen • gelingt leicht
⏲ 25 Min.

80 g Jasminreis • 120 ml Kokosmilch (cremig) • 1 Ananas • 1 Mango • 2 Kiwis • 1 Zweig Zitronenmelisse

● Reis in einen Topf geben. Kokosmilch und 100 ml Wasser zufügen und zum Kochen bringen. Bei reduzierter Hitze 10–12 Min. quellen lassen, bis der Reis alle Flüssigkeit aufgenommen hat und gar ist.
● Von der Ananas Boden und Schopf abschneiden und schälen. Die dunklen Augen herausschneiden. Die Ananas achteln und den Strunk herausschneiden. Dann das Fruchtfleisch in Stücke schneiden. Den Saft auffangen.
● Das Fruchtfleisch der Mango vom Stein lösen, dazu an den Breitseiten des flachen Steines von oben nach unten je eine Furchtfleischscheibe abschneiden. Dabei so nah wie möglich am Stein entlangschneiden. Danach das am Stein verbliebene Fruchtfleisch separat abschneiden. Dann die Schale von der Mango lösen und das Fruchtfleisch in Würfel schneiden. Den Saft auffangen.
● Die Kiwis mit einem kleinen Messer schälen und in Würfel schneiden. Die Zitronenmelisse waschen, trocken schütteln, dann die Blätter vom Stiel zupfen.
● Alle Obstwürfel zusammen mit dem Saft unter den abgekühlten Reis mischen und mit den Melisseblättern garniert servieren.

Kinderportion 2–4 gehäufte EL

Tipp Sie können Ihrem Kind diesen fruchtigen Reissalat auch als Proviant in den Kindergarten mitgeben.

▸ Karibischer Obst-Reis-Salat

Spart den Weg zum Eismann

Schnelles Kirsch-Joghurt-Eis

Für 4 Portionen • braucht etwas mehr Zeit
⏱ 10 Min. + 3 Std. Kühlzeit

1 Glas Schattenmorellen (350 g Abtropfgewicht) • 1 Zitrone • 250 g Sahnejoghurt • 1 Päckchen Vanillezucker • 3 EL Zucker

● Die Kirschen in ein Sieb geben und abtropfen lassen. Die Zitrone halbieren und auspressen.
● Kirschen in ein hohes Gefäß geben, Zitronensaft zufügen und mit einem Stabmixer pürieren. Sahnejoghurt unterrühren und mit Vanillezucker und Zucker süßen.
● Creme in eine flache Schale geben und für mindestens 3 Std. ins Gefrierfach stellen; alle 30 Min. herausnehmen und umrühren.
● Mit einem Eislöffel aus dem Eis Kugeln formen und in Schalen oder Eiswaffeln servieren.

Kinderportion 2 Kugeln

Kühlt schön im Sommer

Orangeneis am Stiel

Für 6 Portionen • braucht etwas mehr Zeit
⏱ 5 Min. + 12 Std. Kühlzeit

300 ml Orangensaft • 1 TL Stärke • 3 EL Zucker

● Orangensaft in einen Topf geben. Stärke und Zucker zufügen und alles einmal aufkochen lassen, damit der Saft leicht sämig wird. Abkühlen lassen.
● Dann den Saft in 6 Eis-am-Stiel-Förmchen (50 ml) füllen. Deckel mit Stiel schließen und für etwa 12 Std. in den Gefrierschrank stellen.

Kinderportion 1 Förmchen

Variante Mit Multivitaminsaft ist das Eis genauso lecker!

Gefleckt wie eine Kuh

Bananen-Schoko-Eis am Stiel

Für 6 Portionen • braucht etwas mehr Zeit
⏱ 15 Min. + 13 Std. Kühlzeit

50 g Blockschokolade • 1 kleine Banane • 300 g Joghurt • 2 EL Zucker

● Blockschokolade grob hacken und in einem kleinen Topf über dem Wasserbad schmelzen. Banane zerdrücken. Joghurt und Zucker verrühren und gleichmäßig auf zwei kleine Schüsseln verteilen.
● In die eine Hälfte des Joghurts die Banane rühren.
● In die andere Hälfte des Joghurts die lauwarme Schokosauce rühren.
● Die beiden Joghurtmassen in 6 Eis-am-Stiel-Förmchen (50 ml) füllen (Banane, Schoko, Banane). Deckel mit Stiel schließen und für etwa 12 Std. in den Gefrierschrank stellen.
● Vor dem Schleckvergnügen die Förmchen einmal kurz in warmes Wasser tauchen, dann löst sich das Eis besser aus den Formen.

Kinderportion 1 Förmchen

▸ Orangeneis am Stiel

Muffins & Waffeln

Zum Frühstück, beim Kindergeburtstag oder als süßes Hauptgericht – mit Muffins und Waffeln können Sie für strahlende Kindergesichter sorgen. Sie sind einfach zubereitet und der Kreativität sind kaum Grenzen gesetzt.

Muffins als zweites Frühstück

Die handlichen Kuchen schmecken den Kleinen meist besser als Brot. Sie sind weicher und süßer. Doch bedenken Sie, dass Muffins leider einen viel zu hohen Energiegehalt haben, um regelmäßig als zweites Frühstück gegessen zu werden. Doch ab und zu ein Muffin in der Kindergartenbox ist okay, insbesondere wenn man ihn mit Vollkornmehl, Joghurt oder Buttermilch backt.

Tipps und Tricks

- Ein Muffinblech ist zwar nicht zwingend erforderlich, aber sinnvoll. Der Teig ist sehr weich. Würden die Muffins nur in einem Papierbackförmchen gebacken, würden sie mehr zerlaufen als nach oben steigen.
- Die Standardmuffinform ist den Sonderformen vorzuziehen. Sie hat 12 Vertiefungen mit einem Durchmesser von ca. 7,5 cm.
- Um den Reinigungsaufwand gering zu halten, ist die zusätzliche Verwendung von Papierbackförmchen sinnvoll.
- Die weichen bzw. flüssigen Zutaten sollten gut verrührt werden. Sobald das Mehl hinzukommt, sparsam rühren. Niemals Backpulver bzw. Natron vergessen, nur so entstehen luftige Muffins.

Lagerung

Muffins lassen sich am besten luftdicht verpackt in einem Plastikbehälter lagern. Im Sommer ist der Kühlschrank der warmen Küche vorzuziehen. Gut verschlossen im Gefrierbeutel können Sie Muffins bis zu sechs Monate lang einfrieren.

Waffeln backen – kinderleicht!

Heute ist das Waffelbacken dank der elektrischen Geräte ein Kinderspiel, denn diese Geräte backen bei konstanter Temperatur gleichmäßige Waffeln und per Lichtsignal wird angezeigt, wann die Waffeln fertig sind. Das gebräuchlichste Waffeleisen ist der Herzchen-Waffelautomat. Die Rezepte in diesem Buch sind auf dieses Gerät abgestimmt, aber natürlich lassen sich auch mit anderen Eisen Waffeln backen.

Die wichtigste Voraussetzung für einen Waffelteig ist, dass er sich im Waffeleisen gut verteilen lässt. Er sollte von fließender und weicher Konsistenz sein und vor dem Schließen des Eisens gleichmäßig verteilt werden. Geben Sie nicht zu viel Teig in das Eisen.

▲ Apfelwaffeln (Seite 194)

▲ Taler am Band (Seite 193)

▲ Brownies (Seite 193)

Fetten Sie das Eisen vor dem Backen mit einem Pinsel dünn mit Butter oder Öl ein. Beschichtete Geräte müssen meist nur einmal zu Beginn des Backens gefettet werden. Bevor Sie mit dem Backen der ersten Waffel beginnen, sollte das Gerät aufgeheizt sein, sonst besteht die Gefahr, dass der Teig verklebt. Krümel von fertig gebackenen Waffeln sollten mithilfe eines Backpinsels entfernt werden, sonst hat die danach gebackene Waffel schwarze Stellen.

Waffeln sollten immer auf einem Gitter oder Rost auskühlen und auch nicht gestapelt werden. So bleiben sie schön kross.

Kommen nie aus der Mode
Grundrezept Sandwaffeln

Für 10 Waffeln • geht schnell
⏱ 30 Min.

200 g Butter • 125 g Zucker • 1 Päckchen Vanillezucker • 4 Eier • 250 g Mehl

● Die Butter mit Zucker, Vanillezucker und Eiern cremig schlagen. Nach und nach das Mehl hinzufügen und unterrühren.
● Das Waffeleisen aufheizen, einfetten und goldgelbe Waffeln backen.

Kinderportion 1–2 Herzen

Aufbewahren und aufbacken

Waffeln können Sie in einer Blechdose zwei Tage aufbewahren. Tiefgekühlt lassen sie sich 3–4 Monate lagern. Legen Sie etwas Backpapier zwischen die Waffeln – so lassen sie sich einzeln entnehmen. Damit die Waffeln kross und warm sind, können Sie sie im oder auf dem Toaster aufbacken.

Einfach zu backen
Schokomuffins

Für 12 Stück
⊘ 15 Min. + 25 Min. Backzeit

1 Ei • 120 g Zucker • 100 ml Rapsöl • 300 g Joghurt • 200 g Mehl • 2 TL Backpulver • ½ TL Natron • 4 EL Kakao

● Das Ei mit Zucker und Öl in einem Becher verrühren. Den Joghurt zufügen und unterrühren.
● Mehl, Backpulver, Natron und Kakao in eine Schüssel sieben, mischen und die Ei-Joghurt-Mischung unter das Mehl rühren.
● Backofen auf 180 °C vorheizen.
● 12 Papierförmchen in ein Muffinblech setzen und den Teig hineingeben. Auf mittlerer Schiene etwa 20–25 Min. backen.
● Die Muffins einen Moment in der Form ruhen lassen, dann aus den Vertiefungen nehmen und auf einem Kuchengitter auskühlen lassen.

Kinderportion ½ Muffin

Tipp Sie können die gleiche Menge Vollkornmehl verwenden. Der Kakao »versteckt« die dunklere Farbe des Vollkornmehls und lässt die Vollkorn-Muffins ganz »normal« schmecken.

In Amerika ein Klassiker
Heidelbeermuffins

Für 12 Stück • gelingt leicht
⊘ 15 Min. + 25 Min. Backzeit

2 Eier • 150 g Zucker • 1 Päckchen Vanillezucker • 130 ml Rapsöl • 300 ml Buttermilch • 200 g Mehl • 2 TL Backpulver • ½ TL Natron • 50 g feine Haferflocken • 200 g Heidelbeeren

● Die Eier mit Zucker, Vanillezucker und Öl verrühren. Die Buttermilch zufügen und unterrühren.
● Mehl, Backpulver und Natron in eine Schüssel sieben. Haferflocken zufügen und alles mischen. Die Ei-Joghurt-Mischung unter das Mehl rühren. Die Heidelbeeren verlesen, abbrausen und mit einem Kochlöffel unter den Teig heben.
● Backofen auf 180 °C vorheizen.
● 12 Papierförmchen in ein Muffinblech setzen und den Teig hineingeben. Auf mittlerer Schiene etwa 20–25 Min. backen.
● Die Muffins einen Moment in der Form ruhen lassen, dann herausnehmen und auf einem Kuchengitter auskühlen lassen.

Kinderportion ½ Muffin

Tipp Mit Vollkornmehl macht man auch hier nichts falsch.

Erinnern herrlich an Weihnachten
Wintermuffins

Für 12 Stück • gut vorzubereiten
⊘ 15 Min. + 25 Min. Backzeit

1 Ei • 130 g Zucker • 100 ml Rapsöl • 200 ml Milch • 200 g Mehl • 2 TL Backpulver • ½ TL Natron • 50 g gemahlene Mandeln • 50 g Schokoraspel • 1 Päckchen Orangeback • 1 TL Lebkuchengewürz

● Das Ei mit Zucker und Öl verrühren. Die Milch zufügen und unterrühren.
● Mehl, Backpulver und Natron in eine Schüssel sieben. Gemahlene Mandeln, Schokoraspel, Orangeback und Lebkuchengewürz zufügen und alles mischen. Die Ei-Joghurt-Mischung unter das Mehl rühren.
● Backofen auf 180 °C vorheizen.
● 12 Papierförmchen in ein Muffinblech setzen und den Teig hineingeben. Auf mittlerer Schiene etwa 20–25 Min. backen.
● Die Muffins einen Moment in der Form ruhen lassen, dann aus den Vertiefungen nehmen und auf einem Kuchengitter auskühlen lassen.

Kinderportion ½ Muffin

▶ **Heidelbeermuffins**

So bleiben die Hände sauber
Mini-Amerikaner als Lollis

Für 16 Stück • braucht etwas mehr Zeit
⏱ 15 Min. + 25 Min. Backzeit

130 g Butter • 125 g Zucker • 1 Päckchen Vanillezucker • 2 Eier • 2 EL Milch • 300 g Mehl • 2 TL Backpulver • 5 EL Zitronensaft • 250 g Puderzucker • rote Lebensmittelfarbe

● Butter, Zucker und Vanillezucker in einer Schüssel schaumig rühren. Eier und Milch nacheinander unterschlagen. Das Mehl mit dem Backpulver mischen und unter den Teig rühren.
● Den Backofen auf 200 °C vorheizen.
● Mit einem Esslöffel kleine Teighäufchen auf ein gefettetes Blech setzen und jeweils eine kleine Holzgabel wie den Stiel eines Lollis hineinstecken. Die Amerikaner etwa 25 Min. backen, sofort vom Blech lösen und auf einem Kuchengitter auskühlen lassen.
● Den Zitronensaft mit dem Puderzucker glatt rühren. Die Unterseite der Amerikaner mit zwei Dritteln des Gusses bestreichen. Den restlichen Guss mit Lebensmittelfarbe rosa färben und in eine kleine Plastiktüte füllen. Eine Ecke knapp abschneiden. Auf den weißen Guss jeweils eine rosafarbene Spirale spritzen und trocknen lassen.

Kinderportion 1 Lolli reicht pro Kind.

Tipp Wenn Sie die Amerikaner mit Vollkornmehl backen möchten, brauchen Sie mehr Milch: Geben Sie ruhig bis zu 100 ml Milch in den Teig.

Süßer Schmuck für alle Tage
Taler am Band

Für ca. 100 Stück • braucht etwas mehr Zeit
⏲ 25 Min. + 2 Std. Kühlzeit + 15 Min. Backzeit

100 g Zucker • 1 Päckchen Vanillezucker • 1 EL abgeriebene Zitronenschale • 1 Prise Salz • 1 Ei • 150 g Butter • 250 g Mehl • 200 g Puderzucker • 4 EL Zitronensaft • rote Lebensmittelfarbe • bunte Zuckerstreusel • Erdbeer-Gummischnüre

● Zucker, Vanillezucker, Zitronenschale, Salz, Ei und Butter in eine Schüssel geben und verrühren. Das Mehl in den Teig einarbeiten, zuerst mit den Knethaken des Rührgerätes und dann mit der Hand. Den Teig zu Rollen von etwa 3 cm Durchmesser formen. In Frischhaltefolie einwickeln und für mindestens 2 Std. kalt stellen.
● Den Backofen auf 180 °C vorheizen.
● Die Teigrollen in etwa ½ cm dicke Scheiben schneiden und auf mit Backpapier ausgelegte Bleche legen. Mit einem Schaschlikspieß mittig ein Loch in die Taler stechen. Die Kekse etwa 10–15 Min. backen, dann auf einem Kuchenrost auskühlen lassen.
● Für den Guss Puderzucker und Zitronensaft zu einer dickflüssigen Masse verrühren. Die Hälfte des Gusses mit der roten Lebensmittelfarbe rosa einfärben. Die Plätzchen je zur Hälfte mit weißem und rosa Guss bestreichen. Darauf achten, dass die Löcher offen bleiben. Eventuell noch mal vorsichtig nachstechen. Den glasierten Taler sofort mit Zuckerstreuseln bestreuen.
● Wenn der Guss getrocknet ist, die Gummischnüre durch bis zu drei Kekse ziehen und nach jedem Keks einen Knoten machen, damit die Kekse einen festen Platz auf der Schnur haben.

Kinderportion Eine Erdbeer-Gummischnur mit drei Keksen ist in Ordnung.

Himmlisch weich und schokoladig
Brownies

Für 24 Stück • gelingt leicht
⏲ 20 Min. + 25 Min. Backzeit

200 g Zartbitterschokolade • 125 g Butter • 150 g Mehl • ½ TL Backpulver • ¼ TL Salz • 150 g Zucker • 3 Eier

● 170 g Schokolade zusammen mit der Butter in einem kleinen Topf über dem Wasserbad schmelzen und abkühlen lassen. Die restliche Schokolade fein hacken.
● Mehl, Backpulver und Salz miteinander vermengen.
● Den Backofen auf 180 °C vorheizen. Eine flache Kuchenform (20 × 30 cm) mit Backpapier auslegen.
● Zucker und Eier in einer großen Schüssel mit den Schneebesen eines Handrührgerätes verrühren und nach und nach die lauwarme Schoko-Butter-Mischung unterrühren. Die Mehlmischung und die Schokostückchen zum Schluss unterheben und zu einem glatten Teig verrühren.
● Den Teig in die Form geben und 25 Min. auf mittlerer Schiene backen. Das Blech herausnehmen. Die Brownies auskühlen lassen und in Quadrate schneiden.

Kinderportion 1 Brownie

Eltern-Extra Geben Sie gehackte Nüsse unter den Teig. Wenn es etwas Besonderes sein soll, verwenden Sie doch mal grob gehackte Macadamianüsse.

Fruchtig-saftig
Apfelwaffeln

Für 14 Waffeln • gelingt leicht
⏱ 30 Min.

2 Äpfel • 200 g Butter • 80 g Zucker •
1 EL abgeriebene Zitronenschale •
4 Eier • 250 g Mehl • 1 Päckchen
Backpulver • 100 g gemahlene Mandeln • 125 ml Milch

● Äpfel schälen, vierteln, Kerngehäuse entfernen und grob raspeln.
● Butter mit Zucker, Zitronenschale und den Eiern cremig schlagen.
● Mehl, Backpulver und gemahlene Mandeln mischen.
● Abwechselnd die Mehlmischung und die Milch unter die Butter-Eier-Creme rühren. Zum Schluss den geraspelten Apfel unterheben.
● Das Waffeleisen aufheizen, einfetten und goldgelbe Waffeln backen.

Kinderportion 1–2 Herzen

Variante Wenn Sie pikante Waffeln möchten, können Sie anstelle des Zuckers 1 TL Salz verwenden. Die gemahlenen Mandeln werden durch Maisgrieß ersetzt und statt Apfel verwenden Sie die doppelte Menge Möhren, Zucchini oder Kohlrabiraspel.

Wenn niemand Lust auf Brot hat …
Pikante Hefeteigwaffeln

Für 12 Waffeln • braucht etwas mehr Zeit
⏱ 30 Min. + 30 Min. Gehzeit

350 g Mehl • 1 Päckchen Trockenhefe • 1 Prise Zucker • 1 TL Salz •
2 Eier • 5 EL Olivenöl • ½ l lauwarme Milch • 50 g Sesam

● Das Mehl in eine Schüssel geben, eine Mulde hineindrücken. Hefe und Zucker zufügen. Die lauwarme Milch in die Mulde gießen. An den Rand Salz, Eier und Olivenöl geben. Die Zutaten kräftig zu einem flüssigen Hefeteig verrühren. Den Teig mit einem Tuch bedeckt an einem warmen Ort 30 Min. gehen lassen.
● Das Waffeleisen erhitzen, eventuell einfetten, jeweils 1 TL Sesam in das Waffeleisen streuen, den Teig einfüllen und die Waffeln goldgelb backen. Auf einem Kuchengitter auskühlen lassen.

Kinderportion 1–3 Herzen

Variante Die Waffel kann wie Brot mit Butter bestrichen und pikant belegt werden. In den Hefeteig können Sie auch einen Esslöffel getrockneten Oregano und 50 g geriebenen Parmesan einrühren. Auch mit fein gehackten Oliven lässt sich der Teig variieren.

Knusper, knusper, knäuschen …
Fleckenwaffeln

Für 10 Waffeln • gelingt leicht
⏱ 30 Min.

150 g Margarine • 110 g Zucker •
1 Päckchen Vanillezucker • 3 Eier •
250 g Mehl • ½ Päckchen Backpulver • 1 EL Kakaopulver • 100 ml Milch

● Margarine mit Zucker und Vanillezucker in einer Schüssel schaumig rühren. Eier nach und nach dazugeben und zu einer schaumigen Masse schlagen.
● Mehl mit Backpulver mischen, zusammen mit 2 EL Milch in die Margarine-Eier-Creme rühren.
● Ein Drittel des Teigs in eine andere Schüssel geben. Das Kakaopulver und die restliche Milch hineinrühren.
● Das Waffeleisen erhitzen, eventuell einfetten, eine Kelle hellen Teig hineingeben und darauf 2–3 TL dunklen Teig verteilen. Die Waffel backen und sofort warm servieren.

Kinderportion 1–2 Herzen

Variante Geben Sie eine zerdrückte Banane in den Teig.

▸ Fleckenwaffeln

Rührteig

Als es noch keine Küchengeräte gab, wurde dieser Teig bis zu einer Stunde gerührt, damit aus Zucker, Butter und Eiern eine homogene Masse wurde – ein Hoch auf die moderne Technik, denn mit der Küchenmaschine ist er im Nu fertig.

Rührteig zeichnet sich durch einen hohen Anteil von Eiern und Fett aus. Zusammen mit Zucker sorgen sie für einen lockeren und saftigen Teig – aber nur dann, wenn diese drei Zutaten zuvor zu einer homogenen Masse aufgeschlagen worden sind. Mit dem Handrührgerät oder der Küchenmaschine geht das ganz einfach: Alle Zutaten zusammen in den Topf und direkt bei hohen Umdrehungen verrühren. Die Luft, die sich beim Rühren in feinen Bläschen im Teig einschließt, sorgt für gleichmäßige, kleine Poren im Teig.

Backpulver ist oft ein Muss, denn er unterstützt das Aufgehen des Teiges im Backofen. Geht er nicht auf, ist nicht ordentlich gerührt worden oder das Verhältnis der Zutaten ist nicht stimmig. Zu viel Fett und Mehl im Vergleich zu Eiern und Zucker macht den Teig glitschig.

Ein echtes Allroundtalent
Grundrezept Rührteig

Für 20 Stücke • braucht etwas mehr Zeit
⏲ 20 Min. + 50 Min. Backzeit

300 g Butter • 230 g Zucker • 1 Päckchen Vanillezucker • 4–5 Eier (Größe M) • 300 g Mehl (Type 405) • ½ Päckchen Backpulver • 3 EL Milch

● Butter, Zucker und Vanillezucker mit den Schneebesen einer Küchenmaschine oder eines Handrührgerätes zu einer cremigen Masse schlagen. Die Eier nacheinander unterrühren. Den Backofen auf 180 °C vorheizen.

● Das Mehl mit dem Backpulver mischen und esslöffelweise unter die Eier-Butter-Masse rühren. Falls der Teig sehr fest ist, etwa 3 EL Milch unterrühren.

● Eine Springform (etwa 26 cm ⌀) oder eine Kastenform (1½ l) einfetten und bemehlen. Den Teig darin gleichmäßig verteilen und etwa 50 Min. backen.

● Den Kuchen aus dem Ofen nehmen, aus der Form lösen und auf einem Kuchengitter auskühlen lassen.

Kinderportion ½ Stück

Varianten Zitronenkuchen: Unter den Teig die abgeriebene Schale einer Zitrone geben.
Marmorkuchen: Unter etwa ein Drittel des Teiges 3 EL Kakaopulver und 5 EL Milch rühren.
Mandel-Schoko-Kuchen: 100 g Mehl gegen 100 g gemahlene Mandeln austauschen und zusätzlich 100 g Schokoraspel unterrühren.
Rosinenkuchen: 150 g Rosinen unter den Teig heben.

⌃ Schoko-Erdbeer-Kuchen (Seite 200)

⌃ Mohnzopf (Seite 198)

⌃ Apfelkuchen »easy« mit Streuseln (Seite 200)

Dekorieren

Die einfachste Deko-Variante ist es, den abgekühlten Kuchen gleichmäßig mit Puderzucker einzustäuben. Weitere Ideen:

Zuckerglasur: 200 g Puderzucker sieben und 3 EL Zitronensaft einrühren. Mit einem Pinsel auf den abgekühlten Kuchen streichen.

Schokoglasur: 200–300 g Schokoladenkuvertüre (weiß, zartbitter oder Vollmilch) grob hacken und in einem Wasserbad schmelzen, dabei die Kuvertüre immer wieder umrühren. Den Kuchen damit einpinseln oder übergießen. Letzteres braucht mehr Schokolade, ergibt aber einen gleichmäßigeren und dickeren Überzug. Kuchen dafür auf einen Rost setzen und ein Gefäß zum Auffangen darunterstellen.

Verwunschenes Schloss: 250 g Puderzucker, 1–2 Eiweiß, 1 Päckchen Eiswaffeln, 4–8 Eiswaffelhörnchen, rosa Zuckerblümchen, Liebesperlen, grüne Gummischnüre

Die Oberfläche des Kuchens glatt schneiden. Für die Glasur Eiweiß steif schlagen und den Puderzucker einrühren. Den Kuchen damit bestreichen und die Eiswaffeln und -hörnchen als Dekoration für Türmchen, Türen und Fenster auf und an den Kuchen kleben. Die grünen Gummischnüre als Ranken um den Kuchen kleben und Zuckerblümchen und Liebesperlen als Blütentupfer ankleben.

Wikingerboot: 200 g Schokoglasur, Lakritz- oder Gummischnecken, Zahnstocher, Schaschlikspieße, Tonpapier für Segel, Gummibären, Toffifee, Schokoriegel und saure Würmer.

Den Rührteig in einer Kastenform backen. An den Kuchen seitlich leichte Schrägen schneiden. Die Schokoglasur im Wasserbad schmelzen und den Kuchen damit überziehen.

Lakritz- oder Gummischnecken mit je einem Zahnstocher durchbohren und als Schilde in einer Reihe an den beiden Bootlängsseiten befestigen. Gummibärchen als Wikingermannschaft auf den Kuchen kleben. Aus Tonpapier Segel schneiden und mit Schaschlikspießen befestigen.

Versunkene Aprikose

Haferflocken geben dem Kuchen Biss

Für 12 Stück • braucht etwas mehr Zeit
⏱ 30 Min. + 50 Min. Backzeit

100 g Butter • 80 g Zucker • 1 Päckchen Vanillezucker • ½ Fläschen Backöl Zitrone • 3 Eier (Größe M) • 100 g Mehl • 100 g Haferflocken (blütenzart) • 1 TL Backpulver • 1 Dose Aprikosen (480 g) • etwas Butter

● Die Butter in einer Schüssel mit den Schneebesen des Handrührgerätes oder der Küchenmaschine schaumig rühren. Zucker, Vanillezucker und das Backöl hinzufügen.
● Die Eier nach und nach dazugeben und so lange weiterrühren, bis der Zucker sich aufgelöst hat.
● Das Mehl mit dem Backpulver darübersieben. Haferflocken hinzugeben und alles zu einem glatten Teig verrühren.
● Den Backofen auf 180 °C (Umluft 150 °C) vorheizen.
● Die Aprikosen in einem Sieb abtropfen lassen. Den Saft auffangen und anderweitig verwenden.
● Backpapier zwischen Boden und Rand einer Springform klemmen und das überstehende Papier abschneiden. Den Rand mit etwas Butter einfetten. Den Teig in die Form geben und mit einem Teigschaber gleichmäßig verteilen. Die Aprikosen daraufgeben und den Kuchen auf der mittleren Schiene etwa 50 Min. backen.

Kinderportion ½ Stück

Tipp Wenn Sie Vollkornmehl verwenden, geben Sie zusätzlich 5 EL Milch in den Teig. Zur Abwechslung können Sie anstelle der Aprikosen Sauerkirschen aus dem Glas verwenden. Der Teig lässt sich mit gemahlenen Nüssen verfeinern.

Mohnzopf

Dieser Zopf hält nie lange

Für 20 Stücke • braucht etwas mehr Zeit
⏱ 35 Min. + 40 Min. Gehzeit + 50 Min. Backzeit

Süßer Hefeteig (Seite 164) • 2 EL Rosinen • 100 g Orangeat • 200 g Marzipanrohmasse • 1 Ei • 250 g Mohnback • 1 TL Zimt • 1 EL Kondensmilch • 3 EL Aprikosenkonfitüre

● Den Hefeteig nach Anleitung zubereiten und etwa 30 Min. gehen lassen. Ein Backblech mit etwas Butter einfetten und mit etwas Mehl bestäuben.
● Rosinen und Orangeat mit einem großen Messer fein hacken und in eine Schüssel geben. Marzipanrohmasse, Ei, Mohnback und Zimt zugeben und vermengen.
● Den Backofen auf 180 °C vorheizen.
● Den Teig aus der Schüssel nehmen. Auf einer bemehlten Arbeitsfläche nochmals durchkneten und zu einer 40×40 cm großen Platte ausrollen. Die Füllung darauf verteilen, dabei an einer Seite einen Rand lassen und diesen mit Kondensmilch bestreichen. Den Teig von der gegenüberliegenden Seite her aufrollen.
● Die Rolle längs halbieren. Beide Hälften mit der Schnittfläche nach unten miteinander zu einem Zopf flechten. Die Enden fest aneinanderdrücken.
● Den Zopf auf ein mit Backpapier ausgelegtes Backblech setzen. Auf der mittleren Schiene etwa 50 Min. backen.
● Für den Guss die Aprikosenkonfitüre durch ein Sieb streichen und mit 2 EL Wasser erwärmen. Den Zopf aus dem Ofen nehmen und noch heiß mit dem Guss bestreichen.

Kinderportion ½ Stück (1-mal die Handfläche des Kindes ist ausreichend)

▶ Mohnzopf

Kuchen und Gebäck : Rezepte für die ganze Familie

Favorit bei Kindern
Schoko-Erdbeer-Kuchen

Für 1 Springform • braucht etwas mehr Zeit
⊙ 30 Min. + 20 Min. Backzeit

100 g weiche Butter • 90 g Zucker • 1 Prise Salz • 2 Eier (Größe M) • 125 g Mehl • 1 TL Backpulver • 1 EL Kakaopulver • etwas Butter • 100–150 g weiße Kuvertüre • 750 g Erdbeeren (evtl. TK)

● Den Backofen auf 180 °C vorheizen.
● Butter, Zucker, Salz und Eier in einer Schüssel schaumig schlagen.
● Mehl, Kakaopulver und Backpulver in eine Schüssel sieben und mischen. Dann löffelweise unter die Eier-Creme rühren.
● Eine Springform (etwa 28 cm ⌀) mit etwas Butter einfetten und mit Mehl bestäuben. Den Teig in die Form füllen, glatt streichen und etwa 20 Min. backen. Etwas abkühlen lassen und aus der Form stürzen.
● Die Kuvertüre in einem kleinen Topf über dem Wasserbad schmelzen lassen.
● Die Erdbeeren waschen, putzen und große Erdbeeren halbieren. Den Tortenboden mit etwas Kuvertüre bestreichen und die Erdbeeren darauf verteilen. Die restliche Kuvertüre streifig über die Erdbeeren geben. Den Schokoguss fest werden lassen und dann servieren.

Kinderportion ½ Stück

Könnte es jeden Tag geben!
Apfelkuchen »easy« mit Streuseln

Für 12 Stücke • gelingt leicht
⊙ 30 Min. + 1 Std. Backzeit

175 g Butter • 125 g Zucker • 2 Päckchen Vanillezucker • 2 Eier • 300 g Dinkelmehl • 2 TL Backpulver • 1 Prise Salz • 6 EL Mineralwasser mit Kohlensäure • 500 g säuerliche Äpfel

● 100 g Butter, 75 g Zucker, Vanillezucker und Eier in einer Schüssel schaumig rühren.
● 200 g Mehl und Backpulver in eine andere Schüssel sieben, mit Salz mischen und unter die Eiercreme rühren. Zum Schluss das Mineralwasser unterrühren.
● Den Backofen auf 175 °C vorheizen.
● Eine Springform mit Backpapier auslegen, den Rand mit etwas Butter einfetten, danach den Teig einfüllen.
● Die Äpfel waschen, putzen und in Spalten geschnitten auf den Teig legen.
● Aus dem Rest Butter, Zucker und Dinkelmehl Streusel kneten und darüberstreuen. Den Kuchen etwa 1 Std. auf mittlerer Schiene backen.

Kinderportion ½ Stück

Tipp Wenn Sie Vollkornmehl nehmen, muss am Rezept nichts verändert werden. Dieser Streuselkuchen schmeckt auch mit Pflaumen lecker.

Nach Bergsteigerart
Müsli-Riegel

Für 18 Riegel
⊘ 20 Min. + 40 Min. Backzeit

100 g Haselnüsse • 200 g getrocknete Früchte, z. B. Apfelringe, Aprikosen, Bananen • 200 g Basismüsli • 100 g Haferflocken • 100 g Dinkelmehl (Type 630) • 130 g Honig • 1 TL Zimt • 4 EL Wasser

● Die Nüsse grob hacken. Die Früchte pürieren. Alle Zutaten in eine Schüssel geben und vermengen. Den Backofen auf 160 °C vorheizen.
● Die relativ feste Masse gleichmäßig auf ein mit Backpapier ausgelegtes Backblech streichen. Etwa 20 Min. auf mittlerer Schiene backen. Dann das Blech herausnehmen und die Masse in Riegel schneiden. Anschließend weitere 20 Min. backen.
● Auf einem Rost auskühlen lassen und dann in einer Dose verschließen.

Kinderportion ½ Müsli-Riegel

Blitzschnell
Fruchtschnitte

Für 15 Schnitten
⊘ 15 Min.

20 g Sonnenblumenkerne • 20 g Walnusskerne • 300 g getrocknete Früchte, z. B. Datteln, Aprikosen, Pflaumen, Cranberrys, Kirschen, Rosinen • 100 g blütenzarte Haferflocken • 20 g Sonnenblumenkerne • 20 g Walnusskerne • 2–5 EL Orangensaft • eckige Oblaten

● Die Sonnenblumenkerne und Walnüsse fein mahlen. Alles zusammen in einem Mixer geben und so lange pürieren, bis eine homogene Masse entsteht.
● Die pürierte Fruchtmasse auf Oblaten streichen. Mit einer weiteren Oblate abdecken. Dann über das Ganze Frischhaltefolie legen. Ein Brett darauflegen und darauf schwere Gegenstände wie Wasserflaschen oder einen mit Wasser gefüllten Kochtopf stellen. Das Ganze so einen Nachmittag lang stehen lassen.
● Zum Schluss in 15 Fruchtschnitten schneiden.

Kinderportion ½ Fruchtschnitte

Vitamin-/Mineralstoffe- und Spurelenelemente-Tabelle

Nährstoff	Vorkommen	Aufgaben	Aufgepasst!
Vitamin A + Beta-Carotin	Leber; Käse, Ei, tiefgelbes, orangefarbenes Gemüse (Möhren), grünes Blattgemüse, Brokkoli, Grünkohl, Pfirsich, Aprikose, Kaki	für Sehfähigkeit und Zellwachstum, gesunde Haut und Schleimhäute, starkes Immunsystem, schützt die Zellen (möglicherweise Schutz vor Krebs und Herzkreislauferkrankungen)	Beta-Carotin und Vitamin A wird am besten aus gekochten Lebensmitteln verwertet. Ein bisschen Fett braucht das Vitamin zur optimalen Aufnahme ebenfalls!
Vitamin D	Fettfische (Hering, Makrele, Lachs), Leber, Margarine, Eigelb	regelt Kalzium- und Phosphatstoffwechsel, Knochenbildung	Raus ins Freie, auch im Winter! UV-Licht regt die Vitamin-D-Produktion unter der Haut an!
Vitamin E	Hochwertige Pflanzenöle, Diätmargarine, Weizenkeime, Haselnüsse	Fettstoffwechsel, schützt Zellen und ungesättigte Fettsäuren vor Schädigung	Ohne Fett geht es nicht, denn Vitamin E tritt nur in Kombination mit Fett auf. Sonnenblumenöl ist reich an Vitamin E!
Vitamin K	grünes Gemüse, Milch und Milchprodukte, Fleisch, Eier	Blutgerinnung und Knochenbildung	Die prophylaktische Vitamin-K-Gabe ist mit dem 1. Lebensjahr abgeschlossen.
Vitamin B_1	Schweinefleisch, Leber, Scholle, Thunfisch, Vollkornprodukte, Hülsenfrüchte, Sprossen, Kartoffeln	Energie- und Kohlenhydratstoffwechsel, Nervengewebe, Herzmuskel	Ein Vitamin-B_1-Mangel ist bei unserem Nahrungsangebot bei Kindern unbekannt.
Vitamin B_2	Milch und Milchprodukte, Fleisch, Fisch, Eier, Vollkornprodukte	Energie- und Eiweißstoffwechsel	Durch das regelmäßige Trinken von Milch ist die Versorgung mit Vitamin B_2 gut.
Niacin	Fleisch, Innereien, Fisch, Milch, Eier, Getreideprodukte, Kartoffeln	Auf- und Abbau des Eiweißes, der Fettsäuren und Kohlenhydrate, Zellteilung	Kinder haben keinen erhöhten Bedarf. Diese Mengen schaffen sie locker.
Vitamin B_6	Fleisch, Fisch, Kartoffeln, Kohl, grüne Bohnen, Feldsalat, Vollkornprodukte, Weizenkeime, Sojabohnen	Eiweißstoffwechsel, Blutbildung, Nerven- und Immunsystem	Hautentzündungen im Augen-, Nasen- und Mundbereich, Störungen von Nervenfunktionen, Anämie (Blutarmut)
Folsäure	Tomaten, Spinat, Kohlsorten, Gurken, Orangen, Weintrauben, Vollkornbackwaren, Weizenkeime, Kartoffeln, Fleisch, Leber, Milch, Milchprodukte, Eier, Sojabohnen	Zellteilung und -neubildung, Blutbildung, Eiweißstoffwechsel, Nervengewebe	Blutarmut, Schwangerschaftskomplikationen (Früh- und Fehlgeburt), Neuralrohrdefekt (offener Rücken) beim Neugeborenen
Pantothensäure	in allen Lebensmitteln vorhanden	Energiestoffwechsel	Auch dieses Vitamin müssen Sie nicht im Blick haben, da ein Mangel unwahrscheinlich ist.
Biotin	Leber, Sojabohnen, Eigelb, Nüsse, Haferflocken, Spinat, Champignons, Linsen	Fettstoffwechsel	Biotinmangel ist äußerst selten. Beim regelmäßigen Genuss von rohem Eiweiß tritt er auf!

Nährstoff	Vorkommen	Aufgaben	Aufgepasst!
Vitamin B$_{12}$	Leber, Fleisch, Fisch, Milch, Eier, Sauerkraut	Blutbildung, Abbau von Fettsäuren	Bei vegan ernährten Kindern sollte der Vitamin-B$_{12}$-Spiegel regelmäßig vom Kinderarzt bestimmt werden.
Vitamin C	Obst und Gemüse, Schwarze Johannisbeeren, Erdbeeren, Zitrusfrüchte, Paprika, Brokkoli, Fenchel,	Bildung von Bindegewebe, Wundheilung, Zellschutz	Bei regelmäßigen Obst- und Gemüsekonsum muss man sich keine Gedanken machen. Kartoffeln tragen übrigens entscheidend zur Vitamin-C-Versorgung bei!
Natrium und Chlorid	Salz, Wurst, Käse, Würzmittel, Brot, Salzgebäck, Fischkonserven, Mineralwasser	Gewebespannung, Wasserhaushalt, Chlorid ist Bestandteil der Magensäure und Natrium aktiviert Enzyme.	Man findet eher ein Zuviel. Doch gar nicht zu salzen ist übertrieben!
Kalium	Bananen, Kartoffeln, Trockenobst, Spinat, Champignons	Gewebespannung, Reizweiterleitung, Wasserhaushalt	in Kartoffeln, Obst und Gemüse reichlich vorhanden
Kalzium	Milch und Milchprodukte, Grünkohl, Fenchel, Brokkoli, Lauch, Hülsenfrüchte, Nüsse, Mineralwasser	Baustoff für Zähne und Knochen, Blutgerinnung, Reizweiterleitung im Nervensystem	Regemäßig Milch zu trinken und Milchprodukte zu essen ist die beste Prophylaxe für gesunde Knochen.
Phosphor	Leber, Fisch, Brot, Milch, Eier	Baustoff für Zähne und Knochen, für Energiebereitstellung und konstanten Säure-Basen-Haushalt	Da er in allen Lebensmittel vorhanden ist, gibt es kein Zuwenig.
Magnesium	Vollkorngetreideprodukte, Milch und Milchprodukte, Leber, Geflügel, Fisch, Gemüse, Kartoffeln	aktiviert Enzyme, erregt Muskulatur, fördert Knochenmineralisierung	Kinder sind in der Regel ausreichend mit Magnesium versorgt.
Eisen	Fleisch, Wurst, Innereien, Spinat, Mangold, Rote Bete, Vollkornprodukte, Hülsenfrüchte	Baustein des roten Blutfarbstoffs, Blutbildung, Sauerstofftransport, Bestandteil von Enzymen	Rotes Fleisch enthält mehr Eisen als weißes Fleisch. Pflanzliches Eisen wird zusammen mit Vitamin-C-reichem Obst oder Gemüse besser verwertet.
Jod	Seefisch, jodiertes Speisesalz und damit hergestellt Lebensmittel (Brot, Wurst, Käse), Milch und Eier (bei entsprechender Fütterung)	beeinflusst als Bestandteil der Schilddrüsenhormone den Energieumsatz, das Wachstum und die Wärmeregulation	Unbedingt jodiertes Salz verwenden! Auch beim Kauf von Brot darauf achten, dass Jodsalz verwendet wird.
Fluorid	Schwarztee, Seefisch, fluoridiertes Salz, Zahnpasta	festigt die Knochen, härtet Zahnschmelz, beugt Karies vor	Fluoridiertes Salz und zusätzlich eine fluoridierte Kinderzahnpasta verwenden.
Zink	Fleisch, Eier, Milch, Käse, Hülsenfrüchte, Vollkornerzeugnisse, Nüsse	aktiviert Enzyme und Hormone	Nüsse und Kerne sind bei einer vegetarischen Ernährung wichtige Zinklieferanten!

Rezeptregister

A
Äpfel
– Apfelkompott mit Zimtsahne 181
– Apfelkuchen »easy« mit Streuseln 200
– Apfelwaffeln 194
– Apfel-Zwieback-Joghurt 183
– Frischkornmüsli mit Apfel 50
– Holunder-Apfel-Marmelade 64
– Milchreis mit Apfelstückchen 181
– Trauben-Apfel-Salat 183
Aprikosen
– Grießflammeri mit Aprikosenpüree 182
– Milchreissoufflé mit Aprikosen 182
– Versunkene Aprikose 198
Auberginen
– Ratatouille 88
– Rigatoni mit Gemüsesauce 125
Avocado
– Power-Drink, pikanter 70

B
Bananen
– Banana-Power-Drink 69
– Bananen-Haferflocken-Müsli 51
– Bananen-Schoko-Eis am Stiel 186
– Gebratene Bananenhälften 180
– Gute-Laune-Drink 69
Bandnudeln mit Tomaten und Lachs 124
Basilikumpesto 75
Basilikum-Spinat-Suppe 98
Basismüsli 50
Bauernbrot mit Käse und Gurke 60
Bauernfrühstück 106
Bauernsalat, griechischer 83
Beeren
– Erdbeerbuttermilch 68
– Erdbeerquark 183
– Erdbeer-Rhabarber-Marmelade 64
– Heidelbeer-Joghurt-Shake 68
– Heidelbeermuffins 190
– Himbeermarmelade 64
– Himbeer-Pfirsich-Traum 178
– Kirsch-Johannisbeer-Marmelade 65
– Schoko-Erdbeer-Kuchen 200
Birnen
– Trauben-Birnen-Müsli 51
Blechkartoffeln 114
Blini 106
Blumenkohl
– Indischer Blumenkohl 87
– Möhren-Blumenkohl-Auflauf 136
– Möhren-Blumenkohl-Suppe 96
Bohneneintopf mit Fleischbällchen 100
Bouillonkartoffeln 114
Brathähnchen klassisch 152
Brioches 57
Brokkoli
– Brokkoli-Reis-Pfanne 130
– Brokkoli-Schinken-Pfanne 90
– Brokkoli-Schinken-Quiche 172
– Curry-Fisch-Pfanne 158
– Hirse-Möhren-Auflauf 92
Brot
– Bauernbrot mit Käse und Gurke 60
– Brot mit Salami und Paprika 60
– Dinkelvollkornbrot mit Erdmandelmus 61
– Kartoffel-Haferflocken-Brot 54
– Roggenbrot mit Frischkäse 61
– Tomatentoastbrot, lauwarmes 61
– Vollkornbrot mit Hüttenkäse 60
– Walnussbaguette 56
– Weizenvollkornbrot 55
Brötchen
– Brioches 57
– Hirse-Mohn-Brötchen 56
– Müslibrötchen 54
– Sesamhörnchen 57
Brownies 193
Brühkartoffeln mediterran 115

C
Champignoncremesuppe 98
Chili con Carne 103
Chinakohlsalat, süßer 80
Curry-Fisch-Pfanne 158

D
Dinkelvollkornbrot mit Erdmandelmus 61

E
Eier
– Bauernfrühstück 106
– Blini 106
– Eierstich 95
– Pfannkuchen 109
– Rührei 107
– Spinatfrittata 107
– Strammer Max 106
– Tortilla 109
Eis
– Bananen-Schoko-Eis am Stiel 186
– Orangeneis am Stiel 186
– Schnelles Kirsch-Joghurt-Eis 186
Erdbeerbuttermilch 68
Erdbeerquark 183
Erdbeer-Rhabarber-Marmelade 64
Exotik-Müsli 50

F
Fenchel
– Grießauflauf mit Fenchel und Tomaten 92
– Hähnchenschlegel mit Möhren-Fenchel-Gemüse 152
– Ofengemüse »italienisch« 91
Fisch
– Bandnudeln mit Tomaten und Lachs 124
– Curry-Fisch-Pfanne 158
– Fischfilet, paniertes 158
– Fischfrikadellen mit Kerbel 160
– Heilbuttfilet in Alupäckchen 160
– Käpt'n-Iglu-Spieße 162
– Kräuterlachs aus dem Ofen 161
– Lachs aus dem Backofen 162
– Lachspaste 76
– Seelachsfilet unter Kräutern 158
– Spinatauflauf mit Kabeljaurückenfilet 161
– Spinat-Risotto mit Kabeljau 135
– Tortellini-Thunfisch-Salat 127
Fleckenwaffeln 194
Fleisch
– Fleischbrühe 94
– Grundrezept Frikadelle 138
– Hüftsteak mit Pilzgemüse 148
– Lamm-Gemüse-Spieße 148
– Paniertes Schnitzel 146
– Parmesanschnitzel aus dem Ofen 147
– Schweinerückensteaks mit Kraut 147
– Tomatengulasch 147
Frischkornmüsli mit Apfel 50
Frühlingseintopf mit Grießklößchen 100
Fusilli mit Tomatensauce 120

G
Geflügel
– Brathähnchen klassisch 152
– Hähnchenschlegel mit Möhren-Fenchel-Gemüse 152
– Hühnerfrikassee 154
– Parmesanschnitzel aus dem Ofen 146
– Schnelles Putenrahmgeschnetzeltes 154
– Spaghetti in Paprikasauce mit Hähnchenstreifen 122
Gemüseauflauf, sommerlicher 91
Gemüsesalat 80
Gemüsesuppe, gebundene 95
Green Smoothie 70
Grießauflauf mit Fenchel und Tomaten 92
Grießflammeri mit Aprikosenpüree 182
Grünkernbratlinge 136
Gurken
– Bauernbrot mit Käse und Gurke 60
– Bauernsalat, griechischer 83
– Power-Drink, pikanter 70
– Taboulé 83
– Zaziki 75
Gute-Laune-Drink 69

Rezeptregister

H
Hackfleisch
- Bohneneintopf mit Fleischbällchen 100
- Griechische Hackbällchen aus dem Ofen 140
- Grundrezept Frikadelle 138
- Hackbraten mit Oliven 140
- Lasagne 124
- Lauch-Hack-Törtchen 142
- Orientalische Hackbällchen 142
- Spaghetti bolognese 125

Haferflockenfrikadellen 134
Hähnchenschlegel mit Möhren-Fenchel-Gemüse 152
Hefeteig, pikanter 164
Hefeteig, süßer 164
Hefeteigwaffeln, pikante 194
Heidelbeer-Joghurt-Shake 68
Heidelbeermuffins 190
Heilbuttfilet in Alupäckchen 160
Herbstgemüse-Amaranth-Pfanne 133
Himbeermarmelade 64
Himbeer-Pfirsich-Traum 178
Hirse-Mohn-Brötchen 56
Hirse-Möhren-Auflauf 92
Holunder-Apfel-Marmelade 64
Hühnchen
- Hühnerfrikassee 154
- Nudelsuppe, chinesische 99

I
Ingwer
- Orangen-Ingwer-Marmelade 65

K
Karibischer Obst-Reis-Salat 184
Kartoffeln
- Bauernfrühstück 106
- Blechkartoffeln 114
- Bohneneintopf mit Fleischbällchen 100
- Bouillonkartoffeln 114
- Brühkartoffeln mediterran 115
- Gemüseauflauf, sommerlicher 91
- Kartoffelgratin 115
- Kartoffel-Haferflocken-Brot 54
- Kartoffelpüree 112
- Kartoffelsalat mit Mayonnaise 116
- Kartoffelsuppe, schnelle 98
- Kartoffeltaler 112
- Kartoffel-Tomaten-Salat mit Pesto 116
- Linseneintopf 103
- Ofengemüse mit Kartoffeln 88
- Ofenkartoffeln 112
- Pellkartoffeln 111
- Petersilien-Kartoffel-Suppe 96
- Rosmarinkartoffeln 114
- Salzkartoffeln 111
- Spinatauflauf mit Kabeljaurückenfilet 161
- Tortilla 109

Kichererbsensalat 82
Kirschen
- Kirsch-Johannisbeer-Marmelade 65
- Kirschmichel 178
- Schnelles Kirsch-Joghurt-Eis 186

Knuspermüsli 51
Kohlrabi
- Frühlingseintopf mit Grießklößchen 100
- Kohlrabi-Schnittlauch-Suppe 96
- Möhren-Kohlrabi-Gemüse 87

Kräuterbutter 74
Kräuterlachs aus dem Ofen 161
Kürbisauflauf 88

L
Lachs
- Kräuterlachs aus dem Ofen 161
- Lachs aus dem Backofen 162
- Lachspaste 76

Lamm-Gemüse-Spieße 148
Lasagne 124
Latte Schokolade 70
Lauch-Hack-Törtchen 142
Lauch-Schinken-Quiche 172
Linsen
- Linseneintopf 103
- Rigatoni mit Linsen-Bolognese 122
- Rote-Linsen-Suppe 102

M
Mandel-Kichererbsen-Paste 74
Milchreis mit Apfelstückchen 181
Milchreissoufflé mit Aprikosen 182

Mini-Amerikaner als Lollis 192
Mohnzopf 198
Möhren
- Brokkoli-Reis-Pfanne 130
- Frühlingseintopf mit Grießklößchen 100
- Gemüsesalat 80
- Hähnchenschlegel mit Möhren-Fenchel-Gemüse 152
- Herbstgemüse-Amaranth-Pfanne 133
- Hirse-Möhren-Auflauf 92
- Kartoffelsuppe, schnelle 98
- Linseneintopf 103
- Möhren-Blumenkohl-Auflauf 136
- Möhren-Blumenkohl-Suppe 96
- Möhren-Kohlrabi-Gemüse 87
- Möhren-Quark-Dip 76
- Ofengemüse, sommerliches 90
- Reispfanne Leipziger Art 130

Mürbeteig, pikanter 170
Müsli
- Bananen-Haferflocken-Müsli 51
- Basismüsli 50
- Exotik-Müsli 50
- Frischkornmüsli mit Apfel 50
- Knuspermüsli 51
- Müslibrötchen 54
- Trauben-Birnen-Müsli 51

N
Nudeln
- Bandnudeln mit Tomaten und Lachs 124
- Fusilli mit Tomatensauce 120
- Lasagne 124
- Nudeln – selbst gemacht 119
- Nudelsalat, italienischer 127
- Nudelsuppe, chinesische 99
- Penne mit milder Tomatensauce 120
- Penne mit Pilz-Erbsen-Ragout 120
- Rigatoni mit Gemüsesauce 125
- Rigatoni mit Linsen-Bolognese 122
- Spaghetti bolognese 125
- Spaghetti in Paprikasauce mit Hähnchenstreifen 122
- Tortellini-Thunfisch-Salat 127

O
Obatzter 75
Obst-Reis-Salat, karibischer 184
Obstsalat unter Quark 178
Ofengemüse »italienisch« 91
Ofengemüse mit Kartoffeln 88
Ofengemüse, sommerliches 90
Ofenkartoffeln 112
Orangen
- Dinkelvollkornbrot mit Erdmandelmus 61
- Gute-Laune-Drink 69
- Orangeneis am Stiel 186
- Orangen-Ingwer-Marmelade 65

P
Paprika
- Bauernsalat, griechischer 83
- Brot mit Salami und Paprika 60
- Chili con Carne 103
- Ofengemüse mit Kartoffeln 88
- Ofengemüse, sommerliches 90
- Paprikabutter 74
- Paprika-Feta-Quiche 172
- Ratatouille 88
- Rote-Linsen-Suppe 102
- Sommergemüse-Quinoa-Pfanne 132
- Spaghetti in Paprikasauce mit Hähnchenstreifen 122
- Wokgericht, vegetarisches 133

Pellkartoffeln 111
Penne mit milder Tomatensauce 120
Penne mit Pilz-Erbsen-Ragout 120
Petersilien-Kartoffel-Suppe 96
Pfannkuchen 109
Pflaumen
- Milder Pflaumen-Zimt-Drink 68

Pilze
- Champignoncremesuppe 98
- Gemüseauflauf, sommerlicher 91
- Hüftsteak mit Pilzgemüse 148
- Nudelsuppe, chinesische 99
- Ofengemüse mit Kartoffeln 88

Rezeptregister

- Penne mit Pilz-Erbsen-Ragout 120
- Reispfanne Leipziger Art 130
- Spätzle mit Champignons 125

Pizza Margherita 166
Pizza mit Spinat und Gorgonzola 168
Pizzamuffins 166
Pizzaschnecken 168
Power-Drink, pikanter 70
Putenrahmgeschnetzeltes, schnelles 154

Q
Quarkmuffins 55
Quiche
- Lauch-Schinken-Quiche 172
- Paprika-Feta-Quiche 172

R
Ratatouille 88
Reis
- Bratreis mit Wintergemüse 130
- Brokkoli-Reis-Pfanne 130
- Reispfanne Leipziger Art 130
- Salbei-Tomaten-Risotto 135
- Spinat-Risotto mit Kabeljau 135
- Wokgericht, vegetarisches 133

Rhabarber
- Erdbeer-Rhabarber-Marmelade 64
- Rhabarber auf Mascarpone 181

Rigatoni mit Gemüsesauce 125
Rigatoni mit Linsen-Bolognese 122
Roggenbrot mit Frischkäse 61
Rosmarinkartoffeln 114
Rote-Linsen-Suppe 102
Rührei 107
Rührteig 196

S
Salbei-Tomaten-Risotto 135
Salzkartoffeln 111
Sandwaffeln 189
Schnelles Putenrahmgeschnetzeltes 154
Schnitzel, paniertes 146
Schoko-Erdbeer-Kuchen 200
Schokomuffins 190
Schweinerückensteaks mit Kraut 147
Seelachsfilet unter Kräutern 158
Sesamhörnchen 57
Sommergemüse-Quinoa-Pfanne 132
Spaghetti bolognese 125
Spaghetti in Paprikasauce mit Hähnchenstreifen 122
Spargel-Salat, grüner 82
Spätzle mit Champignons 125
Spinat
- Basilikum-Spinat-Suppe 98
- Pizza mit Spinat und Gorgonzola 168
- Spinat »asiatisch« 87
- Spinatauflauf mit Kabeljaurückenfilet 161
- Spinatfrittata 107
- Spinat-Risotto mit Kabeljau 135
- Tomaten, gefüllte 132

Strammer Max 106

T
Taboulé 83
Taler am Band 193
Tomaten
- Bandnudeln mit Tomaten und Lachs 124
- Bauernsalat, griechischer 83
- Blumenkohl, indischer 87
- Chili con Carne 103
- Fusilli mit Tomatensauce 120
- Grießauflauf mit Fenchel und Tomaten 92
- Heilbuttfilet in Alupäckchen 160
- Kartoffel-Tomaten-Salat mit Pesto 116
- Lamm-Gemüse-Spieße 148
- Nudelsalat, italienischer 127
- Ofengemüse »italienisch« 91
- Parmesanschnitzel aus dem Ofen 147
- Penne mit milder Tomatensauce 120
- Pizza Margherita 166
- Pizzamuffins 166
- Ratatouille 88
- Rigatoni mit Gemüsesauce 125
- Rigatoni mit Linsen-Bolognese 122
- Salbei-Tomaten-Risotto 135
- Taboulé 83
- Tomaten, gefüllte 132
- Tomatengulasch 147
- Tomatensuppe, süße 99
- Tomatentoastbrot, lauwarmes 61
- Vollkornbrot mit Hüttenkäse 60
- Zucchini-Tomaten-Quiche 174

Tortellini-Thunfisch-Salat 127
Tortilla 109
Trauben
- Trauben-Apfel-Salat 183
- Trauben-Birnen-Müsli 51

V
Vanilleeis 177
Vollkornbrot mit Hüttenkäse 60

W
Wackelpuddingberg mit Vanillesauce 184
Walnussbaguette 56
Weizenvollkornbrot 55
Wintermuffins 190
Wokgericht, vegetarisches 133

Z
Zaziki 75
Zitronenmelissen-Tee 69
Zucchini
- Gemüseauflauf, sommerlicher 91
- Gemüsesalat 80
- Lamm-Gemüse-Spieße 148
- Nudelsalat, italienischer 127
- Ofengemüse, sommerliches 90
- Ratatouille 88
- Rigatoni mit Gemüsesauce 125
- Sommergemüse-Quinoa-Pfanne 132
- Zucchini-Tomaten-Quiche 174

Zwiebackklößchen 95

Liebe Leserin, lieber Leser,

hat Ihnen dieses Buch weitergeholfen? Für Anregungen, Kritik, aber auch für Lob sind wir offen.
So können wir in Zukunft noch besser auf Ihre Wünsche eingehen.
Schreiben Sie uns, denn Ihre Meinung zählt!

Ihr TRIAS Verlag

https://kundenservice.thieme.de | Lektorat TRIAS Verlag, Postfach 30 05 04, 70445 Stuttgart

 /trias.tut.mir.gut   /mama.mag.trias   /trias_verlag   /triasverlag   www.trias-verlag.de/newsletter

Stichwortverzeichnis

A
Abendbrot 25
Aceto balsamico-Dressing 79
Alkohol 21
Alltagsmaße 17
Amaranth 129
Asia-Dressing 79
Auberginen 84

B
Ballaststoffe 22
Bauchweh 40
Blutzuckerspiegel 22
Bohnen 85
Brei 27
Brot backen 52
Brotbelag 58
Bulgur 129
Butter 28, 72

C
Cocktail-Dressing 79
Cornflakes 48
Couscous 129
Curry-Schmand-Dressing 79

D
Dessert 176
Dips 72
Distelöl 78

E
Eier 104
– Frischetest 105
– Kennzeichnung 104
einkaufen 26
Eis 176
Eisen 29
Eiweiß 23
Elternfragen 26
Energie 21
Ernährung, gesunde 10, 17
Ernährungsfehler 10
Ernährungstabelle 18
Essen als Erziehungsmittel 25
Essen lernen 13, 24
Essig 78

F
Fenchel 84
Fett 23
Fieber 40
Fisch 16, 31, 156
– Frischekriterien 156
Fischstäbchen 31
Fleisch 34
– Aufbewahrung 144
Fleisch braten 145
Fleischsorten 28
Frühstück 24, 27

G
Geflügel 150
– Lagerung 151
Gelierprobe 62
Gemüse 18, 21, 23, 24, 25, 30, 84
Geschmacksentwicklung 17
Glutenunverträglichkeit 39
Grünkern 129
Gurken 84

H
Hackfleisch 138
Hefe 165
Hefeteig
– pikant 164
– süß 164
Heiltees 40
Hirse 48, 128
H-Milch 32
Honig 29
Husten 40

J
Jod 31

K
Kaffee 21
Kakao 34
Kalzium 31
Kartoffeln 110
– Kochtypen 110
– Lagerung 110
Kinderkrankheiten 40
Knollensellerie 84
Kohlenhydrate 21
Kohlrabi 84
Konfitüre 63
Kräuter-Essig-Öl-Dressing 79
Kräuter-Joghurt-Dressing 79
Kuchen 25
Kühlschrank einräumen 43
Kürbis 85

L
Laktoseintoleranz 39
Lauch 85
Lebensmittelallergie 39
Lebensmittelmengen, empfohlene 17

M
Machtkämpfe ums Essen 35
Mahlzeiten, gemeinsame 13
Mahlzeiten, regelmäßige 24
Margarine 28
Marmelade kochen 62
Mikrowelle 38
Milch 31, 32, 66
– Fettgehaltsstufen 66
Mineralstoffe 23
Mineralwasser 33
Mittagessen 24
Möhren 85
Muffins 188
Mürbteig 170
Müsli 28

N
Nahrungsmittelallergie 38, 39
Neurodermitis 38
Nudeln 118

O
Obst 30, 32, 176
Olivenöl 78

P
Paprika 85

Q
Quinoa 129

R
Rapsöl 78
Regeln beim Essen 35
Reis 128
Richtmaße 17
Rührteig 196

S
Salatsaucen 79
Salz 23
Schnupfen 40
Senf-Essig-Öl-Dressing 79
Sonnenblumenöl 78
Spargel 85
Speiseplan 43
Spinat 85
Spurenelemente 23
Streichfett 58
Suppeneinlagen 94
Süßigkeiten 19, 24, 26, 31, 34, 35
– als Belohnung 35
– als Geschenk 35

T
Tischmanieren 35, 38
Tomaten 85
trinken 20

U
Übergang zum Familienessen 16

V
vegane Ernährung 29
verweigern 17
Vitamine 23
Vollkornbrot 32
Vorbildfunktion 10, 12
Vorratshaltung 41
Vorteig 53

W
Waffeln backen 188
Wurst 28

Z
Zöliakie 39
Zucker 21, 29
Zwischenmahlzeiten 24, 25, 28

Impressum

Bibliografische Information der Deutschen Nationalbibliothek
Die Deutsche Nationalbibliothek verzeichnet diese Publikation in der Deutschen Nationalbibliografie; detaillierte bibliografische Daten sind im Internet über http://dnb.d-nb.de abrufbar.

Programmplanung: Uta Spieldiener
Projektmanagement: Annalena Müller
Redaktion: Ulrike Hildenberg
Bildredaktion: Christoph Frick, Caroline Merdian

Umschlaggestaltung und Layout:
CYCLUS · Visuelle Kommunikation, Stuttgart

Bildnachweis:
Umschlagmotiv und Bild S. 3:
CYCLUS · Visuelle Kommunikation, Stuttgart unter Verwendung von
Foto: Simone Schneider, Stuttgart
Hintergrund: © souloff/stock.adobe.com
Fotos im Innenteil: Meike Bergmann, Berlin

Die abgebildeten Personen haben in keiner Weise etwas mit dem Thema zu tun.

3. Auflage 2021

© 2021. Thieme. All rights reserved.
TRIAS Verlag in Georg Thieme Verlag KG
Rüdigerstraße 14, 70469 Stuttgart, Germany
www.trias-verlag.de
© 1.–2. Auflage 2011–2014 TRIAS Verlag in MVS Medizinverlage Stuttgart GmbH & Co. KG, Oswald-Hesse-Straße 50, 70469 Stuttgart

Printed in Germany

Satz und Repro: Fotosatz Buck, Kumhausen
Gesetzt in Adobe Indesign CS6
Druck: AZ Druck und Datentechnik GmbH, Kempten

Gedruckt auf chlorfrei gebleichtem Papier

ISBN 978-3-432-11108-7   1 2 3 4 5 6

Auch erhältlich als E-Book:
eISBN (ePub) 978-3-432-11109-4

Wichtiger Hinweis: Wie jede Wissenschaft ist die Medizin ständigen Entwicklungen unterworfen. Forschung und klinische Erfahrung erweitern unsere Erkenntnisse. Ganz besonders gilt das für die Behandlung und die medikamentöse Therapie. Bei allen in diesem Werk erwähnten Dosierungen oder Applikationen, bei Rezepten und Übungsanleitungen, bei Empfehlungen und Tipps dürfen Sie darauf vertrauen: Autoren, Herausgeber und Verlag haben große Sorgfalt darauf verwandt, dass diese Angaben dem Wissensstand bei Fertigstellung des Werkes entsprechen. Rezepte werden gekocht und ausprobiert. Übungen und Übungsreihen haben sich in der Praxis erfolgreich bewährt.

Eine Garantie kann jedoch nicht übernommen werden. Eine Haftung des Autors, des Verlags oder seiner Beauftragten für Personen-, Sach- oder Vermögensschäden ist ausgeschlossen.

Marken, geschäftliche Bezeichnungen oder Handelsnamen werden nicht in jedem Fall besonders kenntlich gemacht. Aus dem Fehlen eines solchen Hinweises kann nicht geschlossen werden, dass es sich um einen freien Handelsnamen handelt.

Das Werk, einschließlich aller seiner Teile, ist urheberrechtlich geschützt. Jede Verwendung außerhalb der engen Grenzen des Urheberrechtsgesetzes ist ohne Zustimmung des Verlages unzulässig und strafbar. Das gilt insbesondere für Vervielfältigungen, Übersetzungen, Mikroverfilmungen oder die Einspeicherung und Verarbeitung in elektronischen Systemen.

Wo datenschutzrechtlich erforderlich, wurden die Namen und weitere Daten von Personen redaktionell verändert (Tarnnamen). Dies ist grundsätzlich der Fall bei Patienten, ihren Angehörigen und Freunden, z.T. auch bei weiteren Personen, die z.B. in die Behandlung von Patienten eingebunden sind.

Thieme nennt Autorinnen und Autoren konkrete Beispiele, wie sich die Gleichstellung von Frauen und Männern sprachlich darstellen lässt. Wo im Text (z.B. aus Gründen der Lesbarkeit) nur das generische Maskulinum verwendet wird, sind alle Geschlechter gleichermaßen gemeint.

TRIAS, einer der führenden Ratgeberverlage im Bereich Gesundheit, gehört zur Thieme Gruppe, marktführender Anbieter medizinischer Fachinformationen und Services. Anspruch der Thieme Gruppe ist es, den im Gesundheitswesen tätigen Berufsgruppen sowie allen an Gesundheit Interessierten genau die Informationen und Angebote bereitzustellen, die sie in einer bestimmten Arbeitssituation oder Lebensphase benötigen. Durch die hohe Qualität und zielgruppenspezifische Relevanz der angebotenen Leistungen bereitet Thieme den Weg für eine bessere Medizin und mehr Gesundheit im Leben.

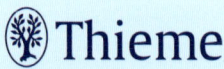